方东美论儒释道

郭继民 著

图书在版编目（CIP）数据

方东美论儒释道 / 郭继民著. — 北京：商务印书馆，2022
ISBN 978-7-100-20637-2

Ⅰ.①方… Ⅱ.①郭… Ⅲ.①方东美（1899—1977）－哲学思想－研究 Ⅳ.①B261.5

中国版本图书馆CIP数据核字（2022）第009555号

权利保留，侵权必究。

方东美论儒释道

郭继民 著

商 务 印 书 馆 出 版
（北京王府井大街36号　邮政编码 100710）
商 务 印 书 馆 发 行
三河市尚艺印装有限公司印刷
ISBN 978-7-100-20637-2

2022年8月第1版　　　开本 880×1230　1/32
2022年8月第1次印刷　　印张 8 5/8

定价：56.00元

本书出版得到宜宾学院资助。

方东美的"哲学五喻"

（代序）

在现代新儒家中，方东美先生的哲学可谓别具一格：他不但学贯中西，而且融思辨与诗情于一炉，汇文化与哲学于一体，堪称一代"诗哲"。由于方先生涉猎广博，加之他天马行空的思绪与富于文学才情的笔法，常常使得初学者难入其门。方先生的弟子傅佩荣先生曾言："你若是偶然经过他的教室，在外面聆听十分钟，你会以为他在介绍西方哲学，从柏拉图到黑格尔，信手拈来如数家珍；你隔了一小时再度经过他的教室，所听到的可能是儒家与道家。但是，你若是有耐心听完三小时的课，就会知道这一切都与大乘佛学有关，因为人类探求智慧的心路历程与心得结晶，经由对照比较之后，就像钻石的每一个切面，都将散发既独特又一致的光彩。"确实，若读方先生《华严宗哲学》《新儒家哲学十八讲》等晚年"著作"，当知此言不虚——因上述著作为方先生晚年的著作，乃是其弟子根据录音整理出来的。由此可知，要系统掌握方东美的哲学思想非得有相当的学识不可。

不过，由于方东美先生极富诗人的才情与睿智，譬如，他极善于比喻，通过他的几个比喻，我们仍然可以窥见其学术之大端。

---

① 郭继民：《学习时报》2014年8月14日。

坐飞机

方东美先生经常跟学生讲,学哲学要坐飞机。"飞机在云层里。霞光灿烂,紫霭缤纷。凌空俯视地面上,所谓万类群品,游目骋怀,不觉忘怀得失。"其理由在于,平常人们对世界的看法是平面的看法,对人世间缺乏充分的了解,往往因痛苦的经验去诅咒世界,认定其荒谬。学习哲学的人如果只认识此世界之丑陋、荒谬、罪恶、黑暗,就根本没有智慧可言,而坐过飞机则不同。这里的"坐飞机"比喻人的智慧、德性提升到一定的高度,用方先生自己的话讲,就是"人类的智慧发展到最高的阶段同宇宙的最高精神化为一体,就是般若与菩提相应"。当人类的智慧达到这样的高度后,他的精神之光、道德之光、智慧之光就会把一切丑陋的缺陷的局部表象化除掉,并用诗人、艺术家的奇情幻想的审美眼光去审视下层世界,一切"都变做洽然俱化于妙道周延的天地大美中的人间天国"。

很明显,方先生"坐飞机"的比喻,来源于华严宗。小乘佛教对世界充满了诅咒和厌弃,而华严宗则相反。华严宗认为,人类的智慧与精神是不断提升的,当达到最高智慧即证得菩提时,他不但不厌弃世界,反而对世界充满了赞誉,认为神性的光普照世界,此即《华严经》所谓的"下回向"。"坐飞机"的比喻生动地表达了方东美对人类精神不断提升的肯定,并构成其生命本体论的重要一环,即人格超升论。

放风筝

"放风筝"也是方东美常用的比喻之一,他认为"任何人要从事哲学思想体系的建立,除了坐飞机以外,在这世界上要平平实实地像小孩放风筝"。那么"放风筝"的寓意何在呢?方东美认为,小孩子虽然在地面，不能升入太空去目睹宇宙神奇的创造力量，然而，"风筝线"却始终掌握在小孩子手中，此即"揽彼造化力，持我为神通"。"风筝线"在方东美看来，乃是"发现中国民族集体智慧的线索"，它既表现为"建大中以承天心"的中庸之道或中道精神，又表现为庄子的"得其环中以应无穷"的高妙智慧，同时还表现为孔子"志于道、据于德、依于仁、游于艺"的高度艺术精神。如果说，"坐飞机"是作为"人格超升"之果的比喻，那么"放风筝"则是达成"坐飞机"的途径，大智慧必须有好的工具，中国哲学中的那根飘忽不定的"风筝线"无疑值得探究。

事实上，为了研究这根神奇的风筝线，方先生自中年便由西学转为中学，晚年更是如此，其《中国大乘佛学》《原始儒家道家》《华严宗哲学》等皆是暮年之作。同时，"风筝线"除了代表中国哲学的高妙智慧外，笔者以为还可从中西哲学比较的角度探讨之。方先生认为西方哲学是两橛的哲学，自柏拉图开创西方哲学精神传统——将世界分为形上与形下世界——以来，人间与天堂、灵与肉、内在与超越、本体与现象等皆处于二元对立的状态，无法打通。而中国哲学则不然，乃属于内在超越，既内在又超越，人们既为俗世之人，又能通过肉体生命的逐步提升渐次为心理生命、心灵生命、精神生命、价值生命乃至达到超越的真人、圣人、佛，而"风筝线"（中国哲学的体用不二、天人不二的观念）就是联系内在与超越的"红线"。

看大海

在《新儒家哲学十八讲》中，方东美先生认为，学哲学除了坐飞机外，还应观海。因为海的容量大，所映现的天光云影等美景无限。他认为，要取得学术上的成就，成为一名卓越的学者，一方面要具有坐飞机（如庄子大鹏高空俯视）的智慧，另一方面还要有大海潮音之美。"能与海天融成一片金色的光芒,意识并现出无与伦比的美景……想要不做个诗人也不可能。大诗人的智慧可变为大哲学家的智慧。可是从历史上看来,学术的涵量都不免太小了。上不见寥落长天,下不见浩渺大海。只是在地面上形成一个扁平的生命,甚至画地为牢。这样怎能再产生创造学说?"

方东美的"大海潮音"有两层含义:一是学者要有大海海纳百川、兼容并蓄的胸怀和雅量;一是学者要有大诗人的浪漫想象力和创造力。方东美的"海潮音"之喻可谓夫子自道,他本人学贯中西,精通儒、释、道,兼容并包,真真有禅宗"一口吸尽西江水"的气概;而且方先生极富诗情,哲思与诗思融为一体,极富创造力,在现代新儒家中别具一格,不但是一代大哲,更是一代诗哲。

四种人

如果说上述三喻倾向于中西哲学比较的立场立论,那么方先生的"四种人"比喻则是从中国传统哲学的立场出发,精当地概括出原始儒家、原始道家、佛家及新儒家(宋明儒)的哲学特质。方东美认为,原始儒家为时空人,原始道家为太空人,佛家为"兼综时空而迭遣",新儒家为"时空兼综人"。具体说来:原始儒家崇尚中庸(和)和"时"的精神,把宇宙的真相、人生的真相皆置于时间的流变之下,进而在时间中发挥生生不已的创造精神,为典型"时空人";原始道家崇尚虚、无,颇具典型的天马行空的艺术精神,他们让精神超升到宇宙最高境界,然后从太空(太空即为道家理想的空间世界)观照世界,属于典型的"太空人";佛家之小乘执着于"空"而排斥生命世界,是为遣空,大乘则在参透了人生的苦衷后重新以大慈、大悲与大智重返世间(时间与空间),是为兼综时空——若将大小乘综合起来,即为"兼综时空而迭遣";新儒家吸纳原始儒家、原始道家及大乘佛学之精华,"或自时间,或自永恒而观照之,显为不同程度精神之灵昭",故称之为"时空兼综人"。

"四种人"喻,生动形象且准确地把握住各家哲学的特点,这种举重若轻的概括方式,断然非功力深厚者不能为之。同时"四种人"喻,也是方先生论"殊异道论"的重要组成部分,更是方先生对中国哲学所涉及的原始道家、原始儒家、佛家和宋明新儒家的高度赅摄和概括。

点蜡烛

方先生在讲学五十周年的退休庆祝茶会上,将手持的蜡烛分传与会的中外各国同学,随即以"烛光"畅明华严"一即一切,一切即一"的互摄之妙理。"现在大家点了这个灯(蜡烛),你照我,我照你,你又照他,他又照他……这样一来,产生了一个光明,在那个地方彼此辗转增加它的功用,提高光明的普遍性、永恒性、悠久性、无穷性。""点蜡烛"或曰"烛光喻"的原型出自《华严经》,善财童子经过"五十三参"后来到弥勒佛的大殿,看到大殿里的诸多宝珠彼此涵摄、映照,在彼此的涵摄过程中,善财童子的形象由一个而变成无数个,并借此进入庄严的神奇世界。也许,告别会上,方东美先生烛光喻的本义在于激励其弟子,让每个弟子都怀有希望的光明。不过,方先生的"烛光喻"同样显明了其"有机哲学"的特质,方先生的哲学本体论乃是"有机生命本体论",在方先生看来,宇宙并不只是一个机械物质活动的场合,而是普遍生命流行的境界,世界上没有一件东西是真正死的,一切现象里面都蕴藏着生意,此即为"万物有生论"。

当然,方先生的哲学资源除了"四大家"(原始儒、释、道及新儒家)外,还融汇了西方哲学尤其是柏格森、怀特海的有机哲学。若从方先生的整个哲学来源来看,"烛光喻"同时还意味着方先生对各种智慧之光的高度融摄。

要之，通过以上五个比喻，我们大致理解方东美"万物有生论"之哲学的主旨，概略地认识到其"旁通统贯论""殊异道论"及"人格超生论"之要义，也大致获悉方先生的治学路径和特色。当然，要真正理解方东美的哲学，则非读方先生的著作不可。

目 录

方东美的"哲学五喻"（代序）..I

第一章 方东美其人及其哲学路向..1
 第一节 充满"异数"的哲学家..1
 第二节 方东美的学术路向..12
第二章 方东美论原始儒家..27
 第一节 方东美论《周易》..27
 第二节 方东美论《尚书》..44
第三章 方东美论新儒家..63
 第一节 新儒家统论..64
 第二节 论唯实型与唯心型新儒家..69
 第三节 论自然主义形态新儒家..105
 第四节 简评..116

第四章 方东美论老庄哲学 120
第一节 论老子哲学 123
第二节 论庄子哲学 134
第三节 简评 152

第五章 方东美论佛学 154
第一节 论三论宗 156
第二节 论天台宗 171
第三节 论法相宗 186
第四节 论华严宗 206

第六章 方东美治学方法及评价 231
第一节 方东美治学方法再探析 232
第二节 方东美哲学的主要贡献 236
第三节 方东美哲学存在的问题及"困惑" 242

附录一 道家就像"太空人" 246
附录二 说"即" 251
参考文献 256
后　记 260

第一章　方东美其人及其哲学路向

第一节　充满"异数"的哲学家

在 20 世纪最伟大的哲学家中，方东美先生（1899—1977）堪称一个异数！方东美乃名门之后（系方以智之嫡传孙），他自幼打下深厚的国学根底，大学又受过严格的西方哲学训练，可谓学识渊博，富有洞见，是少有的具有国际影响力的现代哲学大家。又由于方先生颇具诗人气质，擅诗词，其哲学表达亦充满艺术性，世人多以"东方诗哲方东美"称呼之——事实上，方先生亦曾自我评价曰"诗人兼哲学家"。以"诗哲"称呼方东美先生无疑是准确、恰当的。一向鲜于赞美他人的大学者钱锺书先生在闻讯方东美去世时即写道："中国古典诗人，如方东美先生者，今后绝矣！"[①] 钱氏之言，可为旁证。

鉴于已有不少学人从"诗哲"的层面对方先生做了介绍、描述，如由南京大学张一兵先生主编的方东美论著辑要，即以"东方诗哲"命名之，至于以"东方诗哲"称呼方东美先生的文章更是不在少数。为避免重复计，故笔者姑且从其他层面对方东美之"异数"角度论之，以期人们对方先生有一个更为直观、感性的认识。

---

① 方东美：《华严宗哲学》（上），中华书局 2012 年版，封底。

一、喜庄终归儒，厌"政"为政缠

研究方东美哲学，首先绕不开的是关于其哲学定位的问题，或曰方先生的学派归属问题。照直说，方先生到底属于哪一派，很难定位。按惯常做法，贞定学者之门派，往往从其学术渊源与学术研究入手；然而，倘若以方先生终生之所学及其学术研究而贞定其学派，则大难矣！其实，即使方先生本人，也很难对自己有一个明确的"归类"。方先生曾自道："难言也。言之，君也未必将信：余在家学渊源上，为儒家；在资性气质上，为道家；在宗教兴趣上，为佛家；此外，在治学训练上，却为西家。"① 此乃方先生于 1964 年夏出席美国夏威夷大学"东西方哲学家会议"时答好奇者之所问。也许，判定一个人之学派，并不能完全从其学识层面（如"言"的层面）入手。若仅观其言，方先生偏爱庄子，似应属道家，如胡军先生将其定位于新道家，并由此引起与蒋国保先生的论战（蒋先生坚持方东美的"新儒家"立场）。以笔者蠡测之见，研究方东美固然要闻其言，更要观其行。方东美终其一生，大抵是以儒家精神行事的，虽然方氏有超越、洒脱的道家气质，但总体是"入世"而非"逃逸"的，因此之故，笔者更倾向于将其纳入新儒家行列（虽然这样有贴标签的嫌疑，但笔者之本意倾向于"约定俗成"，以免引起不必要的争论）。

更富戏剧性的事实在于，方东美先生在遽归道山之前却又皈依佛门，此未免又使得"新儒家"之贞定陷入"尴尬"。不过，以笔者蠡测之见，此种尴尬是表面的：我们知道，方先生乃理想主义者，他一生之最高理想乃是成就伟大的人格。然而，此伟大之人格很难存在于现世，它更多地存在于宗教之中。此如他在"中国哲学对未来世界的影

---

① 孙智燊：《东美先生其人及其志业》，载方东美：《中国哲学精神及其发展》（下），孙智燊译，中华书局 2012 年版，第 481 页。

"响"的演讲中明确指出的那样:"在近代世界上面,很少在他的生命里面真正把他的精神提升到一种尽善尽美的神圣境界。像这样一种全人,我们可以叫做'宗教人'。……在这一点上面才可以了解做人做到这一种程度,才可以拿儒家的精神来看,他真正是'圣人';或者说是道家的'至人',佛家所谓人性完成之后,完成佛性。"① 故而,在生命无多之日,方先生对佛教的皈依恰恰体现了儒者知行合一的品质——他要践行一种伟大的人格。我们不能因为方先生皈依佛教而判定其为佛教徒,正如不能因其偏爱庄子而将其定位于"新道家"一样。

问题还在于,即便我们将其定位于"新儒家",仍存在着分期问题:方先生属于第一代还是第二代?若定位于第一代,则应与梁漱溟、马一浮、熊十力同列,事实上,方先生与熊先生曾有过类似"同事"之交。然而无论从其年龄还是从其出道的时间及对当时的影响言,定位于第一代似有不妥——我们知道"新儒家三圣"(即梁漱溟、马一浮、熊十力三先生)开风气之先,就此而言,方东美明显在"三圣"之后。若定位于第二代,与牟宗三、唐君毅、徐复观等同列,亦不妥。因方先生曾是唐君毅先生的老师,且在年龄上也长于牟宗三、唐君毅、徐复观——而唐则为第二代现代新儒家的代表之一。在这个问题上,蒋国保、余秉颐两先生做了一个"善巧"的处理,将方先生定位为第一代向第二代过渡的人物,此亦姑且算得上是一家之言。就新儒家的代际划分问题,方东美的嫡传弟子刘述先的划分也许更为合理,他提出了"三代四群"的分法,将新儒家"三圣"同张君劢划为第一代第一群,将方东美同冯友兰、贺麟、钱穆划为第一代第二群;将熊十力的三大弟子牟、唐、徐划为第二代第三群,将刘述先、杜维明、余英时、成中英等划为第三代第四群。② 笔者倾向刘先生的划分,比之于蒋

---

① 王月清、李钟梅编:《东方诗哲方东美论著辑要》,南京大学出版社2009年版,第211页。
② 刘述先:《论儒家哲学的三个大时代》,贵州人民出版社2009年版,第170页。

国保先生的厘定，这种定位更清晰、更准确些。

方先生是纯粹的学者，无意于政治，一生试图远离政治，然而吊诡的是，他一生却总与政治纠缠不清。且不言他在青年时代曾参加李大钊等人发起的少年中国学会（与毛泽东等人同为会员），亦不言他曾以教授身份抬棺前往李烈钧所代表的南京政府进行游行示威，单是他与蒋介石的师生关系就让他难以彻底摆脱政治干系——虽然方东美对台湾当局的某些做法颇为反感，但却始终难以割断同蒋介石的联系。譬如，1951年，蒋介石宴请台湾大学教授，席间，蒋介石借机递给方先生一本谈论辩证法的小册子，并征求其意见。以方先生的学术立场，他自然不能苟同"辩证唯物论"，于是于宴会上即席演讲，展开对唯物辩证法的批判；五年后，又写成长篇论文《黑格尔哲学之当前难题与历史背景》一文。无疑，方东美对唯物辩证法的批判乃是其一贯的学术立场，但客观上也满足了蒋的意愿。学术乎？政治乎？利用乎？诸种争辩和质疑似乎已湮灭于历史之中，后人一时难以说清。我们唯一能贞定的乃是，方先生首先是一个是纯粹的学者、哲人和诗人，亦是后世学者研究现代新儒家不容错过的大哲。

二、集儒雅、锋芒于一体，融浪漫、严谨成一炉

方东美天生具有诗人潜质，加之自幼深受传统文化之熏习，造就其儒雅而浪漫的高贵品质。值得指出的是，方先生的温文尔雅并不排斥其"锋芒毕露"的豪气，略举三例说明之。

其一，勇于接受印度诗哲拉达克利希南善意的挑战。1939年，印度学者拉达克利希南到重庆大学访问，问及方先生对西方介绍的中国哲学是否满意，并提出善意挑战，"可否用西方文字讲中国思想"。此可谓方先生由西学向东学的一个重要转机，自此以后，方先生深研中国哲学，并多次以英文写作文章，1956年终于写就英文专著《中国人生哲学》并出版。因此书故，1957年，美国国务院邀请方先生赴美讲

学,据说,战后日本铃木大拙博士、印度拉达克利希南皆获此待遇,而方先生则是第一位受邀的中国哲人。

其二,勇于接受西方哲学家的挑战。方先生平素待人宽厚,他性喜淡泊,少交际,人谓"望之俨然,即之也温"。但是,当他遇到他人挑战自己核心观点时,则又有咄咄逼人的雄辩与睿智。在 1964 年第四届东西方哲学会议上,方东美用英文宣读《中国形上学中之宇宙与个人》,遭到英国伦敦大学教授芬里的责难,他认为中国哲学简直就是"美梦"。方先生据理力争,据已故香港中文大学哲学系的陈特先生转述,方先生说:"各位先生、小姐,Mr. Findlsy(芬里)的话,很像一道光,照进我们这间房子,照亮我们每一个人。但是,他说的柏拉图不是柏拉图,亚里士多德不是亚里士多德,黑格尔不是黑格尔……"当芬里听到方先生说他的话像一道光时,还面带微笑,等他听到后面,脸都黑了。① 尽管方先生咄咄逼人的辩论有失儒雅,但仍然受到与会海外学者的高度赞赏。日本禅学泰斗铃木大拙表示:"是届东西方哲学家会议,方先生论文不愧精心杰撰,压卷之作。冠绝一时,允称独步。"大会发起人查尔理·摩尔教授评论道:"我今天才知道谁真正是中国最伟大的哲学家。"② 据当时外电报道,方东美研究态度严正,修辞典雅,学识渊博,辩才无碍,针对种种问题,肆应有方,给与会学者留下深刻印象。

其三,勇于向经典、前贤挑战。方东美先生读书别有心得,曾提出读经典须有才、胆、识之说。关于其所谓的才、胆、识的理论,不便展开,笔者仅举二例,以管窥先生挑战经典之勇气——就"胆"而言。第一,对经典的挑战。譬如,他关于《论语》中的"民可使由之,

---

① 杨士毅编:《方东美先生纪念集》,台北正中书局 1982 年版,第 83 页。
② 杨士毅:《一代哲人——方东美先生》,载朱世誉编著:《方东美传记资料》(一),台北天一出版社 1985 年版,第 30 页。

不可使知之"的解释即为典型例子。历代儒者皆将之读为"民可使由之,不可使知之",亦因此造成了后人普遍认为的"孔子乃愚民政策之鼓吹者"。方东美先生则不以为然,他将之断为,"民可,使由之;不可,使知之"及"民可使,由之;不可使,知之";他认为,以孔子为首的原始儒家乃是"广大和谐"的首倡者,怎么会浅陋到"愚民"的地步呢?当然,方先生承认《论语》有其限制性,但这种限制必须借助《尚书》和《周易》等经典著作来圆润之。第二,对前贤的挑战。方先生不但有挑战经典的胆略,更有挑战前贤的勇气。此在对熊十力《新唯识论》的"请益"上表现得极为突出。方先生曾就佛学的有关问题以《与熊子贞先生论佛学书》之书信问询熊十力先生。盖因此问题特别棘手而引起熊十力先生误解,竟惹得熊十力先生"火冒三丈"。也许在方东美看来,其对熊十力先生的请教乃正常的学术问题,然而对熊十力先生而言,其请教则无异于一场"挑战"。在熊十力先生看来,方东美在佛学方面的请教是"恼火而心存疑惑的,他在回信中以方东美的请教引为'真可怪异之',觉得方东美'未解佛义,为糊涂,为笼统,为混淆'"[①]。也难怪,方先生当时还未深研佛教,所持的乃是层层追问的西方分析哲学立场,与熊十力先生的中哲理路颇不相宜。不过,客观地讲,熊十力先生在概念的使用上确乎存在笼统之瑕疵,甚至存有"理障"的毛病,这一点同马一浮先生"纯然无杂"的风格完全不同。况且,就学风而言,熊十力先生还有个"怪异"之处,方东美对熊十力的怪异一针见血地批评道:"熊先生有个毛病,也就是说,他所要谈的问题,如果被他发现你也懂的话,他就存有一点顾忌了。可是,假使他发现你根本就不懂的话,他就会说几句大话来吓唬你,当场非把你唬到不可。"[②] 除了对熊十力先生进行相关的评论外,方先生

[①] 王月清、李钟梅编:《东方诗哲方东美论著辑要》,第20页。
[②] 方东美:《中国大乘佛学》,台北黎明文化事业股份有限公司1993年版,第342页。

对胡适、梁漱溟等人亦进行了甚至是"不留情面"的批评与挑战。方先生的诸多挑战，咄咄逼人，固然有失儒雅，但却更真切地反映出先生鲜明的学术立场和严谨的生命道德意识。方东美先生尝言："中国先哲遭遇民族的大难，总要发挥伟大深厚的思想，培养广博沉雄的情绪，促我们振作精神，努力提高道德品质；他们抵死为我们推敲生命意义，确定生命价值，使我们在天壤间脚跟站立得住。"① 在方东美那里，学术即是生命，至少是培养生命的慧根，丝毫马虎不得，此大抵可解释他缘何如此坚守自己的学术观点。

方先生虽然颇具诗人情怀，思维天马行空，纵横捭阖，但这并不妨碍其治学的严谨。相反，他的学问异常扎实，学风异常严谨。方先生虽然平素看不上胡适的实证主义的考证（考据）方法，但方先生治学却非常牢靠，尤其注重第一手材料的运用与学习。譬如，在佛学研究方面，方先生在二十几岁时就开始接触佛学，然而他认为佛学书可以读，但从来不谈佛学，认为自己没有资格。方先生给出的理由是，佛学经典浩如烟海，而他自以为接触不多。后来方先生在台大任教，最初的十年也不谈佛学，只有当他接触到影印的大正藏、大藏经时，他才开始谈佛学。恰如方先生自道："要接触一种学问，就应当以很大的诚心，花许多精力，研究这些资料。否则从日本人（因当时佛典多从日本传来）那边抄一点来，终究是人家的话。"② 而一旦方先生透悟佛学以后，其慧眼卓识直逼古人，尤其在对唯识的见解上更是如此。自玄奘、窥基译介法性唯识以来，世人皆以唯识为宗，不谈其余。即便清末民国时期，欧阳渐（竟无）、杨仁山等知名佛教学者于唯识虽有复兴之功，然仍有所拘泥，未能解决唯识所存在的疑惑。方先生对此提出"谈唯识必研唯智"，可谓言他人之未言，非有大智慧者不能言及至

---

① 方东美：《中国人生哲学》，中华书局2012年版，第14页。
② 方东美：《中国大乘佛学》，第257页。

此！此谓先生挑战权威之典型例证。

三、因材施教，不拘一格

在哲学课程的教授上，方先生算得上一个"异"数。方先生一生以教学为业，五十年来诲人不倦，造就许多杰出弟子，以至于梅贻宝盛赞"台湾数十年之哲学师资所出于方东美门下"①。那么，方先生教书"异"在何处呢？答曰，先生之"异"，无他，在于其特有的诗人特质、广博的学识及其对华夏民族优秀文化的诚挚热爱。

首先，方先生授课之"异"在于其思维之"异"。方先生以诗人的思维讲哲学，先生特有的诗人气质和渊博而深邃的学养使得其言辞如黄河之水天上来，滔滔不绝又跳跃不定。其弟子傅佩荣先生尝言："你若是偶然经过他的教室，在外面聆听十分钟，你会以为他在介绍西方哲学，从柏拉图到黑格尔，信手拈来如数家珍；你隔了一小时再度经过他的教室，所听到的可能是儒家与道家。但是，你若是有耐心听完三小时的课，就会知道这一切都与大乘佛学有关……"②此种授课方式，非有禅宗马祖道一所谓"一口吸进西江水"的广博学识和严谨的思维训练不可！不少人平素授课亦喜欢此种洒脱的风格，但却往往洋洋洒洒铺开去而远离论题，难以收回，未免落入弄巧成拙之窠臼。方先生却能收放自如，慧心任运，其授课艺术由此可见一斑！

克就事实而言，方先生授课对有一定哲学基础的高才生方是一种享受，对基础较为薄弱的学生来说，则未免坠入云里雾里。因此，有人批评他这种天马行空的授课方式。方先生对此回应道："讲哲学课本来就要说得空灵，而今却有人批评我讲课天马行空。天马行空居然成了罪状。"③

---

① 方东美：《简要自述》，《哲学与文化月刊》第4卷第8期。
② 傅佩荣：《回忆恩师》，http://baike.baidu.com/view/924572.htm。
③ 杨士毅编：《方东美先生纪念集》，第209页。

其次，方先生授课之"异"在于它擅长用喻、用图。以"喻"讲授哲学，可谓哲学家的传统和看家本领。无论古希腊的哲学"三圣"（苏格拉底、柏拉图、亚里士多德），还是中国先秦的诸子百家，乃至后来传入中国的佛学，无不擅长用"喻"，故"喻"应该为哲学固有之传统。当今哲学家中，善于用喻者当首推方东美，方先生用喻较多，这里仅指出他对中国四大哲学主潮的譬喻：方先生以"时际人"喻儒家，以"太空人"喻道家，以"兼综时空而迭遣"喻佛家，以"时空兼综人"喻新儒家，可谓精当之极！至于以故事为喻，则更是信手拈来：如以"爱丽丝梦幻奇遇记"来比喻现代西方人的困境，以"放风筝"来比喻中国哲学的"统贯"精神，等等，皆比喻精当，若合符节。

除了用喻，方先生还擅长用"图"，此在现代哲学家中堪称"异数"。以图解理，其实也是哲学的传统，中国古《周易》六十四卦如此，古希腊柏拉图用"线段"表示认知亦如此。方先生可谓中西合璧，继承古代哲学家的优良传统，在讲述哲学重大问题时采取以"图"谈玄理的直观方式。在《中国人的人生观》一书中，就有十数图形，再加上明白精当的解释，让人对玄虚而深奥的中国哲学有一个清晰、流畅、系统的认识。其实，方先生为自己的哲学建立了宏伟的蓝图，这尤其体现在《中国哲学对未来世界的影响》之"人与世界关联性的结果图"中，方先生按照物质世界、生命世界、心灵世界、艺术世界、道德境界、宗教境界逐步递进、提升的次序，勾勒出人类哲学文化走向之蓝图。观此图，想先生之为人、为学，不由赞叹先生视野如此之高，胸怀如此之广，学识如此之博，理想如此之宏大，智慧如此之深邃！

最后，方先生授课之"异"，还在于其擅长适时点化、"因材施教"。此种"因材施教"与其说是"技巧"，不如说是责任。且举两例，一为方先生在执教五十周年的告别会上，面对弟子，以蜡烛为喻，既希望弟子们能传灯不绝；同时还就无数烛光交织成辉之现象，畅谈华严事理无碍、事理互摄之奥义，可谓契机契理，令人拍案叫绝。二为方先生专门收徒之事。当代高僧净空法师曾写信给方先生，希望能旁听他的课程。方先生不仅应允下来而且还给他一个意外的惊喜，答应每个礼拜在自己家中给净空法师上两个小时的课。净空法师常感叹："这是我做梦都不敢想的！"

这种授课方式，并非是人人所能克隆、复制的，非有大学识、大才情、大智慧不可！

四、"闻名"与"寂寞"

方东美先生学贯中西，生前闻名学界，获得人们的广泛赞誉。然其逝后却逐渐淡出人们的视野——他没有像另一位哲学大家牟宗三先生那样，在身后形成广泛而持久的"牟宗三热"，且这种热业已延伸到大陆——方先生的遭遇同马一浮先生的身后冷落如出一辙。究其要因，窃以为在于方先生同马先生皆属于有大智慧、大诗情、大才情之人，故其弟子虽能学其"知"却难以得其"智"、得其情，难以有其宏观视野与博大胸怀；至于方先生特有的诗人特质，更非单纯靠后天所能习得。

当然，方先生的弟子遍布天下，其知名弟子亦不在少数，如早期弟子程石泉、陈康，中后期弟子成中英、刘述先、孙智燊、傅佩荣，皆自成一家之言。而就学术自身而言，其弟子即便有方先生"一口吸尽西江水"的广博（通中、印、古希腊、欧等哲学），也未必尽具备方先生所特有的才情，更未必能像方先生那样，十数年甚至数十年潜心研读佛法。方先生学贯中西，深悟儒、释、道贯通之理，这势必增加了弟子接着方先生"往下讲"的难度；诚然，这也涉及弟子志趣的问题。此皆是方先生之学难以显扬之要因。

也许，方东美对于其弟子而言，其意义更在于打开了一条哲学之路、一道学问之门。刘述先在评价方先生时曾有是言："东美师的哲学概论给我打开了又一个思辨神奇而丰富的世界,他的演讲有如天马行空,不能尽记,但却把人的精神提了起来,深觉学问是世界的宫室之富,庙堂之美,简直琳琅满目,美不胜收。"① 著名学者傅伟勋先生虽非方东美的亲炙弟子,但也曾听课于方东美,据他回忆:"我从方师所学到的是庐山顶峰展望诸子百家的哲学胸襟与不执我执、我见的玩赏能力。方师给我的是一百条哲学道路,我也只有从这百条道路中暗中摸索出自己的一条理路。"② 由此看来,即使方东美所构建的哲学体系无人能"接着讲",但由他开辟的道路却也启迪了后人。在这个意义上讲,方东美先生又可谓传灯有人。

  导致方东美哲学难以热起来的原因还在于其优美的语言往往掩盖其深邃的思想。由于方先生以诗性的语言谈论哲学,其逻辑线条深藏其间,若非有大功力者难以厘清,未免使得不少人读起来过瘾,觉得处处是宝藏,然读过后却眼花缭乱,不得要领。此尤其体现在方先生弟子根据其讲座而整理的诸如《华严宗》《中国大乘佛学》等系列著作中。无疑,对初学者而言,倘若功夫不够,是很难得其中三昧的。

  方东美在大陆未能"热"起来的原因,还在于迄今为止,除了个别的辑录外,如黄克剑、钟小霖主编的当代新儒学八大家集之《方东美集》,以及王月清、李钟梅编的《东方诗哲方东美论著辑要》,刘梦溪主编的《生生之美》外,尚没有完整出版过方东美的著作,这无疑给研究方东美哲学带来了困难。此一如1974年诺贝尔经济学奖得主哈耶克所认为的那样,"方东美教授是中国当代一位伟大的哲人;可惜其著作译介到西方太少!"此结论同样适用于大陆,目前大陆唯一译介方东美的著作是年轻学者匡钊所译的《中国哲学之精神及其发展》,惜乎译者虽付出努力,但因学力、阅历等原因,难得方先生之神韵!此亦

---

① 刘述先:《理一分殊》,上海文艺出版社2000年版,第159页。
② 傅伟勋:《从西方哲学到禅佛教》,生活·读书·新知三联书店1989年版,第4页。

为方东美哲学难以走进大陆学人视野的重要原因。①

令人欣慰的是,方东美虽然未在大陆"热"起来,然近年来研究方东美哲学思想的学者亦日渐增多,就著作而言,2004年蒋国保、余秉颐的《方东美思想研究》可谓大陆的开山之作;朱光潜之外孙宛小平有《方东美与中西哲学》之专著问世;嗣后,亦有不少研究生将"方东美哲学思想"作为硕士、博士论文的选题。学术本身是寂寞的,"热"起来固然有其价值,如可以借助更多的智慧与力量将哲学问题深入研究下去;但"热"有时也可能走向反面,那就是:"热"过以后,一哄而散,反而不利于真正的学术研究。在这个意义上,方东美虽然不热,但对醉心于方学之人,亦可能有重要成果产生。

第二节　方东美的学术路向

一个真正成熟的哲学家,莫不有自己的学术路向。学术路向,概略而言,实为学术方法、学术视野及思想体系之综合体现。作为"东方诗哲"的方东美,其治学无疑有自己的鲜明特点,灵动而富有诗意的语言、天马行空的想象以及丰厚广博的知识积累,此皆为方氏所独有。具体到方东美先生对中国哲学的研究核心而言,其治学最显著的特点则在于"形而上"的"生命哲学"之学术旨趣。

一、形上学的研究途径

谈及中国哲学的研究方法,方东美自言其采取的是"形而上"的途径。在《原始儒家道家哲学》中,方东美曾专门探讨了学术研究的大致途径。他认为,就当代人对中国哲学的研究而言,无外乎三种,

---

① 截至笔者拙文写就之时(2012年底),大陆尚无方氏之全集。拙文写就后,方有中华书局出版的方氏系列著作。

即科学逻辑路向、宗教的路向和"形而上"的路向。逻辑的路向是西方的主要特色，即其"哲学的发展是依循逻辑科学方法所指点的路径，再去认识主观世界或客观世界，重点在知识论上面"①。然而，倘若以此方法研究中国哲学，那么只能了解到战国时代名家（公孙龙、惠施）或墨家而已。譬如，当时胡适受西方实用主义影响，曾对中国的"知识论"进行研究，开启了墨家、名家之研究，固然有功于学术传承，然而这种研究仅局限于先秦，对于其前（如"六艺"）、其时（即原始道家、原始儒家等）、其后（如经学、玄学等）等更为丰富的哲学则难以囊括其中。

除了"科学的逻辑"方式不能囊括、表征中国哲学的特质（即难以与中国古典哲学契合）外，还在于所谓"科学的哲学"之研究方式，极有可能导致更严重的危险，即这种科学化的哲学"深具排他性，只能处理一些干燥抽象的事体，反把人生种种活泼机趣都剥落殆尽，这也同样危险"②。尤其在经历了西方近现代哲学的"价值漂白"（价值中立）后，方东美更是对科学的哲学采取一种拒斥的态度。

宗教的途径同样不适用于中国哲学的研究，原因有二：一则，方东美认为宗教信仰过多地摄入感情色彩，过于情绪化，有可能最终导致人的虚无。走宗教的路向，很容易因为所谓崇高的信仰而"贬抑现世人类的价值"，导致"现实世界与理想世界对峙而立，不能融通。前者不论它是大化流行的领域，或历史变迁的场合，或尽性力行的园地，如果没有神的恩典降宠，便根本是有罪的"③。在这个意义上，方东美认为，如果哲学只有宗教途径，"我们可以说，哲学，你的架构是脆弱的，哲学，你的本质是虚无主义"④。

---

① 黄克剑、钟小霖编：《方东美集》，群言出版社1993年版，第46页。
② 方东美：《中国人生哲学》，第87页。
③ 方东美：《中国人生哲学》，第84页。
④ 方东美：《中国人生哲学》，第85页。

二则，即便西方哲学可以采取宗教的途径，譬如西方中世纪所采取的宗教方法并不错，但它并不适合中国哲学的研究。因为中国文化是早熟的文化，而且中国的文明正如同"面对东方升起的光明灿烂的太阳，驱散宇宙间的一切云雾，成为光天化日的世界。这在其他文化中须长时间的演变才能达到的，如西方的埃及、希腊、印度等。""在中国思想史上最缺乏的是哲学的前奏，或是神话系统。但这并不是说中国没有神话，而是说像《山海经》《楚辞》这些神话系统都是出现于春秋战国以后，不是哲学、艺术的前奏，所以中国相当缺乏神秘经验，也就很难采取宗教的途径。"① 既然中国古典哲学天生缺乏宗教信念，缺乏神秘的宗教体验，因此探讨中国哲学就不可能从宗教的途径开始。

当然，宗教的途径固然难以作为哲学的途径，但并不意味着我们不能谈宗教，这个命题同样适用于科学与逻辑。在中国，宗教的本质就是伦理。佛教之所以能在中国生根发芽，在于其经过了"哲学化"的洗礼，"佛教如果不能哲学化的话，早就灭亡了，就像波斯教、袄教、景教在中国早已成为史迹便是明证。由此更可看出以西方'宗教的途径'研究中国哲学也不易行通"②。方东美表达的意思是，佛教之所以能在中国生根发芽，最重要的一点在于佛教在中国不是以"纯粹宗教"的方式被吸收，而是经过了"哲学化"的历程。基于这种考量，方东美认为，谈论中国哲学自然不能以宗教的方式来进行了。

既然不能以知识论、宗教论来研究中国哲学，那么，我们应当采取何种立场来研究中国的哲学呢？方东美的答案是，用形上学的方法。"在许多可能的研究途径里，我选择了形上学的途径。"③ 因为只有这种方法才可以囊括整个的中国哲学体系，符合中国历史的真实情况，才

---

① 黄克剑、钟小霖编：《方东美集》，第47页。
② 黄克剑、钟小霖编：《方东美集》，第47页。
③ 方东美：《原始儒家道家哲学》，台北黎明文化事业股份有限公司1983年版，第19页。

可以将原始儒家、原始道家、大乘佛学以及新儒家精神囊括其中,也才可以在对比的基础上,将西学纳入其体系框架之中,形成自己的"生命本体论哲学"。事实上,这种形上学研究之途径,与现代新儒家的研究方式是接近的,熊十力、冯友兰、贺麟、牟宗三等现代大哲在其研究理论上皆采取形上学路径,此取向可以说代表了现代新儒家群体重建中国哲学的主导致思路向。

亦正是方东美采取"形而上"的方法,我们才可以理解为什么他研究原始儒家不从最为可信的文献《论语》入手,而是从《尚书》《周易》入手——要因在于《论语》只是智慧的格言(至少在表现形式上如此),缺乏形而上的哲学基础;而《尚书》《周易》尤其《洪范》与《易传》则蕴含丰富的形而上思想,富有浓厚的哲学意味。

二、形而上之形态

提及形而上的研究方式,人们势必联想起西方哲学中的形而上学,联想起诸如本体论、认识论、宇宙论、价值论等理论。固然,形上学理应包含以上诸内容,诚如方东美所言:"形上学者,究极之本体论也,探讨有关实有、存在、生命、价值等,而可全部或部分为人类颖悟力所及者,其说不一,容有种种殊异之诠释。"[1] 但是,方东美视野下的"形而上"的哲学进程又不同于西方哲学的研究路线,而是有其独特之品质,此品质乃在于"内在的超越"——他曾把形上学分为三种形态,即超自然(超绝)形态、超越形态、内在形态。

(一) 超自然形态

超自然形态(超绝形态),起源于西方的"二分法"思维模式。了解西方哲学史的人应当知晓,西方自古希腊以来的哲学传统基本秉持二分法的思维模式,这种特有的哲学思维原型大致决定了其后两千余

---

[1] 黄克剑、钟小霖编:《方东美集》,第230页。

年西方人的思维模式。方东美曾借一个故事,来说明西方二分法的局限:"有一个人出家远游,回家后一看,故乡的房屋、人物竟然都一分为二,他不知该亲近哪一个,于是思想落入二元论的范畴。二元论的本领不是从全体看世界,却总是将完整的世界、完整的人生看出两面来。于是希腊哲学家采取二分法,一边是绝对存有,具有完满价值;另一边是绝对虚无,就是虚妄假相。"①更麻烦的问题还在于"二分法"是无法贯通的,最终导致了"超绝形上学",这个问题经苏格拉底、柏拉图、亚里士多德"理论化"后,尤其如此。如苏格拉底关于"善"与"具体的善"的辩论,柏拉图关于理念与具象的探讨,亚里士多德关于形式与质料的推演,等等,皆加大了本体与现象的裂隙,使得二者无法合一;至中世纪,则产生上帝与人间的"绝缘二分";近现代哲学中的本体、现象依然打成两截,彼此绝缘,不能通透,以至康德得出"物自体"不可知的结论。

方东美尤其辨析了康德"超越"与"超绝"的含义,阐明自己的"形上学"哲学主张。他认为,西人康德"超绝"与"超越"二词不可互换,"超绝"乃超自然之意,即有一本体在自然之上,且是自然永远无法达到的境地,与自然互成两截:此为超自然(超绝)形态。超自然(超绝)形态下的诸事物,处于"单子式"的孤立状态,彼此相互割裂,无甚联系。

(二)超越形态

方东美认为西人之超绝形态,固然设置了一崇高理想、绝对价值,然而由于那种绝对的东西始终与人世间相隔绝、相绝缘,所以导致了精神、肉体二分,于事无补。于是,他借中国哲人所"自辟畦径,独创典型,孕育出别具一格之形上学思想体系,而与之迥乎不同者"②,即

---

① 方东美:《原始儒家道家哲学》,第17页。
② 黄克剑、钟小霖编:《方东美集》,第231页。

所谓的"超越型态之形上学",也就是中国哲学的本体论。

中国的本体论哲学固然有超越的一面,有所谓的天命、天道、仁、诚等极具本体意味的形上之论,然而,诸形上之本体皆非"悬空"和"逃逸"的纯理念之物,而皆与现象界相贯通、相容契。以方东美视野观之,中国哲学本体论截然不同于西人之处,在于中国哲学的本体与现象之间没有鸿沟,"余尝藉'超越型态之形上学'一辞以形容典型中国之本体论。对于万物一切——无论其为何种实有、何种存在、何种生命——一方面皆不视之为某种超绝之对象,可离乎其余自然元素与文化历程而凝然独存,悄然独享某项秘密特权者;另一方面复断乎不可将之单纯定位而局限、固定于现实界或事法界,致误视之为了无腾冲超拔、趋入理想胜境之势能"[①]。在《原始儒家道家哲学》中,方东美亦注重强调中国哲学中的有机性和关联性,"流行在儒、道、佛、新儒家之中的,都是'超越形上学',承认这个世界可以有价值,而这种价值是由理想世界上流行贯注下来的,连成一系"[②]。由此可知,"超越型态"是中国哲学的重要特征,它是有机的整体系统,是彻上彻下、旁通不隔的有机体——此就现象与本体而论。

(三)内在(超越)形态

中国哲学是超越的哲学,如上所述。须言明的是,中国哲学的超越尚有一重要特征,即强调其内在超越。表面看来,内在与超越似乎相矛盾,无法统一,实则不然。客观地讲,中国哲学,归根到底是人的哲学:内在,究极深处乃是"人的内在";现象、本体既有宇宙万物之间存在的客观联系,更有人之中介的"统摄"与"联通";人,非世界的观望者,而是"与天地参"的行动者、创造者。冯友兰先生言中国的哲学境界莫过于"极高明而道中庸",此谓儒家追求的高明、中庸

---

① 黄克剑、钟小霖编:《方东美集》,第231—232页。
② 方东美:《原始儒家道家哲学》,第18页。

皆在日常之中，它们并非悬置于真空之中。即是说，中国式的"形上学"从不与有形世界或现实世界脱节，也绝不与现实人生脱节，而是在现实人生中可以完全实现。如此，"'超越形上学'在理想价值的完全实现方面看来，又一变而为'内在形上学'，一切理想价值都内在于世界的实现、人生的实现"①。

我们知道，牟宗三同方东美在某些问题上可以说存在着实质性的分歧，然而，在对中国哲学精神的总体把握上，二者却表现出惊人的一致，即二者皆赞同中国哲学的内在超越性。譬如，牟宗三尝用"一心开二门"对治康德哲学之弊病，他认为康德哲学视野下的"心"限制了人的创造，心不但开"现象门"，安排科学世界，而且开"本体门"，安排道德世界。人有内在的智的直觉，可以通达形上之大道，此为"内在超越"之大略义。在《中国哲学的特质》中，牟宗三则专门探讨了中国哲学内在超越的特征，它通过"天道下贯于仁、智、圣"的"遥契关系"来说明中国哲学的内在超越特征。他将圣与天的关系分为两种，即超越的遥契和内在的遥契：超越的遥契是指"圣哲"对天道、天命的敬畏，这里的天道、天命是远远外在于圣哲的，高高在上；内在的遥契则相反，"不是把天道、天命推远，而是一方面把他收进来作为自己的性，一方面又把他转化为形而上的实体……超越的遥契着重客体性，内在的遥契则重主体性。由客观性的着重过渡到主体性的着重，是人对天和合了解的一个大转进。而且，经此一转进，主体性与客观性获得一个'真实的统一'，成为一个'真实统一体'"②。两种遥契，阐明的即为中国哲学"内在超越"之特点。无疑，这个观点，同方东美的主张是基本一致的。

熊十力先生的另一位高足徐复观先生亦作如是观："儒家精神，是

---

① 方东美：《原始儒家道家哲学》，第23页。
② 牟宗三：《中国哲学的特质》，吉林出版集团有限责任公司2010年版，第44页。

超越而内在的理性主义。在其内在的方面肯定了个体,在其超越方面肯定了全体。"① 相比而言,方东美的"内在超越"更具基础性,因为方东美所谓的"形上学"途径,实质上建立在"内在超越论"的根基之上,"把一套'超越形上学'转变为内在于人类精神、人类生活的'内在形上学',我所谓的形上学途径就是采取此种观点"②。方东美还曾做过形象的比喻,并以一个神俊的幼童,站立在磐石之上,手放蝴蝶风筝,来比喻这种内在超越的哲学特质。风筝展翅高空,翱翔宇宙,然它却非无根的,而是通过风筝线内在于人的心性之中。此之谓"提神太虚而俯之,俨欲囊括全天地宇宙之诸形形色色而点化之,以成就广大和谐之宇宙秩序,同时更将下界尘世间之种种卑鄙悉皆浑然忘却,摆脱干净"③。

对形上学的研究路径,方东美还特别强调指出,"形上学途径"必须避免两个陷阱,即"二分法"和"分析法"。这里的二分法,即谓西方的把宇宙划为两截、人生划为两截,且彼此又不能沟通;这里的"分析法",是指"虚妄的分析"、片面的分析,是仅就某一方面进行分析而忽略全体的意义,忽略整合(综合)之价值。方东美并不反对分析法本身,他反对的乃是这种"过于执着的分析"。在他看来,"真正彻底的分析才能帮助我们由直觉上把握宇宙人生的全体意义、全体价值与全体真相"④。唯其如此,哲学才可以称为体大思精的思想体系。

循着形而上的哲学研究方法,方氏又将如何建构其哲学体系呢?

三、生命本体论的哲学构架

从"形而上"的路径出发,方东美避免了二分法和虚妄分析法的

---

① 黄克剑、林少敏编:《徐复观集》,群言出版社 1993 年版,第 572 页。
② 王月清、李钟梅编:《东方诗哲方东美论著辑要》,第 232 页。
③ 方东美:《传灯微言》,《哲学与文化》1977 年第 8 期。
④ 王月清、李钟梅编:《东方诗哲方东美论著辑要》,第 232 页。

"陷阱",走向了"机体形上学"立场。这当然同中国天人合一的整体思维有关,同时也与方东美善于吸收西方哲学尤其是柏格森、怀特海的哲学精华有关。在数十年的哲学致思中,方东美在中西哲学的对比、会通中,以"大易"的创造性精神为主,在融通道家哲学、佛教哲学尤其华严宗哲学的圆融品质与"双回向"理论的基础上,消化、吸收了柏格森、怀特海的有机生命理论,逐步建立起一套独具特色的致广大、尽和谐的"有机生命本体论"。其主旨在于把整个宇宙视为一个相互联系、不可分割的统一有机体,整个宇宙不存在所谓的"两截"式的区分,而是一个相互关联、交融互摄、旁通统贯的有机系统。生活于此有机系统中的人与自然皆非孤立之物,而是与天地、自然一体,相互贯通。更重要的在于人之精神与天地自然的生命精神也是浃而俱化,人之生命创造活动亦是不断提升精神境界和实现价值的过程,用《中庸》中的话就是"赞天地之化育"。

(一)方东美有机生命哲学的形成过程

方东美的有机生命本体论的形成经历了一段复杂的历程,为了便于深入理解其有机生命本体论,有必要对之进行简略的概述。简言之,方东美的学术生涯,大致经过了西学、回归中国哲学经典(包括佛学经典)、融合中西哲学并提出自己系统的哲学观之过程。与此相联系,方东美的有机生命本体论哲学思想的形成则经过了生命哲学的反思期、生命本体论的确定期和生命本体论的成熟期。当然,这三个阶段的划分只是为了问题叙述的方便,事实上,三者彼此交融,很难严格划分其界限。

方东美早岁以西学为主,从青年时代(大约20世纪20年代)开始研习西方哲学,一直到博士论文结束回国,他主要从事西哲的研究。如在1925年受聘东南大学哲学系教授时,所讲授的课程就是西方哲学与逻辑学。20世纪30年代左右,方东美开始了"回归中国哲学"的历程,其时所著《科学哲学与人生》一书颇能透露此倾向。方东美对西方的"超绝的二分法"和机械的科学主义多有不满,并表现出对生命哲学的初步思考,他曾引用凯瑟林的有关论述来表明其立场:"生命的领域里没有一件东西是无意义的,因为生命本身就是意义","人的真实性是精神的,正因为意义是一切生命创造的基本因"。① 当然,《科学哲学与人生》不但表明方东美回归中国哲学的意向,更重要的在于它"已经表现出方东美正在形成的生命本体论与西方非理性主义生命哲学的区别"②。这一时期大致可视为方东美生命哲学的初步确立期,亦即所谓的"生命哲学反思期"。

接下来的更能表明方东美回归中国哲学的著作则为1937年出版的《中国人生哲学概要》及其为中国哲学年会所提供的论文《哲学三慧》,这两部著作不但标志着方东美哲学的"中国回归",更重要的在于它确认了生命本体的意义。在这两部著作中,方东美把人类的智慧按类型大致分为希腊、欧洲与中国三个主要类型,而在中国智慧中,则拈出原始儒家、原始道家及墨家,此种分类无疑表现出中国哲学的自信,亦是方东美回归东方哲学的重要标志。同时,这两部著作亦加深了方东美"生命本体论"的认识。在《中国人生哲学概要》中,他认为:"宇宙不仅是机械物质活动的场合,而且是普遍生命流行的境界,这种说法可叫作'万物有生论'。世界上没有一件东西是死的,一切现象里面都藏着生命。"③ 在《哲学三慧》中,他再次肯定生命本体论的主张:"生命苞容万类,绵络大道,变通化裁,原始要终。"他尤其借助《周易》之智慧,提出诸如生之理、爱之理、化育之理、原始统会之理、中和之理、旁通之理等观点,较为系统地概述了其生命本体论的框架。

此阶段亦是方先生重返经典的阶段,由此他开始了对中国古典哲

---

① 黄克剑、钟小霖编:《方东美集》,第88页。
② 蒋国保、余秉颐:《方东美哲学思想研究》,北京大学出版社2012年版,第81页。
③ 方东美:《中国人生哲学》,第18页。

学的系统研究——假若其对《周易》无悉心之研究,其关乎生命哲学的诸种原理就不可能在《哲学三慧》中提出。这个阶段,方东美虽然回归中国经典,但他对佛学理论、对宋明儒学等理论的发挥尚有欠缺。随着方东美对佛学理论研究的不断深入,他的观点亦不断改变。譬如,在《中国形上学中之宇宙与个人》中,方东美对中国智慧有了更为深刻的认识和慧解,他开始以"大乘佛学"取代"原始墨家",尤其将华严宗的广大悉备之理念吸收到其生命本体论中,可谓丰富、拓展并提升了其理论品质。

笔者认为,标志方东美有机生命本体论臻于完备的成熟之作应该是《中国人的人生观》与《中国哲学之精神及其发展》。前者确立了生命本体论的哲学观,后者则是将西方生命哲学与中国哲学相互交融、摩荡之后所形成的较为系统的哲学体系。尤其在系统研究并讲述了《中国大乘佛学》《华严宗哲学》《新儒家哲学十八讲》之后,方东美的有机生命哲学在综合了儒、释、道及西方哲学的基础上,终于形成了广大悉备、旁通统贯、大化流行且以"双回向"为"媒介"的生命有机哲学。方先生曾有《生命理想与文化构型:比较生命哲学导论》之纲目,仅从纲目来看,该框架几乎囊括了其终生之所思,尤其从哲学比较的视野发挥其有机生命本体论思想。孰料"天夺硕哲,宏愿未果;广陵绝响,千古同悲!"[①]先生未能完成此宏愿,即溘然长逝,斯乃哲学界、思想界一大憾事!然就其所列纲目,足以令人想见其规模气象之博大高华矣!

(二)有机生命哲学的理论架构

方东美机体生命哲学的核心内容,在于他将世界看成大化流行、旁通统贯的"有机体",他认为世界的一切现象必须在这个"流行的生命体"框架中给予安排。并且,对于其有机生命本体论的架构,他是

---

① 方东美:《中国哲学精神及其发展》(下),孙智燊译,第521页。

借着中国传统哲学的"体用"观,将体、用密切联系在一起的,正如其言:"生命苞容一切万类,并与大道交感相通,生命透过变通化裁而得以完成,若'原其始',即知其根植于无穷的动能源头,进而发为无穷的创造过程,若'要其终',则知其止于至善。从'体'来看,生命是一个普遍流行的大化本体,弥漫于空间,其创造力刚劲无比,足以突破任何空间限制;若从'用'来看,则其大用在时间之流中,更是驰骤拓展,运转无穷。"① 具体而言,其机体生命哲学的内容主要体现在以下诸环节之中:

1. 生命本体论的角度

以生命本体论的构成而言,方东美的机体生命哲学实由《周易》发出,他创造性地吸纳《周易》之"天地之大德曰生""生生之谓易"的生命积极进取的刚健精神与"旁通统贯"的有机整体思维模式,总结出五种要义。此五种要义为:育种成性义、开物成务义、创造不息义、变化通几义与绵延长存义。很明显,此五义虽由《周易》羽化而出,但方东美却赋予其深刻的哲学内涵。其实,在《哲学三慧》中,方东美曾对中国哲学的特点进行总结,他认为中国哲学涵盖有六大原理,即生之理、爱之理、化育之理、原始统会之理、中和之理及旁通之理,亦大致与"五义"相当。此五义应为方东美的本体论之骨架。

2. 价值论的角度

就有机生命本体论的价值而言,则凸显了人的积极主动性,是为人格超升论。方东美的机体生命哲学,尽管反对西方的人类中心主义,但他并不走向另一个极端,把人类完全"迷失"于万物之中;而是发挥儒家"与天地参"的哲学理念,强调人在哲学中的地位,强调人的精神的无限超升。

在方东美看来,作为"参赞天地之化育"的人在宇宙有机体中起

---

① 方东美:《中国人生哲学》,第 123—124 页。

着主导作用，一方面他本身是一个精神的不断超越的过程，这种过程就大的方面可概括为三个阶段，即自然人阶段、艺术人阶段和道德人阶段。自然人阶段又分为三个层次，即行能的人、创造力的人及知识合理的人。"行能的人"是指人为了生存而对外界所采取的本能活动，类似马斯洛的需求层次结构的第一阶段；"创造力的人"则指人在实践活动中表现出来的创造性；"知识合理的人"则是人在活动中凭借理性知识（科技知识等）来指导自己的行动。方东美对完满的"自然人"有这样的描述，"这个自然人的生活有躯壳的健康、生命的饱满、知识的丰富，生种种方面的高尚成就"①。科学家就属于此种人格的典型代表。

在方东美看来，即使完满的"自然人"亦不过处于生命形而下的层次，因为它（科学）保持价值的中立，没有价值的嵌入。人作为形而上的动物，必然在价值、意义等形而上的层面提出要求，因此，人势必本然地要随着普遍生命的大化流行而追求更高的精神价值。无疑，颇能代表人之形而上精神追求的则是"符号"，具有象征性的符号乃是人追求形上精神之端，考察人类的精神发展史当知如此，西人卡西尔的《人论》亦把符号作为人之精神跃迁的重要媒介。诚然，这种符号不是科学知识中的有具体指称的符号，而是艺术性的象征符号。方东美认为此阶段即为艺术人阶段，"他可以创造种种美的语言、美的符号，把一个寻常的世界美化了，使他变成艺术领域，这是形而上世界的开始"②。艺术的世界凸显了人之自由价值的追求，但艺术家又具有两面性，他既可以表现善、美，又可以表现丑、恶，甚至创造出疯狂的世界，因此，"艺术领域"尚且不是完满生命之完成，艺术人还需进一步提升至"道德人"的境地。"道德人"的境地，是人精神完满的最高领域，一如冯友兰先生所谓的天地境界，人的最高价值须在道德领域

---

① 方东美：《方东美先生演讲集》，中华书局 2013 年版，第 15 页。
② 方东美：《方东美先生演讲集》，第 18 页。

中呈现出来，儒家的圣人、道家之至人、佛家之觉者，皆是道德人的楷模。"道德人"意味着生命的完满与人格之完成，但亦非最终之境，人的生命精神乃是无限的超越过程，人不仅要完成人性，而且还应追求"神性"。这里我们可以看出尼采对方东美的潜在影响，人始终是被超越之物，这种超越在方东美看来，则是神性对人性的超越。

此精神价值的无限超升不过是问题的一面，还有另一面，即"下回向"。方东美把人之精神价值的无限超升称为上回向，那么下回向则是指人类精神价值要贯通宇宙，将其至高的创化精神贯注宇宙间的每一个角落。通过上下回向的互动，人的价值得以完满的体现。应该说，价值论部分乃是方东美有机生命哲学的核心部分。

3.哲学表现形式的角度

就方东美生命哲学的主要表现而言，主要通过中国哲学的"四大主潮"来透显其生命哲学的特征。中国哲学的四大主潮即为原始儒家、原始道家、大乘佛学及新儒家。在早期著作中，尤其在没有系统研究佛教哲学之前，方东美尚中意原始墨家哲学，譬如在《哲学三慧》中，他曾把原始儒家、道家和墨家作为中国古代哲学的精华；但是在其思想成熟后，他似乎改变了以前的看法，以大乘佛学、新儒家代替了原始墨家，其巨著《中国哲学之精神及其发展》即按照此线索展开，并提出了中国哲学的三大特色：旁通统贯论、殊异道论与人格超生论。方东美以四大主潮安排中国哲学是有深意的，此"深意"在于四大主潮"表现出一种相对流行于西方哲学界'超自然形而上学'迥然不同的'内在超越性的形而上学'的独特姿态"[①]，此"内在超越性"的特征即表明方氏"形而上"的研究思路；四大主潮的通性与特色则构成了其机体生命论与价值论，其中"旁通统贯论"对应于机体生命本体论，"人格超升论"即对应价值论，"殊异道论"即分别从四家各自所具有

[①] 黄克剑、钟小霖编：《方东美集》，第218页。

的特征入手去展现中国哲学的精义。借助于中国哲学四大主潮的创造性的解读与拓展,方东美既系统地展示了其丰厚的哲学思想,亦提供了一种看待中国哲学的独特视野和眼光。

要之,方东美以其深邃之慧眼、博厚之学养、宽广之胸怀、独到之方法,建构起大化流行、价值充沛的有机生命哲学,此对哲学的研究者乃至文化研究者,无论在学理层面还是方法论层面皆具重要的启迪意义和珍贵的借鉴价值。

第二章 方东美论原始儒家

对于儒家哲学,方东美不同于其他现代新儒家取法宋儒的做法,而是径取先秦原始儒家。他认为,只有先秦儒家才带有元气淋漓之精神,而后儒则未免带有支离乃至"萎缩"之色彩。具体到先秦儒家之代表,自然应以孔孟为代表,但由于方东美采取"形而上"的哲学研究方式,《论语》乃至《孟子》的文本形式自然难入其法眼——虽然方氏对孔孟怀有景仰之情。

方氏以为,最能代表先秦儒家哲学精神的当属《周易》与《尚书》。因此,对原始儒家的研究,方东美主要围绕上述两著而展开。

第一节 方东美论《周易》

在现代新儒家中,方东美先生的《易经》研究,可谓别具一格!他认为,研究周易哲学有两种态度:一为狭义,一为广义。狭义的是针对《周易》符号系统如何完成、常识的文字如何解释等问题来说明《周易》的工作;广义的则不局限于此。方先生曾夫子自道:"我们处在这个时代,接触过印度、西方的哲学思想之后,哲学的观点又和以前不同了;因此对于《周易》不仅要讲狭义的周易哲学,同时还要讲广义的周易哲学,以《周易》纯粹的儒家思想来贯通佛家华严的思想;

同时以近代的法国柏格森的思想，或是英国的怀特海的思想来说，也可以多方面的贯通。"①

方氏的《周易》研究确如其言。亦须指出的是，方东美虽重视"开放的"《周易》研究，但他并不看轻狭义的《周易》研究，而是将二者有机地结合起来，并在此基础上透显其核心哲学理念——以旁通融摄生命与价值②。

一、逻辑的展开：形式的推演及"象征"意义的解读

方东美认为，原始儒家的思想来源主要有二，即《尚书》中的《洪范·九畴》与《周易》。因此，他对二者下了很大功夫，尤其对后者，更是做了细致的考究与探索，并借此为其生命本体论打下基础。这种狭义的周易研究大致可包括以下方面：

第一，对《易传》的性质及传承做一明确的厘清与贞定。方东美反对"十翼不是孔子一系儒家所著"的观点——不少学者认为"十翼"乃道家的东西，如许地山即作此理解，今人陈鼓应先生亦大致作此主张。方东美以司马迁《史记》之《仲尼弟子列传》《太史公自序》中对易学传授之源流为证据，来说明《易经·十翼》乃儒家经典著作。按方氏说法，孔子为第一代，商瞿为第二代，直到西汉初年的第六代田何，第七代王同，第八代杨何（汉代施、孟、梁丘一同属第八代），司马迁本人应属第十代，他父亲为第九代。③贞定《易传》的儒家身份，乃是定性儒家为"时际人"的关键，亦是方东美构建其有机生命本体论的关键。因为若将"易大传"完全定位于道家，那么儒家的生命体

---

① 黄克剑、钟小霖编：《方东美集》，第449页。
② 广义的《周易》研究还应包括《周易》与佛学华严宗的比较，《周易》与西方以柏格森、怀特海为代表的西方哲学之比较。限于篇幅，本文暂不涉及。
③ 方东美：《原始儒家道家哲学》，第154页。当然方先生完全以《史记》为依据的做法，也受到人们的质疑，限于篇幅，不赘述。

系乃至价值体系则无从建立；退一步讲，道家的"太空人"身份亦将凝滞于"时际"之中。故而，从义理的角度言，《易大传》（"十翼"）应属于儒家，而不应为道家——虽然道家思想在其中有所体现，甚至儒道思想存在同源的关系。

第二，对"古易"身份从人类学的立场进行解析。章学诚尝言，"六经皆史也"，章氏之言为不少学者所因袭，如顾颉刚先生《古史辨》、胡朴安先生的《周易古史观》皆以史学的态度解读、诠释《周易》。方东美亦承认《周易》原是一部纪史之书，起初并无高深的哲学意义。然而，方东美同时还认为古《易经》蕴含一套层叠相状之历史发展架构格式——其本身并非哲学式的——但却带有"人类学"的性质。基于此立场，他认为，《易经》的符号体系首先表现为早期人类带有血亲关系的图腾符号。"我们接受了两个基本的图腾社会，一为'乾'，一为'坤'，或者'平行相索'或'升降相通'。从乾坤两卦中就可以产生'六子'……八卦而小成后，婚姻关系更复杂，社会组织更扩大，扩大了以后，不同的血液流通成为一个氏族，如此从两个社会变成八种社会，以原始的两卦对立扩展为八卦。"① 由是，方东美将八卦的演变同历史结合起来。他认为，八卦体现了：（甲）一套图腾社会之架构格式；（乙）一套血缘社会之架构格式；（丙）一套部落社会之架构格式；（丁）依封建制度形成统一之王国；（戊）王国渐失其统，终导致中央解体，是为春秋时期；（己）联合统一，名存实亡，进入战国时期；（庚）六国兼并，终于一大帝国之下，秦后是也。② 方东美所得出的架构理论当直接来源于《说卦》《序卦》。《说卦》言："乾，天也，故称乎父；坤，地也，故称乎母。震一索而得男，故谓之长男。"此段论述，表明血缘、家庭关系之形成。而《序卦》开篇亦云："有天

---

① 方东美：《原始儒家道家哲学》，第146—147页。
② 参见黄克剑、钟小霖编：《方东美集》，第256页。

地然后有万物,有万物然后有男女。有男女然后有夫妇,有夫妇然后有父子。有父子然后有君臣,有君臣然后有上下。"很明显,方东美乃基于人类学视野,试图从人类史的发展演变过程中考察《易》之发生结构。

第三,方东美凭借旁通之理对卦之演变方式进行了开拓性的研究。关于卦序问题,方东美认为,《易经》中六十四卦之所以呈现出如是错综交织、彼此关联之排列,形成一套谨严之符号系统,必然有某种明晰的逻辑系统结构——当然,这种秩序或逻辑,很大程度上与后人的解读和揣测有关。因此,他考察了汉人京房、荀爽、虞翻及清人张惠言、焦循等关于卦变的理论,并直陈各家利害得失。方东美认为就卦序(严格意义上,应该称为"卦变")而言,前人无非采取两种方式,一为归纳,一为推演(演绎)。汉人京房将六十四卦分属八宫,而每宫遵循"爻变原理",以归纳的方式"解读"卦序。荀爽、虞翻则依照《乾凿度》,按天、地、人的感应方式,发挥《易经》的"旁通"之理,以乾、坤两卦卦爻的升降、交错而推演六十四卦。京房以归纳推演卦变,固然有所创造但亦多牵强附会之处;荀爽、虞翻以旁通推演卦变(尤其针对虞翻),新意迭出亦未免陷入驳杂。清儒张惠言对《周易虞氏义》进行改良,然仍存在诸多遗憾。

在广泛考察前人关于卦变的理论基础之上,方东美重返原典符号之"原始意向",借用旁通原理,重新对六十四卦进行推演。其大致过程如下:首先,借《系辞·大传》(即"大衍之数"节)得一组设准(假定),该设准共五条。即以"天下之动贞夫一"中"一"喻太极;以"生生之为易"喻太极生爻,爻生单卦,单卦生复卦;以"四营而成易"完成乾、坤父母卦及"六子"等八个基本卦;以"十有八变而成卦"完成六十四卦的符号系统;以"旁通"之理解决不同卦之间的关系。其次,用歧出、叠显、相索、触类、引申等逻辑符号,试图厘清不同卦之间的变化关系。其中"歧出"针对的"一生二"的关系,大致相类"一阴一阳谓之道""阳极而生阴"的问题;"叠显"旨在解决诸如乾、坤等基本八卦的复卦问题;"相索""触类""引申"实则借用荀爽的"升降说"及焦循的"交易说",旨在解决六十四卦与基本八卦之间的演化关系。依据上述原理尤其是旁通原理及逻辑符号的运算关系,方东美将六十四卦终集大成于全部旁通之系统,恰如其言:"其中任何二卦之间爻爻相索、一一对应,谓之相孚,反之亦然。"[①]

第四,对卦爻辞的"赋义"进行了考察和探索。对于六十四卦的排列顺序及演变规律,方东美虽然进行了一番努力,然而却深知自己的"逻辑结构无非是一套或然率之方阵排列"而已,本身并无重大意义。《周易》的意蕴乃在于爻辞之解释与发挥,在于赋之以人文之义。

在卦爻辞的解释上,方东美以为对于《周易》卦爻辞的解释约略类比于《诗经》的赋、比、兴。赋者,敷陈其事,罗列事实;比者,比物见意;兴者,兴会淋漓,由此物引彼物。考察历代对《周易》解释之维度,大致有三:第一种基于事实陈述维度,即对常识行动的解释,多指器物范围。按清初赵继序的统计,《周易》卦爻诸辞所载日用器物达六十种之多,饮食营养之物十九种,植物三十种,动物九十七种。[②] 第二种基于自然科学维度,多指时序天文、自然地理地貌乃至风土人情的解说,当是萌芽科学的质料。第三种基于人生心理维度,即孔子对易经的人文学解释。其中,第一种客观地铺陈、描述,属"赋";第二种"科学层面"的解释属于"比",如以乾卦的三爻比拟天地人;第三种属于"兴",兴乃一种创造幻想的语言,是《易经》走向人文的主要标志。当然比、兴彼此相连,且共同建基于赋的基础之上。方东美认为,化赋体为比兴的巨任乃是由孔子及其弟子商瞿发起,嗣后,经历代易学家的努力,《易经》终由一部纪史之作,而转化为一

[①] 黄克剑、钟小霖编:《方东美集》,第271页。
[②] 赵继序:《周易图书质疑》,上海商务印书馆1936年版,第1—15页。

套儒家发挥义理之系统化的哲学著作。

二、生命本体论与价值本体论的建立

就义理而言，方东美曾将《易经》哲学归结为四点，即"高揭一部万有含生论之新自然观；提倡一种性善论之人性观；发挥一部价值总论；完成一套价值中心之本体论"。上述四点并非各自为政，而是建基于时间观念之上的"变易"之理，然后借旁通之道，由自然观跃迁为人性观，由人性开显价值，而构筑起一套价值中心本体论，最终成就儒家哲学之巅峰。

（一）价值本体论的建立

方东美对《易经》的研究绝非局限于传统的诠释、解读，更在于构建其"生命价值本体论"——方东美的价值本体论实则针对儒家的"时间模式"而立论。

方东美所谓"时间模式"，是基于中西哲学、儒释道哲学对比维度上提出的。在西方哲学视野中，时间只是一个当下的焦点，因为西方的历史哲学只是一个"直线的进程"："一到了现在，就把过去忘了，而现在马上变成过去，因此要把握现在期待未来，表面上是现实主义身份，实际上又是一个未来主义者。这一点使西方的历史成为一个不连贯的历程。"[①]"点"的不连贯性，似乎只是涉及时间的断裂，但事实远非如此，因为孤立的"时间点"的不连续状态，实质上失去了历史的连续性，进而否定了价值的存在。其致命缺陷在于：先是导致道德的中立，其次导致美学的中立，最后导致宗教的中立——诸种"否定"很大程度上皆由"非连续的时间模式"所导致。这才是西方时间模式所导致的致命问题。

---

① 黄克剑、钟小霖编：《方东美集》，第449页。

对于佛家和道家，同样存在"时间逃逸"的问题①。儒家的时间观念则不同，作为"时际人"的儒家，"其意在囊括万有一切——无论其为个人生命之尽性发展、天地万物自然生命之大化流衍、社会组织之结构体系、价值生命之创造成就，还是性体本身之臻于终极完满等——悉投注于实践之铸模中，而一一贞定之，使依次呈现其真实存在。"②此真实之存在，即为对其价值的肯定。人们不禁追问：作为"时际人"代表的儒家，又当如何把握时间观念之特质呢？答曰：时间之本质在于变易，即《易经》所谓的"穷则变，变则通，通则久"之理。方氏认为时间之"变易"乃是（价值）趋于永恒之一步骤耳！

方东美认为儒家的时间观念是"回旋"的，回旋即意味着"变易"。时之变易，实则统摄了过去、现在与未来，过去的时间无不凝摄于当下，未来之变无不由当下发出，由此"变易"的时间观乃是"刹那刹那"、恒久相续。只有在这种连续的时间观念中，才能建立其生命，安排生命之价值，否则一切都无从谈起。假设像西方的时间观那样，把时间转化为空间，则又成了"交易"，同样取消了时间的意义。只有《易经》的变易思想，"才有办法讲文化演变中价值的保持和发扬光大，才可以处在任何时代而教它的时代不流于贫乏，使它成为一个丰富的时代……思想家可以瞻前，也可以顾后，又可以把握现在，对于时间上这三段，都不至于落空，而把一切最优良美好的价值都集中在人的创造生命中"③。方东美将儒家定义为"时际人"，且着力弘扬之、赞叹之，实则凸显出其对"变易"时间观念的欣赏，亦表明其根底深处蕴荡的乃是儒家的生命精神——当然其学亦是一种融合儒释道乃至

---

① 方先生认为，道家是"太空人"，崇尚虚无，游离于时间之外。佛家属于"兼综时空而迭遣"（故尚"不滞"与"无住"），"但有时忘记'时'的观念，有时忘记'空'的观念，互相轮替，循环不已"。
② 黄克剑、钟小霖编：《方东美集》，第275页。
③ 方东美：《原始儒家道家哲学》，第166页。

中西哲学文化的"大儒学"。

基于《易经》变易思想的时间观，方东美构筑了"生命本体论"，其基本内容大致包括性之理、旁通之理、化育之理。当然，方氏在不同文本中的论述稍有差异：如在《中国哲学之精神及其发展》中他将生命本体论概括为四点，即除了上述的三点外，还有"创造生命即价值实现历程之理"；在其早期著作《哲学三慧》中则将之概括为六个方面，即生之理、爱之理、化育之理、原始统会之理、中和之理及旁通之理；在《中国形上学中之宇宙与个人》中则提纲挈领地提出前述三原理，以阐发《易经》的生命本体论思想。实质上，若对方东美以上诸概括进行细致的考察，当知，无论其"三理说""四点论"还是《哲学三慧》中的六方面概括，最终可归结为三个层次，即生命本体论的建立与价值论的生成，以及导致价值生成的方法论——旁通之理。

（二）生命本体论的建立

生命本体论主要包括性之理与化育之理（爱之理）。如前所述，方东美的生命本体论建基于《易经》流变时间观念的基础之上：时间迁流不止，勇往直前，而孕育其中的生命亦如此。所谓"性之理"即为"生之理"，意指生命的绵延不绝，周流不息。方东美曾化用《系辞》之言，将"生之理"精辟地解释为："生命苞容万类，绵络大道；变通化裁，原始要终；敦仁存爱，继善成性；无方无体，亦刚亦柔；趣时显用，亦动亦静。"[①] 对于"性之理"的进一步解释，方东美同样有不同的表述，在《中国哲学之精神及其发展》一书中，方东美将性之理归结为五义，即育种成性义、开物成务义、创造不息义、变化通几义及绵延长存义。悉心体会，当知此五义皆与时间的"迁流不息"息息相关。育种成性，是谓"时易化生，而生生相续，创造出新，而新新不停"。方东美认为，不但个体生命如此，整个大千世界乃至宇宙发生

[①] 方东美：《中国哲学精神及其发展》（上），孙智燊译，中华书局2012年版，第108页。

历程皆如此。开物成务，则是"生命先发为创造，营育成化，新新不停"。创造不息，意为整个宇宙系统乃一全体，而创造性之洪流发乎普遍生命之源，如是新新不已。变化通几，意为生命化育乃于时间之洪流中，前后交奏，更迭相酬，生生不停，新新相续。绵延长存，则为不朽义，是系辞"天地之大德曰生"与"生生之谓易"的概括与凝练。

循着方东美的"五义"，我们可配合《易经》，将之进行更为形象的概括，如育种成性，可看作生命的"种子"，取乾、坤配之"生"义；开物成务，则视为生命之呈现，取屯、蒙"培育"义；创造不息，则预示生命顽强生长，可参照震、晋两卦之义：震，起也，晋，昼也；变化通几，指生命的进化，取革、鼎两卦之义，革故鼎新；绵延长存，指生命历程不息义，可参考恒卦与未济卦之大义：恒，久也，未济，无穷也。要言之，上述性理之"五义"实从狭义时间观念上论述之。

除此之外，方东美在《中国形上学中之宇宙与个人》中对"性（生）之理"从广义的时间观念进行阐释，即从天道、地道、人道三个层面阐发儒家大易精神的"生生之德"。天道，即为乾元，为原始的创造力，概取"天行健，君子以自强不息"之义；地道，则为坤元，取顺承义，恰如《坤·彖》云："至哉坤元，万物资生，乃顺承天。坤厚载物，德合无疆。含弘光大，品物咸亨。"天道、地道即为乾坤两卦，是自由洪荒生命于绵延不绝的时间中显示其创生能力与繁衍能力。然而，若缺乏了人的参与，未免为盲动的生命力，充其量是一种原始的生命与种类的繁衍而已，"生命意蕴"自然要大打折扣。由是作为形上的"生命本体论"须有"意义的呈现"，这势必需要天地之灵的"人道"介入。方东美认为人道者，参元也。"夫人居天地之中，兼天地之创造性与顺成性，自然深切体会此种精神，从而参与整个宇宙生命创进不息、生生不已之持续过程中，厥尽参赞化育之天职。"[①] 天、地、人

---

① 黄克剑、钟小霖编：《方东美集》，第381页。

"三道"可谓将生命置入"全域式"的时空之中,"人道"的参赞作用,尤其凸显了儒家立己立人、成己成物的仁爱精神。因此,方东美所谓的化育之理,实则是生命本体论在时空中的展开。依方东美的说法,化育之理,乃生命之创造历程即人生价值实现之历程。

(三)价值的生成与实现

价值的生成与实现,在方东美那里称为"创造生命即价值实现历程之理"。方东美所谓的"价值实现"之理,主要从《系辞》中"流出":"一阴一阳之谓道,继之者善也,成之者性也。……显诸仁,藏诸用,鼓万物而不与圣人同忧。盛德大业至矣哉!富有之谓大业,日新之谓盛德。生生之谓易,成象之谓乾,效法之谓坤。极数知来之谓占,通变之谓事,阴阳不测之谓神。""夫易,广矣!大矣!……夫乾,其静也专,其动也直,是以大生焉。夫坤,其静也翕,其动也辟,是以广生焉。""《易》,其至矣乎?夫《易》,圣人所以崇德而广业也。……天地设位,而易行乎其中矣!成性存存,道义之门。"方东美认为,上述几段引文将宇宙点化之,呈现于时间之画幅上,表现生命的大化流行,是谓生命价值的体现。其实,若对上述引文稍做分析当知,前两段是从生命本体论切入的,以乾坤化生万物为根底;而最后一段则从"圣人"的角度(即人的维度)入手,以"成德、广业"为价值的实现手段——正是圣人的出现,不但可以"联结"天地而且还将天地之道推及万物,真正将生命价值放大之。

在此意义上,方东美认为《易经》以下,真正得其精髓的乃是《中庸》;孔子以下,真正践行"易道"精神的则是孟子。在《新儒家哲学十八讲》中,方先生明确指出:"孟子七篇中虽没有明讲《周易》,但是他这种精神完全是贯彻了孔子在周易里面的精神。所以孟子被后人尊为亚圣绝非偶然的。"[①] 以前者论,方东美以为《中庸》之旨,尤

---

① 方东美:《新儒家哲学十八讲》,台北黎明文化事业股份有限公司1985年版,第158页。

其契合《易经》之大义。且不言《中庸》开头之语"天命之谓性，率性之谓道，修道之谓教"已然呈现出由生命而价值的隐喻，篇中的核心内容更是将生命本体论引向价值论，这段核心内容乃是："惟天下至诚，为能尽其性；能尽其性，则能尽人之性；能尽人之性，则能尽物之性；能尽物之性，则可以赞天地之化育；可以赞天地之化育，则可以与天地参矣。"其价值实现路径为：由"天性"下贯，经"人性"之张扬，映射于"物性"，最终将天、地、人三者贯通为一，熔铸生命于立体时空的境域之中，且通过人之参赞而最终实现了所谓"价值中心之人性论"。也许就重视《易传》与《中庸》之关系的学者而言，此端绝非肇始于方东美，历代学者多有此意，但多言之不详。如清儒慧栋（1697—1785）曾对此下过功夫，其《易大义》即明确指出：至言大易精蕴尽在《中庸》。"何谓也？盖谓易言乾元之创造精神原属于天，今则转移于人，而为人所共有。"[①] 慧栋见地可谓独到，而方东美之论述则更为深刻！

还应指出的是，方东美关于"孟子践行大易精神"的见解亦深刻、独到。虽然孟子几乎从未提及《易经》，然而方氏认为："真正了解《易经》最透彻的是孟子。《周易》是孔子传到子思的家学，孟子则从子思领受了《周易》的精神，然后从一切生命的观点、价值的思想、哲学的枢纽，安排于人的尊严上。"[②] 孟子所谓"夫君子所过者化，所存者神，上下与天地同流"岂非"乾（天）、坤（地）、人"三道交融而化生万物欤？悉心体悟孟子所言，可感悟到人（尤其是圣人）于宇宙中的重要地位：儒家视野下的人是"以德配天"的大人，只有人充分显扬其参赞作用，整个宇宙方可呈现出一片生机。基于此立场，孟

---

① 转引自黄克剑、钟小霖编：《方东美集》，第281页。

② 方东美：《原始儒家道家哲学》，第159页。易学大家杭辛斋亦认为孟子得《易经》精髓，不过，杭氏基于"象数"立场，方东美则从哲学义理层面论述之，可谓殊途同归。

子认为人性善，认为人人皆可以成尧舜，否则若以"人性恶"为基点，成圣的根据就弱了。由此，方东美认为，儒家首先建立起"以人为中心"（人本主义）的宇宙观，再进而生发出一套"价值中心观的人性论"。方东美在其著述中数次引用《孟子·尽心》篇中的文辞："可欲之谓善，有诸己之谓信，充实之谓美，充实而有光辉之谓大，大而化之之谓圣，圣而不可知之之谓神。"孟子的此段论述可与《中庸》"惟天下至诚"篇相交辉，亦与《易传·乾·文言》中的"夫大人者，与天地合其德，与日月合其明，与四时合其序，与鬼神合其吉凶"相贯通，三者在义理上可谓一脉相承！鉴于此，方东美指出孟子乃得《易经》之真谛，其论证可谓有力。

细究起来，上述三段文辞亦有所不同，《乾·文言》在于朗现圣人境界，《中庸》"惟天下至诚"篇与《孟子·尽心》篇则给出达到圣人境界之途径。撇开至高境界不言，仅从成圣（成人）之道而论，此实则呈现出生命观照的"渐进式"外推：以人文主义为中心，为波源，其人文情怀若波浪般一层层由此展开，由己及人，由人及物，层层延展，最终充斥整个宇宙，贯通整个生命界，使之洋溢着和谐、广大、中正的光辉。

三、旁通与回向：和谐生命与价值体现之路径

（一）旁通——生命的贯通

"旁通"一词原出《乾·文言》："六爻发挥，旁通情也。"言六爻之间的关系约略为"网状的交互结构"，不同卦爻之间存在着某种密切的联系。以"旁通"方法诠释《易经》始于汉人虞翻，清儒焦循对之进行提升，二者皆试图将六十四卦、三百六十四爻贯通起来，使之成为一有机综合的整体。方东美的旁通之理可谓直接从虞翻、焦循处"羽化"而出，尤其得益于后者。

质言之，方东美的"旁通"之义，可从三方面考量之。

1. 有机整体论

"旁通"的方法乃有机的整体方法。"六爻发挥,旁通之情也",既涉及卦内各爻之关系,亦牵涉卦间之关联。此种感应、互动使得六十四卦、三百八十四爻成为一个互有内在关系的网络整体,每一爻、每一卦都须在整体中得到理解——此乃自虞翻至焦循以来所秉持的传统理念。我们且不论《易经》卦爻之关系是否果真如此,但至少它透露出中国古典哲学的有机结构观念和整体思维模式:考察六十四卦的顺序,乃表明其自身为一有机、开放之系统;至每一卦、每一爻同其他卦爻的关系,莫不如此。方东美论《周易》的精彩之处,就在于借助"旁通"方法,去挖掘和发挥大易之精髓,将价值的实现寓于有机的整体之中、寓于生命的广布流行之中。

2. 动态创造论

一如卦爻中"初与四、二与五、三与上"存在着感应现象(旁通)一样,方东美认为宇宙万象大致也以"旁通"的方式进行关联。这种旁通实则通过"动态"的感应方式进行,此言宇宙万物与人之间存在着某种不可剥离的互动关系,此即方氏所谓的"创造精神"。一方面,"个人的生命总是要表现为宇宙的生命,以人的创造过程与天的创造过程配合起来……人是一个参赞化育者,天地宇宙的创造精神却把握在人的创造生命中"[①]。另一方面,人之创造精神,须时刻借用宇宙之力,"创造力取之于天,取之于地,取之于宇宙本体,将宇宙本体一切创造力把握住,拉到自己的人格中来运用,如此一来,人的创造直可与天地之创造比美"[②]。方东美多次引用李白"揽彼造化力,持我为神通"之诗句来形象说明这一点,这种物我互用的"创造精神"乃是价值的最高体现,亦为中国哲学精神之内核。方东美认为,这个思想直接来源

[①] 黄克剑、钟小霖编:《方东美集》,第448页。
[②] 黄克剑、钟小霖编:《方东美集》,第448页。

于《孟子》,《孟子》又从子思的《中庸》中继承,《中庸》又是从《周易》的《文言》《系辞》中来。可以说,《周易》的精神就是借旁通之理的创造精神。

3. 和谐、广大生命论

无论有机整体论还是动态创造论,方东美的旁通思想始终建基于"和谐、广大的生命论"的理念之上。我们知道,无论方法如何高明,理论如何精妙,思想如何深邃,若不能与生命相契合,则终究陷入《楞严经》所言"与人说食,终不能饱"的尴尬局面。方东美的哲学就核心内容而言当属生命哲学,它始终与人的生命相关联,生命哲学之主旨即为"生生之德"。生生之德,来源于《周易》"天地之大德曰生",它至少有两层含义:一则为生生不息;二则为"参赞天地之化育"。前者是显扬《周易》乾卦之精义,后者则融摄《中庸》之要津;前者凸显生命本体论,后者借"旁通"思想朗现价值本体论——"旁通"的含义亦非解释学意义上的方法,而是"联结"生命的价值体现。方东美视野下的"旁通"就在于"从整体圆融、广大和谐之观点,阐明'至善'观念之起源及其发展",因此,"旁通之理同时亦肯定了生命大化流衍,弥贯天地万有,参与时间本身之创造化育过程,而生生不已,终臻于至善之境"①。

(二) 回向: 价值的证成

除了"旁通"之理外,对于生命的贯通与价值之实现,方东美还尤其注重"回向"的功夫。"回向"本为佛教用语,是佛教徒在修学过程中不愿独享自己所修的功德,而将之回转、归向与法界众生同享,以拓开自己的心胸,同时使功德有明确的方向而不致散失。在方东美看来,价值的证成同样需要"回向",这种回向应包括两方面含义,即上回向和下回向:一方面,它须依上回向的途径,使自己的精神修养

---

① 黄克剑、钟小霖编:《方东美集》,第279页。

沿着循序渐进的次第不断提升，臻于理想之境，使精神生活透过修持的程序与宇宙的精神本体形成契入无间的作用，即佛教所说的"令般若与菩提相应"；另一方面，还要秉承佛教慈悲的精神回到现实世界来拯救世间的众生，使众生都能解悟妙谛，圆证菩提，终获解脱之道，谓之"下回向"。

以此观之，佛教之"回向"同《周易》《中庸》有着重要的"相似性"，这种相似首先表现为生命价值实现的相似（关于方法问题，另文论述）。儒家的成圣之学，首先是成己，其次是成人，其表现为渐进式的"下学而上达"的功夫。成己，是君子在"终日乾乾，夕惕若厉"的关照下不断超越自我的过程，是向着更高理想人格迈进的过程；成人，则是一种观照、推广的功夫，《易传》所谓"圣人所以崇德而广业也"，意即圣人靠个人习得的《易》之智慧，去观照、关爱他者，这实际上也是一种回向。

在方东美那里，儒家的价值实现同样须在"双回向"中完成。上回向，乃是按照生命的次序，层层安排，不断提升自我的过程。按佛家说法，乃是将功德"分配"于"三世十方诸佛"，实质上表明了"成佛"的不懈追求；在儒家看来，上回向，则表明"凡希圣、圣希天"的不断自我超越的过程。我们知道，儒家视野下的生命价值，乃是一个不断演进、提升的过程，方东美在《中国哲学对未来世界的影响》的演讲中，曾对儒家的生命进程及其价值的实现与展开做了极为明确的陈述，他认为生命及其价值的实现首先需要有一定的物质基础，只有把这层基础建立起来后，才可以把物质点化为生命的支柱，去发扬生命的精神；然后根据物质的条件，去从事生命的活动，发现生命向上有更进一层的前途，在那个地方追求更高的意义、更高的价值、更美的理想。这更高的价值、更美的理想及其实现可大略类比于佛家的上回向理念。

下回向则是由"高"到"低"的福德流布过程，如果说上回向是针对"三世诸佛"即"四圣界"而展开,那么"下回向"则是对"六凡界"(即众生界)施德布泽的过程。方东美对于"下回向"同样做了详尽的说明。他认为,就佛家而言,小乘佛教初起时,认为这个世界充满了黑暗、苦恼、罪恶。但是等到他自己精神修养提高了以后,站在高处来俯视现实的人性,则感到不仅人有佛性,而且万物都有佛性。因此"在下回向的方面,当初他诅咒人间世为无常、黑暗、罪恶、烦恼、痛苦,现在他都取消掉了,他拿最高的慈悲心来拯救世界,将这个充斥黑暗、痛苦、烦恼的世界转变为一个精神理想的领域"[①]。"下回向"在儒家的《中庸》中表现为圣人"与天地参"的境界,"与天地参"的思想实渊源于《周易》。无疑,下回向属于"成人""成物"的施德布泽之过程。通过圣人(君子)之德的流布与教化,一种"广大和谐、整体圆融"的价值才得以最终证成,而不致沦为幻想。

方氏以为,只有通过上、下回向的交互作用,整个生命界乃至整个宇宙,才真正实现整体圆融、臻于至善的理想境地。

四、余论

综上所述,方东美的易学研究主要从原始《周易》出发,以佛儒对照、中西互参的方式进行解读,并以此建立其有机生命哲学本体论。尚需说明的是,方东美的易学研究亦有所"执"、有所"持"。

其所"执"表现有三:其一,表现在方东美对司马迁《史记》所载《周易》传承的崇信。方氏以为对于《周易》的传承,《史记》交代得明明白白,脉络清晰,是毋庸置疑的。无疑,这种缺乏考证、过于自信的贞定是值得商榷的,是为"第一执"。其二,方东美对汉朝以降的易学(焦氏易除外)缺乏系统的研究,这自然与其对汉儒的态度有关。方氏始终认为汉儒不但没有承受先秦诸子之慧命,反而夹杂方术

[①] 黄克剑、钟小霖编:《方东美集》,第410页。

于其中，其学不醇正，"周易中阴阳不是向来阴阳家的意义，说卦传中杂了汉代五行部分思想，而这个思想不是周易的精华之处"①，故基本不值得一提。其实，这从方东美对儒家的研究中亦可以清楚地看出，方东美研究先秦儒家（其实只限于《易经》《尚书》），研究新儒家（宋明儒），但唯独不谈汉儒；即使有所指涉，亦是以批评的立场为之，并尝以"陋儒"称之。殊不知，就《易经》的发展而言，汉儒亦有精彩之处，其固然多夹杂，但亦不乏创造性的发挥，是为"第二执"。其三，正是由于方先生"错过"了汉儒，导致其对象数易、图学易研究的缺失，是为"第三执"。研究《易经》，固然要挖掘其宏大、雄浑的哲学思想，然而，倘若完全错过象数，其研究成果难免大打折扣。因为，自汉以下，易学确实与五行、律法甚至术数、筮法相结合。沉溺术数、筮法，《易经》之博大思想固然有被隐匿的危险；错过象数之研究，《易经》的哲学思想亦可能失去根基而陷入随意解释之窠臼。故若真正研究《易经》，当熔义理、象术于一炉；既要追本溯源，又要与时俱进，如此方可避免偏颇。

　　方东美之所"持"表现在其对《易经》的研究，是为其旁通统贯的有机生命本体论"服务"的。事实上，不但《易经》研究如此，老庄、佛学等研究亦如此。因此，方先生的研究是"有所取"的——大凡与其有机生命本体论相契的理论则皆有所取；反之，则为其所"弃"，如汉儒及汉《易经》。但就其整体研究而言，方氏的《周易》研究仍然不失其前瞻性、独特性，这当然与其宏阔的学术视野、深厚的学术积累及严谨的学术修养有关；特别是方先生以佛入易，以西学入易的对照、会通之研究，对今天的哲学研究仍然具有重要的启迪意义。

---

① 方东美：《原始儒家道家哲学》，第137页。

第二节　方东美论《尚书》

一、《尚书》缘何成为原始儒家的经典
（一）将原始儒家作为中国哲学研究的起点

在对儒家学理的判断上，方东美同牟宗三存在着明显的差异，譬如方氏在儒学研究中不甚重视《论语》，而牟氏则反之。同样，在处理汉儒、宋儒的问题上，二者亦有明显差别。但是在儒学传承上，尤其在起源层面，二者却有着相同之处，即皆认为讲儒学必须从孔子开始。对此，牟宗三明确指出："中国可以说哲学，应该是从春秋战国时代说起，从先秦诸子说起。既然从春秋战国开始，那么只能从孔子开始。但是这并不是说孔子是忽然间空头冒出来的，孔子背后还是有很长的文化背景。……那么我们为什么说只能从孔子讲起呢？这是因为从孔子才开始对尧舜夏商周三代文化有一个反省，有了反省才能自觉地提出一个观念，建立一个原则。有观念有原则，我们的生命就有一个明确的方向。因此我们说只能从孔子讲起。但是虽然从孔子讲起，我们还是可以把孔子的思想和孔子以前的文化背景贯通起来。"[①] 同样，方东美也认为讲中国哲学思想应该从孔子开始，他认为："一般人以春秋时代孔、老相比，认为老子年长一二十岁，就认为道家先儒家形成完整系统。我却认为：孔子自谓'信而好古'，所以传承古代中国文化的并非周室守藏史的老子，而是由民间崛起的孔子。"[②] 方东美先生此论是有针对性的，即针对胡适的《中国哲学史》而言。他批评胡适是"浅薄的学者"，说胡适有许多书不敢看，没有能力看，结果对于中国古代史产生许多误解。如他批评胡适不是把《尚书》看成历史，而是视

[①] 黄克剑、林少敏编：《牟宗三集》，群言出版社出版1993年版，第532页。
[②] 方东美：《原始儒家道家哲学》，第47页。

为神话。胡适认为历史是一门科学，既是科学就要凭借确凿的证据讲历史，证据不充分不可称之为科学。这种历史观促使胡适"总把各种历史斩头去尾，缩短历史的时间"①。与牟氏的区别在于，方东美持一种更为开放的态度，而非汉儒、宋儒那样"独尊儒家"的"护教"心态，"但是如此谈中国哲学思想的起源，并不足以表示中国古代的哲学以儒家为独尊，我不持这种态度"②。由此可知，方东美是更具有包容意识的新儒家，如在谈论新儒家时，他就明确指出，谈学统必须旁通统贯而不仅仅以儒家为正统。

方东美本人对于"儒学"的认识亦有一个渐进的过程，早期方东美谈中国哲学智慧，言必称原始儒家、原始道家和墨家，其中似乎对原始道家更有欣赏之处，当其对大乘佛学及宋儒进行研究后，对中国哲学智慧的认识发生了一定的转变，即谈中国哲学智慧必由原始儒家谈起。后期，方东美之所以谈新儒家，乃在于新儒家不但融三家之学，而且其所承受的学术传统依然是原始儒家经典《尚书·洪范》和《周易》——虽然"新儒家哲学乃是透过老庄道家的子学来了解经学"③，但是宋儒所志之道侧重于道德修养，其立身治学的伟大风范依然是儒家动人处——此皆表明方东美对儒学的欣赏和尊重。

鉴于原始儒家所体现的学术思想的连续性，所表现出来的救世而"不逃逸"的担当精神和崇高德性，以及原始儒家旁通统贯、开放包容的正大气象，方东美将原始儒家作为中国哲学研究的起点亦在情理之中。

（二）将《尚书》作为儒家的重要经典

具体到原始儒家，方东美推崇的人物是孔子、孟子和荀子，但是对于儒家经典文本研究，方东美则没有从《论语》《孟子》《荀子》入

---

① 方东美：《原始儒家道家哲学》，第50页。
② 方东美：《原始儒家道家哲学》，第48页。
③ 方东美：《新儒家哲学十八讲》，第71页。

手,而是从儒家的更为古老的源头——《尚书》和《周易》入手。这种做法不免引起其他学者的质疑,且不论牟宗三先生对此颇有微词,"这就好比现代的人之所以轻视《论语》……他们以为一定要有定义、概念、原则与系统,才过瘾;而像《论语》里面这样的简单话语,他们便以为没有多大的价值"①。即使当下某些学者亦认为方东美的研究方法存在问题。如北大的胡军先生就认为:"方东美哲学史观的特点在于坚持逻辑先于历史。但中国哲学思想史的常识告诉我们,有孔子而后才有儒家,孔子是儒家的创始人,所以孔子以前的典籍如《尚书》和《周易》当然也就不能算在原始儒家的账上。"②胡军先生的看法自有其理,但细分析下来,未免又有所局限。因为即便孔子以前的经典为诸子百家之共同源头,但由于后人对之研究的侧重点不同,亦终究形成不同的路向。譬如,以《易经》研究为例,有道家易、儒家易,后来还有佛家易(如"禅学易"),故而我们绝不能因为《易经》为多家所宗就取消"易经为六经之首、儒家之宗"的地位。对于《尚书》亦然。《尚书》固非孔子所作,但却为孔子所整理,其"整理的方式"(包括编排、增删等)势必多少体现出孔子所代表的儒家的意图与主张。因此,我们亦不可因为《尚书》曾影响过其他诸子或为其他诸子所宗之故,就取消其在儒家的主导地位——倘若我们承认儒家思想乃从《尚书》流(化育)出,那么从《尚书》的思想中去解读儒家也未尝不可。

更何况,方东美向来借司马迁的"究天人之际,通古今之变"来定位中国哲学之通性,尤其定位儒家的立场"(任何一门学派)要与其他学派的哲学思想发展,彼此呼应,上下贯通,形成时间上的整体联系,绝无所谓思想的孤立系统"③。基于此种视野,方东美认为,与其

---

① 牟宗三:《中国哲学十九讲》,上海古籍出版社2005年版,第223页。
② 胡军:《也论方东美哲学思想的儒家精神——兼答蒋国保先生》,《中国哲学史》2001年第4期。
③ 方东美:《新儒家哲学十八讲》,第21页。

他学派相比，儒家最注重历史的变迁与历史的统一性、历史的承续性。他认为："儒家有两套思想，一套是自己的创作，另一套是承受以前的传统，所以儒家一方面注重传统，一方面又注重创造。"①注重创造的一面由《易经》开出，注重传统的一面由《尚书》承续。把儒家作为一个系统尤其作为一个连续系统来研究，自然要追溯到《尚书》，因为同《易经》一样，《尚书》亦是最古老的经典之一。对于道家，虽然其学当然地从"六艺"流出，但老子是持"绝圣弃智"思想的，所以老子未免有"截断横流"之意图，此似乎割断了历史的延续性，自然不为方东美所取（这里指方东美不将老子之学作为哲学的起点）。

谈及此，一些学者也许会质疑，缘何方东美只以《尚书》《易经》作为儒家的经典，六艺之中其他如《诗》《礼》《春秋》何以不能进入他的视野？此实则由方东美的研究方法所决定的。《诗》《礼》《春秋》当然是儒家的经典之作，如前所述，由于方东美的研究路向采取的是"形而上"的哲学思辨模式，而《诗》《礼》《春秋》虽为历代儒家所重视，但此类经典主要是对民风、民俗及其历史事件的记录，至少在方东美看来，它们缺乏哲学思辨的魅力；而《尚书》《易经》则不然，它们带有明显的形而上的成分或曰"玄学色彩"。

同样，亦须值得提出的是，即便儒家最可靠的经典文献——《论语》也因为缺乏形上色彩，没有进入方东美的法眼。方东美曾就此问题明确表达过自己的观点："就学问分类而言，它既不谈宇宙发生论或宇宙论的问题，又不谈本体论的纯理论问题，也不谈超本体论的最后根本问题；在价值方面也不谈包括道德价值、艺术价值、宗教价值等各种问题在内的普遍价值论。所以《论语》就不能归类到任何'纯理哲学'的部门。那么它究竟算是什么样的学问呢？就是根据实际人生的体验，用简短的语言把它们表达出来——所谓'格言'！用来在实

---

① 方东美：《原始儒家道家哲学》，第46页。

际的社会行为、政治行为、道德行为上，根据丰富的经验，指导实际的人生。这样的学问，称为'格言学'。"①明乎此，当明晓方东美研究之用意了。事实上，对于《尚书》，他最用力的莫过于《洪范》，其因亦在于该篇极富形上色彩。

倘若我们知晓方东美对哲学研究方法、视野及对原始儒家所持的态度，我们便不会觉得其观念之"突兀"了。

二、《尚书》的蕴含及价值

（一）《尚书·洪范》乃中国的启示录

对于《尚书》，方东美有一个总体的概括，他认为，"《尚书·洪范》乃中国的启示录"②。他之所以有此断语，在于《尚书·洪范》无论是性质、体例还是内容皆具有典型的"启示"意义。

论及"启示"，尤其是古代的"启示录"，人们自然想到"天启"，譬如通过诸如《圣经》《奥义书》《古兰经》等神话、宗教系统，借助"神"或"教主"的力量启示人间。《尚书》则不然。正如方东美所见，"从比较的眼光看，（中国哲学）同其他地区的思想不同。像西方的希腊、东方的印度，都可以由本源一步步讲到发展的高潮，所以哲学思想的起源，在希腊和印度都不成问题；但是回到中国文化来看，确实非常困难，其困难的原因，一言以蔽之，就是'文献不足'"③。这里的文献不足，主要是指"神话"资源的匮乏，因为就起源而言，神话应该是人类最早的文献；譬如，无论古希腊还是印度都有一套完整的神话系统，凭借神话系统，人们可以通过对神话的清理而理清它如何演变为以理性为主的哲学。即言，古希腊和印度的神话系统构成了各自

---

① 方东美：《新儒家哲学十八讲》，第24—25页。
② 方东美：《原始儒家道家哲学》，第54页。
③ 方东美：《原始儒家道家哲学》，第46—47页。

文化的"启示录"。在中国，情况则相反，中国的神话如《山海经》《楚辞》等是战国后形成的，而战国时代中国的哲学思想已经有了长足的发展了。这样看来，探讨中国的哲学系统，就不能从神话系统开始。《尚书》作为古老的文献之一，既具有"形而上"的成分和理性特征，同时"这篇文字（《尚书·洪范》）在中国古代有宗教意义"①。"宗教"的性质，亦蕴含了"启示"的含义。

就《尚书·洪范》的体例而言，应属于问答式的对话，但它又不同于西方的辩论式的对话，而是"从政者"向"智者"的提问。读《尚书·洪范》开头一段话，即可知晓："洪范惟十有三祀，王访箕子，王乃言曰，呜呼箕子，惟天阴骘下民，相协厥居，我不知其彝伦攸叙。箕子乃言曰，我闻在昔，鲧堙洪水，汩陈其五行，帝乃震怒，不畀洪范九畴，彝伦攸斁。"其大意是，周武王认为殷代已灭亡，但不知其亡国之因，于是问询箕子。然而，箕子却不正面回答，而是把殷代的学术追溯到夏代，试图通过古代大禹治水的方法"启迪"武王——可见，这里的"启示"并非"天启"，而是理性的智慧之启。在方东美看来，"（箕子）这一类人可以称为'天纵之智'，具备政治上的天才，能够顺应时代及民心的要求，成就理想政治，非以暴力统治，而是体会宗教上的神意，承天之命掌握政权，这即是古代的神权政治"②。基于此，方东美认为"由此看来，《尚书·洪范》篇是一部箕子口传的古代神权政治之宝典，是中国的启示录"③。

从《尚书·洪范》内容而言，亦可将其看作一部"启示录"。因为《尚书·洪范》非如《圣经》或《古兰经》那样，以神或先知的口吻讲话，而是就现实存在的问题进行分析：箕子回答的问题表面看来缺乏

---

① 方东美：《原始儒家道家哲学》，第54页。
② 方东美：《原始儒家道家哲学》，第54页。
③ 方东美：《原始儒家道家哲学》，第78页。

针对性,但整体而言,却又是相对完美的有机系统。《洪范》的几个大的范畴是五行、五事、八政、五纪、皇极、三德、稽疑、庶征、五福等。其中五行、五事、八政、皇极、稽疑皆有重要意义,尤其"五行""皇极"等思想于后人尤具启迪意义。如"五行"思想通过与易经系统的"糅合",启迪了后世儒学的持续发展——虽然将"五行"与"阴阳"结合起来的方术思想颇为驳杂,但必须承认它对中国传统文化的影响和启迪意义;"皇极"思想则通过后儒的训诂(通过对《诗经》的考察),将之翻译为"大中",亦深刻地影响了中国人的哲学思维。因此,无论从性质还是从内容而言,《尚书·洪范》堪称中国文化的启示录。

(二)《尚书·洪范》乃有机的政治哲学

平素人们读《尚书》,多将之视为"史学",如《庄子·天下》中所谓"《书》以道事",即将《尚书》视为"记事"的文本;章学诚所谓"六经皆史"之论,亦将之作为古代记事的材料。方东美却认为,《尚书》绝非是松散的"记事"文本,而是一个思想有机系统。按照方东美的理解,我们甚至应当将《尚书·洪范》视为最古老的系统的政治哲学。这种系统尤体现于"洪范九畴"的内容之中。"洪范九畴"曰:"初一曰五行,次二曰敬用五事,次三曰农用八政,次四曰协用五纪,次五曰建用皇极,次六曰乂用三德,次七曰明用稽疑,次八曰念用庶征,次九曰飨用五福,威用六极。""五行"思想,即以金、木、水、火、土五种属性对事物进行分类,以现代自然科学的眼光来看,它不过是古人对宇宙自然较为粗浅、朴素的认识而已。但是,在《洪范》系统中,它不仅具有认识论上的意义,而且在哲学思维、政治治理等思想层面上具有"奠基"意义。

方东美认为,"五行"思想一开始就体现出中国人的"机体思维模型",而非西方人与物的"二分"模式。如果说"水曰润下,火曰炎上,木曰曲直,金曰从革,土曰稼穑"仍然是从自然属性上谈论五行,那么"润下作咸，炎上作苦，曲直作酸，从革作辛，稼穑作甘"则把物性置于人的基本感受性（味觉）之统一格局之下，使得二者能统一起来。这种"感受性"不是西人17世纪以来那种把物质分为初性与次性的模式，把次性视作假象。相反，"中国却是把宇宙当作一个整体，人在宇宙中有适当的配合，可以和谐，把自然现象与人类本身贯穿起来成为连续整体"①。于是，经过"人之感受性"的五行不再是简单的物质，而是贯穿"人与物相统一"的契机，并且在此基础上，衍生出一系列的政治、哲学思想。譬如，"五事"即奠基于五行的基础之上，且是人之"（味觉）感受性之统一"的进一步深入。"一曰貌，二曰言，三曰视，四曰听，五曰思"则是由人之外貌、语言、视觉、听觉及思维等较高层次的统一。其中"貌言恭，言曰从，视曰明，听曰聪，思曰睿"及"恭作肃，从作乂，明作哲，聪作谋，睿作圣"，则更进一层，由整体知识的观念，推至道德活动与精神成就，乃至精神的人格状态。"八政"进一步展开，将五行展开的初步宇宙论，历经"五事"精神、道德之推断，渗透至政治社会、国家体制等层面。"五纪"（即岁、月、日、星辰、历数）则关涉一个国家经济发展的命脉，盖古时无论游牧还是农业皆须"天时"，其根基仍在于五行。

"皇极"从一个国家所应遵循的"大中"原则入手，它指出，治国者须注重正德、利用、厚生之正义原则。"三德"通过对"正直、刚克、柔克"的分类叙述，阐明治国的智慧。稽疑、庶征亦涉及"机体统一思想"，由于古人受制于自然知识之有限，往往将自身的命运同天时、地理等外在环境联系起来，即言，人不是自身命运的主宰，人亦非单子式的存在，而是处于复杂的综合系统中。因此，古人若要真正获得幸福，必须上通天时、中通气象、下通地理上的各种复杂之环境，唯其如此，方可培养出正常的心智，而不至于违反理性的范畴。也许，

---

① 方东美：《原始儒家道家哲学》，第56页。

在今天看来，稽疑、庶征羼有某些神秘、非理性的东西，但就当时而言，却也反映出先民的思维偏向和经验智慧。至于"五福""六极"，则是治国的理想结果。

通过对《洪范》的简略解读，我们可以得知，它不但是"中国的启示录"，更是有着有机体系的政治哲学。诚如方东美所言："首先由五行说明物质世界的构造；其次引申到人事上表现人类生理、心理的活动；再把它转移成人类行为上道德的理想标准，成为美德，然后以此美德来从事社会、国家、公众的生活，产生政治原则、政治体制；在合理的政治下，培养人民高尚的情操，再明确这种高尚的情操以形成道德上的最高的正义原则；然后以这个道德正义为标准来支配政治上最高权力之所在，从君臣一直到人民的生活都为道德所支配。如此一来，凡遵守这个原则的就产生幸福，违背这个原则的立刻造成许多灾难。"[①] 这段论述无疑非常明朗地表明《尚书·洪范》的政治哲学有机体系之特征。

我们可将上述体系作如下描述：宇宙自然论（五行）—精神德性论（五事）—政治智慧论（八政、皇极）—政策决策论（稽疑、庶征）—威慑、监督理论（德福一致论，"五福""六极"皆建立于德性有无之上）。

（三）对"皇极"的创造性解读

方东美重视《尚书》，尤重《洪范》，《洪范》中则更重"五行"与"皇极"两节。关于"五行"，方东美曾用大量篇幅进行论述，他认为"五行，不仅是维持人类生活的工具，而且代表了宇宙里面神秘的物质、神秘的力量，维持宇宙万有的存在，是一切生存的根本原理"[②]。除此之外，方东美对汉以后"五行"思想与《周易》的融合做了客观

---

① 方东美：《原始儒家道家哲学》，第67页。
② 方东美：《原始儒家道家哲学》，第71页。

的评述，他认为，"五行"本来是《尚书》固有之传统，与《易经》无涉，然而，经汉儒的之"糅合"竟然将"五行"与《易经》结合起来——尤其在"齐学"中，易学思想与五行互为表里——反而成为一套系统的体系影响中国数千年之久。殊不知，"真正的儒家《周易》思想是排斥五行之说的"。话说回来，"五行"思想极为丰富，对中国哲学、中国文化影响颇深，举凡民俗、艺术乃至中医莫不受其影响，方东美亦对之做了客观的评价。关于此义，鉴于今人研究较多，此不赘述。

笔者这里强调的是"皇极"的重要性——如果说"五行"是《尚书》内核思想之基点，那么"皇极"则为《尚书》思想之高潮，"'皇极，程建其有极。'斯乃《洪范》一篇哲学宝藏之核心所在"①。方东美用了大量篇幅对之进行阐述、论证，颇具洞见，可谓发前人之未发。

"皇极"一义，自汉儒至宋儒，多训作"大中"。"皇"为"大"，其义源于《诗经》之"皇矣上帝"；"极"训作"中"，如，汉儒郑康成、马融，一直到两晋时代的注疏家皆将"极"翻成"中"，所以"皇极"就沿袭传统讲法而训为"大中"了。宋儒亦作如是观，譬如邵雍有《皇极经世》，邵雍之子云，"至大之谓皇，至中之谓极"②，皇极，即"大中"。然而，在方东美看来，这种翻译法是有问题的，至少没有切中问题的要害，没有开显出其蕴含的哲学意义和宗教意义。

对于"皇"之义，方东美基本上认同"大"义，"大"为敬词，表现出人们对某物的无限景仰之情；"极"作"中"则未必准确。方东美以为，"把'极'当作'中'讲，就中国文字学上说，究竟很牵强，从文字构造的本义来说，它代表建筑上的柱子，支撑最高的栋梁。而这个最高的栋梁当作'中'讲，实在很牵强，因为这个'极'在整个的

---

① 黄克剑、钟小霖编：《方东美集》，第250页。
② 高敏主编：《中国历代隐士》，河南人民出版社1994年版，第387页。

architectonic unity 中不是居中而是偏于上"①。循着文字学及比较民俗学乃至宗教学渐循推进的思路，方东美对"极"进行了细致的考证。他认为，"极"并非"中"，而是一种象征符号，他借用法国巴黎大学教授 Mceiade 比较民俗学的成果来说明这个道理。就世界诸民族而言，尤其在东方诸民族中，无论近东的埃及，还是中东的伊朗，甚至印度这些地区，其建筑的构造、婚姻的制度、绘画雕刻的形式乃至宗教的崇拜仪式，皆有一个共同的象征符号，即"大中"这个符号表征着把人类精神凝聚一点，并上升到以天为中心的境界。其中，西方哥特式建筑的这个特点更为鲜明，哥特式建筑的中心不是物质世界的"物体"，而是以物体为一符号，向上拔起，指向无穷的苍天，指向上层的精神世界。事实上，中国古建筑的屋脊（即"极"）也大致有这种象征。通过建筑学、文字学、比较民俗学的考证，方东美认为"皇极"意味着一种神圣符号。那么这个神圣的符号究竟意味着什么呢？

以方氏视野观之，此作为象征符号的"皇极"内涵极其丰富，意蕴格外深长。若对方先生关于"皇极"的思想做一归纳，大致应蕴含以下诸义。

首先，作为神圣符号的"皇极"具有文化分水岭（中分线）之含义。将"极"解释为"屋脊"之"脊"，此"脊"在建筑学中无非是前后的分界线，在文化学上，"脊"可看作中国历史文化的分界点。方先生认为，西元前 1122 年商周交替之际，在中国文化的构成上就等于是一个"屋脊"，屋脊前面显示出一个理性的清明世界，宇宙间的一切、社会的一切、人性的一切都可以借清明的理性而表现出来，即言人类文化的一切都可以借理性而得到客观的理解；屋脊背后，则是一个混沌、神秘的世界，因为缺乏足够的文献材料，所以屋脊后是一个迷茫、混沌的世界。不过，西元前 1122 年以后，以箕子为媒介，把夏代流传

---

① 方东美：《原始儒家道家哲学》，第 76 页。

到周代的民间思想、政治思想、道德原则等秘密透露出一部分,并以此启迪后人。基于此,方东美才将《尚书》作为中国文化的启示录。很明显,将"皇极"训为屋脊,进而赋予其文化分水岭的意义,乃是取其具象意义。

其次,作为神圣符号的"皇极"(大中)具有超越宗教义。将"皇极"释为具象的屋脊,自然可以从文化角度解读之,但此屋脊还有更丰厚的含义,即其所蕴含的宗教义。方东美认为作为"皇极"的"大中",其原始义,应作为神圣的宗教符号而存在。他曾透过《诗经》《周礼》《礼记》等文献进行考证,如他曾对《礼记·礼器》中"升中于天"进行了一番考量。根据《礼记·礼器》,先民祭祀的目的就在于"升中于天"。人们平素生活在世俗世界里,然而世俗世界里并没有神圣的价值,不能满足宗教的要求,因此,任何将世俗世界的肉体转变为灵魂与精神的尝试,必须经过祭祀所营造的神圣、神秘之宗教氛围,而达到"升中于天"。这里"升中于天"的"中"无疑表征着最高的宗教精神。为了进一步说明"中"所代表的最高的宗教精神,方东美还考察了《诗经·大雅》中的"对越在天,文王陟降,在帝左右"之论,此本为周公祭文王所用之辞:"对越在天"乃周公借"对越在天之灵"来祭他的祖宗的精神;"文王陟降,在帝左右",其意在于说明文王死后,其精神已上升入天,进入宗教精神世界——在上帝之左,或上帝之右。"中"(极),无疑凸显了祭祀的功能,孔子所言,"祭如在,祭神如神在"亦是如此,即借助祭祀所营造的宗教氛围,世俗之人既可领受"上帝"的威严,同时亦可提升自身的精神品质。我们知道,孔子所言的"祭如在,祭神如神在",历来被人误解为神秘主义;然而方东美通过民俗学、宗教学、社会学的考察,以客观的眼光指出,孔子不仅仅是理性主义的哲学家,而且对于原本宗教的神秘经验亦有深刻的体会。方东美进一步指出,"世界上的大哲学家往往是双重身份,他一方面有哲学家的身份,晓得世俗世界是怎样构成的,其危机何在。

他又有宗教家的身份，晓得怎样回复到原始的精神状态，即神圣世界里去"①。此既为方东美对孔子的褒扬，亦是对现代唯理性主义、唯科技主义的批判。

最后，作为神圣符号的"皇极"（大中）具有"最高公正"的道德义。若从社会学、建筑学等民俗角度言，"皇极"可解为"屋脊"。只是，方东美认为，这个"极"还有一个重要的象征意义，即象征现实世界伦理道德的最高公正原则。"'正及神人曰极'，正者乃'无偏无党，王道荡荡，无党无偏，王道平平'之谓，代表伦理道德上最公正的原则。"②

方东美之所以将"极"或"屋脊"视为最高的公正原则，在于循着"皇极"讨论的问题就是"无偏无党，王道荡荡，无党无偏，王道平平"，说的是公正、无偏私，只有将神圣的宗教价值贯注于人间，并将之转化为人间的"公正原则"，《尚书》所言的"正德、利用、厚生"才得以落实；否则"皇极"仍旧悬置于空中。以方氏看法，文王无疑是秉赋"上帝"公正原则的圣人，因为文王生前"为民造福，建理想国"，而死后则"文王陟降，在帝左右"，成为神圣的人格，这种神圣是道德的神圣，也是"最高公正"的神圣。

（四）对"辟"的解读

亦正是借此"公正"之义，方东美对"辟"进行了创造性的解读。在《尚书·洪范·皇极》中，在阐述了"无偏无党"之义后，接下来是"惟辟作福，惟辟作威，惟辟玉食"等论述。对于"辟"的解读，方东美先生认为"自汉人到宋人都讲歪了"——其实，何止是宋人，即便现代不少学者亦不加分辨地沿袭了汉宋之意——因为"这个字从

---

① 方东美：《原始儒家道家哲学》，第122页。
② 方东美：《原始儒家道家哲学》，第77页。

汉人到宋代赵善洲乃至朱子，都把它解释为'君主'"①，这样看来，似乎君主就可以作威作福，就可以尽量享受奢侈。很明显，这与中国古代的德治精神不符（尤其尧舜禹时代）。在这点上，方东美独具慧眼，对汉儒进行了严厉的批判。他以为，古代的君主生活相当简朴，不但其宫殿是茅茨土阶，甚至祭祀的宗庙也相当简单。他曾感慨道："甚至第二流的皇帝像汉高祖，对于毁掉的阿房宫也不肯把它恢复起来，……何况古代的圣王像尧、舜、禹、汤者？"②将"辟"解释为"君王"，反映了汉代学术界之浅陋，只晓得去捧君王，殊不知，此一举动不但宠坏了君王，而且还破坏了最高的"公正"原则，导致了特权、专制的泛滥。基于此，终其一生，方东美对汉儒近乎一贯地持贬斥态度。

那么"辟"到底是何意呢？以方东美之见，"辟"乃"僻"字之通假，应当解释为"邪僻"而非君主。即言，只有邪僻之人才满足于作威作福。这种解释新颖且有其合理性；倘若将"惟辟作福，惟辟作威，惟辟玉食"解释为"唯有君王可以作威作福"，恐怕古代的"帝王"也不同意如此露骨的主张。方东美主张，"皇极"意味道德"公正"义，因此无论君王还是大臣皆须保持"中正"之心，避免走向"辟"之邪路。若以"辟"作"邪僻"解，即主张"在政者"避免"邪僻"之恶习，维护"中正"之道德原则，惟其如此，国家方可长治久安。此义颇契合尚书"皇极"之旨。应当说，方东美对"辟"的解释既富创见，又有证据，可谓独具慧眼，发前人之未发。当然，方东美对"辟"的解释，并非凭空产生，而是有文本根据，大抵从"皇极"之"公正"的基础上引发而来。

要之，方东美对《洪范·皇极》进行了创造性的解读，并归纳出"皇极"所蕴含的四层含义：其一，"皇极"所蕴含的宗教义；其二，

---

① 方东美：《原始儒家道家哲学》，第62页。
② 方东美：《原始儒家道家哲学》，第62页。

将宗教符号转化到哲学世界里，使之代表真相标准与价值标准，即言把宗教的秘密转化为哲学本体论体系；其三，将哲学本体论上的价值标准转移到"行动的世界"上来，"把儒家的道德世界转化为美感世界，以说明这个世界不但充满了人类生命的纯粹行动，而更应该是善的行动、美的行动"①，简言之，由普遍的哲学转化为道德哲学或美感哲学；其四，将宗教的、哲学的、伦理的各方面集中于一符号，而最终构成原始儒家、原始道家、原始墨家的思想体系。

三、方东美《尚书》研究之简评

通过上文叙述，可知方东美先生对《尚书》尤其《洪范》篇的研究是颇"用功"的，他将近乎"松散的"文献化为一严整而条理的"哲学体系"，给人耳目一新的感觉。然而，若从严格的学术史或哲学史的角度来看，方先生对《尚书·洪范》的"发挥"未免缺乏充分的史料基础，未免存在"主观发挥性"较强的倾向。譬如其对"大中"的解释，就不是完全从"义理"的解释，而是在文化学、社会学意义上的阐发；又如，其对"辟"的解释，固然符合惯常的认识，但似乎仍缺乏文献的证据。亦因此遭到了不少学者的质疑。如胡军先生就对此提出了批评，他认为方东美热衷于哲学思想而缺乏考证，热衷于发挥而缺乏证据，等等，这毕竟是有些道理的。关于这一点，笔者亦大致认同。

《尚书·洪范》作为儒家经典，自然意义重大。以今天的视角观之，至少该文献有两点值得关注：一是它对以往政治经验做了较为系统的总结，可谓我国古代帝王的大宪章，从这点而言，"它在形式上的意义，远超过了它在思想内容上的意义"②；二是它突破了原始宗教的迷

---

① 方东美：《原始儒家道家哲学》，第99页。
② 黄克剑、林少敏编：《徐复观集》，第318页。

信思想，开始显露出理性的光芒，并萌发了规范治理的政治理念，为后世的行为规范提供了样本。但《尚书》是否就如方东美先生所认为的那样重要，是否具有有条理的"哲学"体系，还值得进一步商讨。

话说回来，在当时国人普遍背离传统、以拾西方牙慧为荣的情境下，方东美以深沉的族类文化意识和忧患意识，重返并尊重中国哲学的精神是可敬的。并且，其极具开拓性、创造性的精神及其所具有的慧眼卓识对今人研究《尚书》仍具有重要的启迪意义。

（1）在对《尚书》文本选择态度上，方东美采取了较为审慎而客观的做法。对于早期中国的哲学，确实存在着文献不足的客观事实，但这并不必然导致方东美落入像一些历史学家那样以为古代文献"完全不足信也"的境地。平心而论，就《尚书》而言，由于经历了秦始皇的"焚书"事件，完整的《尚书》存在变得不可能。又加之，后世存在着至少两种主要的《尚书》版本：一为西汉伏生靠记忆传诵，以秦隶、汉隶记载的《尚书》，即今文《尚书》；一为孔安国在山东曲阜孔家壁中发现的篆文写成的《尚书》，即古文《尚书》。这自然引起后学的争议。尤其清人阎若璩《古文尚书疏证》一出，更吓到了许多读书人，以至于不少人以为整部《尚书》都是假的。而方东美则独具慧眼，他采取"公约数"的方法来过滤《尚书》，进而取得可靠的材料。正如其言，"现在我们谈《尚书》，却不会发生今古文之争的问题，何以故呢？因为如果今古文双方都有的材料，如孔安国的古文《尚书》有的，伏生传的今文《尚书》也有，那么便是真实的材料，不成问题"[①]。倘若按照疑古考证派的做法，《尚书》无异于伪书，是没有任何研究价值的。在没有更可靠的历史证据的情况下，方东美所采用的"公约数"的选择法无疑是有其独到之处的，这也反映出方东美审慎的态度与独特的视野。

---

① 方东美：《原始儒家道家哲学》，第52页。

(2) 在《尚书》"政治哲学"的解读上,方东美采取了独特的视角。方东美重视《尚书》,绝非出于文献学、考古学、历史学等研究目的,而是以"形上"哲学的立场对待之。方东美认为,"战国以前,并无独立的哲学,而是兼通经书的微言大义,所以不懂经书,无法谈哲学"①。对于六艺,后世研究哲学者多以《周易》为要,因《周易》中确乎存有丰富的哲学思想。然而,对于《尚书》,则不以为然。即使有人重视《尚书》,无非是看重其中的"五行"思想,以与《周易》相耦合,借此发挥术数之道理。方东美则纯然从哲学角度入手,以为《尚书》亦含有"形上"色彩,并对《尚书》进行了独到的解读即政治哲学的解读。正如他本人所言,其探讨《尚书》,在于"以探索大中哲学宝藏及其与后来各派哲学思想发展之历史渊源,藉对中国哲学——尤其儒家思想——之历史源起传承等,暂作一番交代。计含重点有四:一、五行说;二、大中象征意符之宗教及哲学意蕴;三、万有之归根返命与本初之理贯后得;四、由神权统治转为德治"②。其中,五行乃涉及自然宇宙论;"皇极"则意味着宗教哲学、本体哲学与生命哲学、价值哲学的层层递进;"神权政治向德治的转型"实则表明《尚书》的政治哲学之特性;所谓"回归本源及后续结果"则把《尚书》视为原始儒家、原始道家及墨家的共同"源头",共同达成上古中国人福祉之后果。通过对上述四方面的详尽论述,方东美认为中国文化历史透过《尚书》所呈现出来的丰富的事实、详细的理论和复杂的制度,雄辩地证明中国文化"乃是一个光天化日下的早熟的现代世界"——这种"早熟"是理性思维的早熟,是哲学的早熟——此凸显了方东美解读《尚书》的哲学视野,亦有助于国人树立起文化自信。

(3) 将《尚书》作为原始儒家主要经典,是有其学理依据的。"六

---

① 方东美:《原始儒家道家哲学》,第52页。
② 方东美:《中国哲学精神及其发展》(上),孙智燊译,第108页。

艺"作为古代的经典，当为原始儒家、原始道家、墨家乃至其他诸家之公有源头，然缘何方东美却将《尚书》列为儒家的原始经典？这种看法能否站得住脚？其实，笔者上文用"共同源头说"对此问题曾有简略说明，但意犹未尽。笔者以为，方东美将《尚书》视为原始儒家的经典是站得住脚的。且不言现代大儒马一浮、熊十力先生也持此论见——当然，大儒的论见亦未必是真理；仅就《尚书》内容、义理而言，仍可视为原始儒家的主要经典。

我们知道原始儒家重"礼"、重祭祀、重名分，而《尚书》的各种训诫、誓词无一不与此息息相关。反观其他诸子，则距离《尚书》较远，如原始道家对"礼"持排斥态度，墨家、法家虽重礼，但却失去了《尚书》中"对越在天"的超越精神。以孔、孟、荀为代表的原始儒家则不然，无论对"祭祀"的继承还是对"礼"的重视，无论对"名分"的遵守还是对"正德、利用、厚生"等理念的秉持与追求，皆承接《尚书》而来。非但《尚书》如此，《易》《诗》皆如此。譬如，马一浮先生曾这样评判诸家对六艺之得失：墨家统于《礼》，名、法亦统于礼，道家统于《易》。判其得失，分为四句：一，得多失多。二，得多失少。三，得少失多。四，得少失少。难怪马一浮感叹"不通六艺，不名为儒"[①]。其中对六艺"得多失少者"唯有荀子，其他诸子虽以六艺为源，但与六艺相差远矣！因此，后世儒者多将六艺作为儒家经典。（其实，两千年来，国人皆将"六艺"作为儒家的奠基之作。）既然六艺之精神主要为儒家所宗，因此方东美将《尚书》定位原始儒家经典有何不可？

（4）在《尚书》的研究方法上，方东美为后世学者开辟了一条崭新的路径。我们知道，历代治《尚书》者，所持"文献学"之态度，大抵将《尚书》看成古帝王的"语言记录"。鉴于此立场，其治学自然

---

① 马一浮：《泰和宜山会语》，辽宁教育出版社1998年版，第10页。

以考证、训诂等史学方法对待之。方东美研究《尚书》则采取"形上"之模式，即用"生命有机体"的思维方式来看待中国哲学，此与其"形上"的哲学理路相对应，同时，他之所以将《尚书》定位于"政治启示录"，又与其"价值优先"的评判标准有关。"形上原则，价值优先"乃是方东美研究中国哲学的主要原则。除此之外，他还善于运用民俗学、社会学、宗教学的相关文献，以"中西相互关照、相互比较"的方法，对《尚书》进行"探索性"的解读，让人耳目一新。可以说，方东美对《尚书》文本的"哲学"解读，对于当下的《尚书》研究乃至哲学研究具有方法论层面的启迪意义。

最后，我们必须承认，方东美是作为富于创造力的哲学家而非以文献家、学术史家的身份去研究《尚书》，这势必导致其对《尚书》的解读有所偏向，即他常以自己的主观思想去解读《尚书》。胡军先生对此曾提出批评："平心而论，方东美的原始儒家是方东美在自己的心中构建起来的原始儒家，是对原始儒家的方氏阐释，而不是在历史中注重人文精神、人文价值、企图把外在的强制性的礼仪规范转化为内在的自觉的道德规范的原始儒家，尤其是孔子的思想。两者相去甚远。"①胡军先生的批评有一定的道理，方东美天马行空的思维确实可能存在着一些瑕疵，但是，我们对于方东美亦不能过于苛刻，任何一个伟大的哲学家皆有不足，如果只看不足，乃至只采取批评的立场，那么我们又如何能吸取其思想精华呢？

---

① 胡军：《也论方东美哲学思想的儒家精神——兼答蒋国保先生》，《中国哲学史》2001年第4期。

第三章 方东美论新儒家

方东美对儒家的研究主要集中于原始儒家和"新儒家",原始儒家主要研究两部经典,即《尚书》与《易经》,如前所述;新儒家主要有北宋五子、朱熹及陆王等,当然也包括清儒——按方东美的说法,其所从事的新儒家哲学研究,乃为"宋明清哲学"。遗憾的是,方先生的专题研究——《新儒家哲学十八讲》,仅仅涉及周敦颐、邵康节,以及部分讨论朱熹的小片段,当刚刚开始涉及张载之学时,由于先生身体原因,讲座戛然而止。所幸其著有《中国哲学之精神及其发展》一书,亦概略地涉及新儒家的其他诸子,才使得后人得以窥其思想之大略。

对于新儒家(即广义的宋明理学)的研究,今人研究成果可谓多矣!就学派传承而言,马一浮、冯友兰等研究的对象偏向于(程朱)"理学";熊十力、牟宗三、贺麟则偏重于(陆王)"心学";梁漱溟似乎同浙东学派的实用主义有可比之处。就研究特色而言,马一浮以圆融取胜,马先生学养丰厚,其志在融合儒释道,贯通心、理、气(指宋学的三大流派,陆王、程朱及张载)。牟宗三以"逻辑"引人,以析理见长。譬如牟先生的儒家"三论说",把宋明理学分为三系:"伊川、朱子是一系,陆、王是一系,胡五峰、刘蕺山是一系。这最后一系就是继承周廉溪、张横渠、程明道。严格说来,北宋诸儒的嫡系应当是这一系,而不是伊川、朱子,也不是陆王。"[①] 其将朱熹判为另子别宗,更是发前人之未发。张君劢的"儒家"研究以综合全面见长。冯友兰先生"接着讲"的思路则以推进、发展宋学见长,其治学特点在于将程朱之理"转换"为西方所谓的"客观的实在"而发挥之。

方东美的新儒家研究则显得更为开阔,它既不拘泥于传统的程朱、陆王心学,亦不同于冯友兰以西学某种学派的理论去重新诠释宋学即所谓的"接着讲";方东美乃将新儒学置于整个中国历史、中国哲学史的背景下,以更宏伟、广阔的中西比较哲学视野去审视之、分析之、评判之,并以信服的证据和谨严的逻辑得出看似"怪异"、实则合理的结论。

第一节 新儒家统论

方东美对新儒学整体上有一个较客观的定位,他认为:新儒家在整体格局上偏于狭隘,不能完全与原始儒家相契合;当然这也不能苛求于宋儒,因为此与特定的历史背景相关。概言之,方东美对宋儒的看法大致有四。

一、就学术格局言

就学术格局言,宋儒总体偏于狭隘。方东美认为,两宋诸儒历来以直接绍述孔孟真传、继承学术正统的"道学家"自居,事实上并非如此。虽然宏大如张载者,曾提出"为天地立心,为生民立命,为往圣继绝学,为万世开太平"之宣言,亦有"立其大"之主张,但总体而言,宋儒普遍缺乏大的格局。其根由在于其过于执着"道学"正统的自我期许,换言之,宋儒过于迷恋道统,而缺乏拓展的勇气。方东

[①] 牟宗三:《中国哲学十九讲》,第305页。

美认为，讲道统易陷于孤立系统而局限其视野。通观宋代学术史可知，宋儒的学问来源极驳杂，既有原始儒家之学，亦有道家之学，其中也包括王弼等新道家之学，此外还有佛学尤其禅宗之学，等等。儒家本非纯儒（学），然而却又大张旗鼓地辟佛辟道，故而难免有狭隘、虚伪之嫌。

　　方东美主张，称道统不如称"学统"。道统滥觞于孟子，孟子最尊崇孔子，排斥杨墨，但却不攻讦道家。就此而论，孟子虽有所偏狭，但不至于太极端。迨至董仲舒，道统逐渐凝固而终至狭隘，尤其当汉儒将儒学作为获取功名利禄的工具时，所谓的道统乃不啻粗陋之学——此截然不同于原始儒家。若考察先儒孔子，则有博大宽宏之雅量，孔子谦虚好学，主张毋意、毋必、毋固、毋我，他勇于撇开一切偏见，海纳百川以成其大，自是一代宗师。因此，方东美认为，先秦时代儒家纵然有所谓道统（如孟子），也是"开明的道统"，遗憾的是，后儒则萎缩了许多。基于此，方东美认为："与其称'道统'，不如称'学统'。讲'道统'易生虑浅、专断、偏颇的流弊，讲学统则无此病。"① 他进一步提出，谈学统必须旁通统贯不仅以儒家为正统，而且须以司马迁"究天人之际，通古今之变"的立场，会通、融贯诸家的精华去发展儒学，而不必标榜道统，更不必刻意排斥其他学派。凡有用于我之学术者，皆可"拿来"。

　　更何况，孔子在历史上是否就代表后儒所谓的道统，尚值得考证。假若根据刘歆及班固的说法，掌握历史文献的人是古代的王官，而诸子之学出于王官；照此理解，儒家应为司徒之官。然而就孔子家世而言，他并未做过"王官"。孔子不过是王官之学衰退后的民间天才，承受了以往的绝学。江璜在《读子卮言》中谈道，"假设根据六经皆史的观点，则居于周代王官地位的人，不是孔子，而是老子！因

---

① 方东美：《新儒家哲学十八讲》，第35页。

为老子是周柱下史，它掌握了周代中央政府六经的典籍。据此推论，则真正得六经之传的可能是道家而非儒家"①。既然如此，方东美认为，后儒讲道统远不如讲学统来得更为合理、圆融。方东美还主张，谈学统不必以儒家为宗，而应将范围扩大为先秦诸子，以扩大心胸和学术视野。

二、就学术传承言

就学术传承言，宋儒未得孔孟真传。方东美指出，道统观念若无历史之明证，将徒成武断之信仰。他以确凿的证据，来说明宋儒之驳杂。按方东美的理解，宋儒所承受的儒家学术传统有二：一为《易经》系统，一为《尚书·洪范》系统。这两个系统本来无涉，最明显的例证在于，《周易》讲阴阳但不言五行，而《尚书·洪范》讲五行却不言阴阳。然而，随着二者的合流，尤其后儒将神秘之术数掺入其中时，纯正的经学传统发生了变化。我们知道，原始儒家无论治《易》还是治《尚书》，皆以纯粹理性的态度为之。譬如，孔子对《易经》的最大贡献，在于其将卜筮之术（书）化为理性之道德；对《尚书》的贡献在于将其中极浓的宗教兴味转化为清明的理性。即是说，经学在孔子那里，经过了理性的转化，渐至成为德性义理之学，是为原始之儒学（或鲁学）。

以孔子为代表的鲁学在风格上充满质实厚重、宏大坚韧的阳刚之气。然而，后人将"以孔子为代表的鲁学"传至齐地时，由于齐临海而居，多玄想、尚术数，则兀自掺杂了阴阳家思想的诸多神仙术数，其中《洪范》之五行思想即蕴含其中——这实际上意味着《周易》与《尚书》这两大系统在逐渐合流。但是，由于这种合流多发生在"方术"层面上，故而使得其学术不仅杂而不醇，而且易流于江湖气——此则为齐学。齐学之风渐至南移，与楚学接壤并影响两晋及宋儒，使

---

① 转引自方东美：《新儒家哲学十八讲》，第47页。

得其学更为驳杂。其驳杂主要表现为：除了掺杂阴阳家的术数内容外，《易经》系统还糅合了诸多道家的思想。我们知道，孔子以清明的理性思维厘定、开拓《周易》之宏大气象自不待言，即便孟子，虽则著作通篇不提一个"易"字，但他却准确地把握住了孔子《易经》之精髓："可欲之谓善，有诸己之谓信，充实之谓美，充实而有光辉之谓大，大而化之之谓圣，圣而不可知之之谓神。"孔孟之易实则从乾、坤入手，倡导自强不息、厚德载物之理念。相比之下，宋儒讲易从道家易入手，周敦颐的"太极图说"明显是道家甚至道教的学问，二程子讲《周易》直接从"复"卦讲起，承接的无非是"新道家"王弼的传统，其根底渊源于老子"归根复命"之论述。此表明，宋儒除了儒家的《周易》《尚书》学术传统外，还有道家的学术传统（及佛教的思想因子）。方东美由此得出结论："新儒家哲学乃是透过老庄道家的子学来了解经学"——他甚至认为宋儒未得孔孟真传。

三、就学术精神言

就学术精神言，宋儒缺乏严谨的治学精神，惯于束书不观，偏于自我发挥。宋儒由于过多地浸染了佛学、道家乃至道教的学问，其学驳杂如上所论；除此外，宋儒还存在"束书不观"和偏于"自我发挥"的陋习。方东美历来以汉儒为陋儒，因其学常掺杂以方术、偏功利，故而他从未对汉儒进行系统的研究，甚至有意避开。对于宋儒，方东美以为，就严谨层面言之，尚不及汉儒。故而，在谈及某些以"真传""嫡系""正统"自我标榜的当今新儒学学者时，先生在对宋儒提出严厉批评的同时亦未免捎带之。

一般人认为汉儒夹杂阴阳家、方士等的思想，不属于儒家的正统，似乎一无是处。而事实上，汉儒亦有可取之处，其优长在于他们对学术所持的严谨态度。汉儒对经典的解读主要以解诂的方式进行，解诂之效用在于通过章句训诂来还原儒家的真面目。由于汉人严格遵从家法、师法，对流传下来的经典，"从不敢苟顺私意，乱发议论，尽可能的有一分证据说一分话，有一分师承做一分文章"①。譬如齐诗有齐诗的讲法，鲁诗有鲁诗的讲法，其他诸经，莫不如此，是绝对不敢乱讲的。反观宋儒，从北宋五子到南宋诸大家，仅就文献的处理方面而言，或多或少地存在着随意曲解的现象。"严格点说，他们犯了唐代以后许多佛学家的错误——束书不观。"②

按近儒刘师培的说法，"束书不观"即是"废学"，通俗地讲，就是把儒家的经典束之高阁根本不看，而在那里打坐，并名之曰"静坐观心"。此习气当从禅宗而来，禅宗偏于"佛法不可说"，讲机锋、讲顿悟，结果佛经被束之高阁，造成"束书不观"之流弊。遗憾的是，宋儒尤其心学之末流亦效法于此，此种"废学"现象，导致了被颜习斋讥为"打诨猜拳"的语录体——缺乏经典文献支持的"自说自话"。宋儒大程子尝谓，言语有两种：一为有德之言，即能体现出生命境界与崇高人格修养的"知行合一"之言；一为造道之言，即根据自己的理解，对经典的重新诠释，为他人提供安身立命之途。然而，在方东美看来，有很多宋儒废"经"不读，废"子"不读，却根据他虑浅的体验玩弄"造道之言"、自我发挥，并号称代圣人立言，"像这类宋儒的话，不仅不是有德之言，而是缺德之言、废学之言。在宋史《道学传》中，此类人比比皆是"③。当然，并非所有的宋儒皆如此，方东美接着补充道："《道学传》里也不乏能代圣人立言的真人物，我所指责的是那些二三流的'废学派'的'假道学'。"④

---

① 方东美：《新儒家哲学十八讲》，第4页。
② 方东美：《新儒家哲学十八讲》，第4页。
③ 方东美：《新儒家哲学十八讲》，第23页。
④ 方东美：《新儒家哲学十八讲》，第24页。

四、就道德人格言

就哲学格局而言，宋儒未免狭隘，甚至对于周敦颐这样的开山人物，方东美亦认为其算不上一流的哲学家，甚至可以说是二流的哲学家。方东美当然是站在原创性、体系性的高度进行评判的，尤其是站在将宋儒与孔孟乃至西方古希腊哲学家对比的角度而谈的。但就道德人格言，方东美对宋儒则是持肯定、赞赏态度的，宋儒多为"高尚其志"之士，其人格仍然是可圈可点的，"所以我说，宋代所谓的哲学家，在品行、私德方面，几乎没有一个可以厚非的，都是高尚其志的人。他们虽然在思想上面的气魄不如原始儒家或先秦道家那样宏大，但是至少在品德方面，都是坚守着周濂溪的这句话'贤希圣，士希贤'"①。

方东美对宋儒的评价始终同具体的历史背景相结合，故总体而言，其评价是客观的。他认为，因为宋朝乃承接"五代"而来，"五代"在中国历史上是前所未有的衰世，"宋儒应时奋起，力矫时弊，把衰微至极的文化学术从根救起。由此来看宋儒在历史上面的功用与价值，我们不仅不能否认它，而且还要积极的肯定它！赞美它！"②

第二节 论唯实型与唯心型新儒家

关于新儒家的分类，方东美没有采取传统的陆王心学／程朱理学之"二分式"之命名，而是将新儒学分为三类，即：唯实论型新儒学，主要指从北宋五子到南宋的朱子；唯心论型新儒学，主要是指陆王心学；自然主义形态之新儒学，主要是王（阳明）学之后，包括王廷相、王船山、戴东原等。这种分类，带有典型的西学特征——此约略透显出方东美对新儒家研究所秉持的西学视野。

---

① 方东美：《新儒家哲学十八讲》，第202页。
② 方东美：《新儒家哲学十八讲》，第194页。

方东美的"新儒家"研究的独特之处究竟又如何表现呢？我们姑且循着方先生对新儒学的分类方式，逐步分析之。

一、唯实论型新儒学

方东美视野下的"唯实"之义，意味着此类新儒家肯定客观的世界、客观的宇宙有它的真实性，然后借此对其所成立的思想体系做一番研究。譬如，周子之"太极"、二程之"天理"、邵雍之"数"，张载之"气"、朱子之"理"，皆属于实在论的范畴。对上述范畴，方东美并非采取"一揽子计划"统而论之，而是对唯实论型新儒学又进行了划分，他将周、张、邵归作一派，称之为唯实主义形态 A，将"二程"归作唯实主义形态 B，将朱熹归作唯实主义形态 C。

（一）隶属唯实主义形态 A 的新儒家之探讨

1. 开风气之先的周敦颐

周敦颐（1017—1073）的代表著作主要有《太极图说》和《通书》。其中，《太极图说》一文尤其为朱子推崇，朱熹浸淫其中凡二十余年，《朱子近思录》更是以《太极图说》开篇，足见其重视程度。然，为宋儒推崇的《太极图说》却不为方东美欣赏。相反，方东美从多方面对之提出了严厉的批评。他认为，其一，《太极图说》的"太极图"来源不纯正，既非"儒家易"，亦非纯正的"道家易"，而是来自道教炼丹传统。方东美以为，朱子的太极图之最高原型可推至汉人魏伯阳的《周易参同契》。因为其学（指《太极图说》）羼杂，故二程子终生讲学，却未曾提到《太极图》及《太极图说》。其二，就《太极图说》所表达义理而言，亦多驳杂。《太极图说》开始由"无极而太极"出发，尚蕴含原始儒家"大易"生生不息的意思，然而其后所援入的"五行"思想则未免有"阴阳家"的成分；及至"主静，立人极"则又明显是老子思想。以是之故，方东美给出如是评价："余谓周敦颐之思想系统乃是道教、阴阳家与杂家等众说汇聚之集合论，而厥诸儒家思想间架之上也"①。其三，就《太极图说》所构筑的宇宙论而言，大抵按宇宙发生学的进化论模式进行——这种"进化"同时也意味着"退化"。因为按周敦颐的宇宙论所描述的过程来看，应大致按"无极（太极）—五行—男女—万物"的进程演化，诚如是，那么人明显处于阴阳之下，这无疑类同古希腊的"流溢说"，有退化之嫌疑；当周子提出"惟人也，得其秀为最灵"则又不啻为"突变进化论"。倘若采取退化论立场，则势必将"人性"打入气质之性，气质为恶，于是若论人性则必归入荀子之途；新儒家皆自名孟子之传人，如是之矛盾和两难窘境，不可和解。因此，方东美感叹，周廉溪的《太极图说》，无论就哲学的观点、科学的观点，乃至宇宙论的观点，它都不能自圆其说："假设周廉溪只留下太极图及《太极图说》这么个东西，那么，我们可以说，他在哲学上的地位是眇乎其微的"②，所幸周敦颐还有另一部作品《通书》，在方先生看来，《通书》是颇具哲学价值的一部书。

　　方东美对《通书》给予了充分的肯定，他认为《通书》虽然采取"格言"式的行文方式，但却大气磅礴，其哲学价值超过扬雄的《法言》，其思想内容则超过王通的《文中子》。对于《通书》之来源，方东美认为它综合了《易经》《尚书·洪范·九畴》与《中庸》，以哲学的思维将三者熔为一炉，可谓开新儒家之先河。略而言之，周子以健动不息之大易为枢纽，建立本体创造之本；以《中庸》之"诚"建立价值之源；以《尚书》带有神秘宗教之体验建立成圣之道（"诚精故明，神应故妙，几微故幽，诚、神、几，曰圣人"③）。其价值自然高矣！

　　在肯定《通书》价值的同时，方东美从学理上指出《通书》的瑕疵，并给予不客气的批评。其批评大致归结为三点：

---

① 方东美：《中国哲学精神及其发展》（上），孙智燊译，第326页。
② 方东美：《新儒家哲学十八讲》，第126页。
③ 《通书·圣第四》。

其一，周子的《通书》不是从本体论讲起，开头"诚者圣人之本"即从价值论讲起，"以'价值统一'作为他哲学的基本结构，则未免轻率妄行，这一点我认为是由于周敦颐学力不够，连《中庸》也没有仔细读过"①。乍听之，方东美此论可谓苛刻，然若从学理分析，又确实如此。因为《中庸》开篇为"天命之谓性，率性之谓道"，是从"天"（本体）出发，从"诚"出发，即从本体论出发；周子的《通书》则从"人"（诚之者）出发，虽然其中也有关于乾坤之动力的论述，但过于简略，此无疑削弱了周子哲学的源动力和思辨力。

其二，周子的"天"掺杂过多荀子的思想。方东美认为周敦颐"太极图"中的"天"是荀子"不为而成，不求而得，夫是之谓天职"的"自然之天"，根本不是原始儒家的义理之天、主宰之天。这种现象同时体现在《通书》中，如"天以阳生物，以阴成万物"，即如此；如果从荀子的自然之天出发，则势必导致"性善情恶"的二元论，进而局限了儒家的视野，最终可能引起混乱。顺便提及，方东美所谓的原始儒家主要指孔孟，荀子并非方东美的心仪对象。

其三，周子"寡欲""静虚"未免曲解了孟子的精神，亦因此凝滞了原始儒家生生不息的创造活力。周子在小品《养心亭说》中曾对孟子"养心莫善于寡欲"进行如是之评论："予谓养心不止于寡而存耳，盖寡焉以至于无，无则诚立明通。诚立，贤也；明通，圣也；是圣贤非性生，必养心而后至之。养心之善，有大焉者如此，存乎其人而已。"方东美认为，周子未得孟子本意。因为孟子有"可欲之谓善，有诸己之谓信，充实之谓美，充实而有光辉之谓大"之论，实则体现出"君子所过者化，所存者神，上下与天地同流"的元气淋漓、褒扬生命创造力之精神。在孟子那里，"可欲"之"欲"并非汉儒所谓的"阳德阴刑"之罪恶，不是汉儒所讲的欲望，而是人的创造欲。孟子先讲性

---

① 方东美：《新儒家哲学十八讲》，第153页。

善，然后讲情善，"乃若其情，则可以为善矣"，然后才可以"可欲之谓善"，这才是孟子的精神。倘若寡欲乃至于虚静，岂不是回到老子乃至禅宗的境地？"可欲之谓善"之"欲"不是罪恶的欲望，而是创造欲——生命怀了远大的理想，要把这个理想实践出来，成为高尚的精神价值，这才是创造的欲望，它全然是善的。因此，方东美说，"周敦颐不是第一流的哲学家，而是第二流、三流的哲学家"①。基于此种认识，方东美认为周子的《通书》开始还能借着《易传》与《中庸》，开启磅礴之气势，然而由于他不能发挥儒家创造性的精神，结果愈往下写，愈看出其思想的萎缩与声势的衰微，"原始儒家中孔孟的精神在他的笔下越来越淡了，而荀子《天论篇》的见解却逐渐占据了他的心灵"②。

总体上看，方东美认为周子的《通书》值得重视（虽然他对其提出了严厉的批评），在于《通书》是一个"具有高尚品格的人的道德体验之实录"③；对于周子本人，方东美是持肯定和赞赏态度的，他认为周子不仅是儒学复兴与运动之先驱，而且具备"光风霁月"的圣贤品质：方氏的这个评价是客观而中肯的。

2. 另类哲学家邵雍

在"北宋五子"中，乃至中国哲学史上，邵雍（1011—1077）可称得上是一位"另类"哲学家。言其另类，在于其哲学同其他新儒家的理路大不相同，虽然在学术路向上，邵雍同周敦颐一样，由道入儒，但其哲学并不局限于心性哲学、价值哲学，而是以大易为宗，试图以具有自然科学特性的宇宙观来安排自然、社会与人生，并以"准自然科学"的方式去探索"心性之学"。

---

① 方东美：《新儒家哲学十八讲》，第168页。
② 方东美：《新儒家哲学十八讲》，第208页。
③ 方东美：《新儒家哲学十八讲》，第162页。

邵雍之学颇驳杂，仅以易学研究为例，其学既涵盖汉以后的术数易、方士易，又囊括宋初的道家易、道士易。邵雍与其他新儒家不同之处还在于他并不斥佛排道，相反，他善于从道家、道教、佛教中吸取营养，并以博大之胸怀、广博之学识、独特之创造力，开拓了儒学的研究视野。

通读方东美的《新儒家哲学十八讲》，有这样一个发现：方东美对新儒家多有批评，该书只讲了周敦颐、邵雍、张载等少数几个学者（事实上，涉及张载的部分刚开了头，方先生就因病而不得不结束），对周敦颐、朱熹、二程（尤其小程）、陆王等人提出了批评，但谈及邵雍，方东美却多溢美之词。以笔者拙见，方东美之所以如此，根本原因在于邵雍所具有的独特气质深得其赞许。如，就哲学品格而言，方东美认为邵雍属"笑的哲学家"："他有广博的知识，丰富的才情，又充满了历史智慧，凡事看得透、想得开，所以待人处世，随顺和平而又笑口常开，所以称得上是'笑的哲学家'。"①

方东美认为邵雍极富哲学才情与历史智慧。在《中国哲学精神及其发展》中，方东美尝将邵雍论及宇宙论及人性论的哲学思想归结为七条原理，即有限变异性原理、交替律动性原理、变化感性原理、圆成悉备性原理、人之尊位性原理、知识客观性原理及时分相对性原理。七条原理可谓恰切地涵盖了邵雍之学；若对诸原理探赜索隐、挖掘深意，非长篇大论不可！限于篇幅，笔者仅能提纲挈领，对其核心要旨进行简要分析。通盘考量，方东美对邵雍哲学的研究，其最富启迪处约略有四。

首先，对"欲"的肯定与人性提升的期许。在大多数新儒家看来，欲是罪恶，且不言程朱如何斥欲，即便"光风霁月"的周敦颐虽主"尽性至命"，但亦看不起自然界，颇含禁欲倾向；邵雍则不然。邵

---

① 方东美：《新儒家哲学十八讲》，第224页。

雍主张的"目善天下之色，耳善天下之声，鼻善天下之气，口善天下之味"颇能表证邵雍对"欲"的合理认识。他认为，人的五官之能，乃自然身体之功能，其所接触的无非是外在的物理世界。然而，须知，人的五官之功能并非完全用来接触宇宙的丑陋，而是要恰当地使用其功能，"善"用其能以对待宇宙天地，此即用庄子所谓的"圣人者原天地之美，而达万物之理"的艺术审美态度，去欣赏并接受宇宙天地间的一切。

"善"用五官功能，大抵为邵雍哲学的逻辑起点，只有肯定五官功能（即欲），并以合理的方式逐步提升之，方能渐次透悟先天之德性。其过程大致是通过"物理—心理—伦理—宗教"的逐步超升，最终达至生命精神的最高境界。若以小程之说，完全撇开感官之欲（功能），甚至认为一切欲都是恶的，那么"心理"乃至道德的逻辑起点就落空；且不言"德性之知"本身是因"恶"而显的，即使善之功能的发挥也离不开五官之用。可见，邵雍乃新儒家肯定欲望第一人。难怪方东美有如此感慨："照这样子看起来，你怎么可以摆起道学的面孔看不起物质世界？怎么可以认为以这个物质世界为对象的欲望都是恶的？"①

其次，以"拟科学"的方式安排宇宙，并由此通向"先天心学"。大多数新儒家存在"重德性之知，轻闻见之知"的倾向；邵雍则异于此，他二者兼重，至少不轻视闻见之知。邵雍的宇宙论大致从"闻见之知"推演、跃迁而来。他效法《周易》之"仰观天文、俯察地理"的思维模式，从"闻见之知"即所谓"目能视天下之善色，耳能听天下之善音"入手，透过感觉，用类比的方法推演出整个宇宙的演化模式，并以此进入其"先天的心学"（德性之知）。

比如，他根据天之四象"日月星辰"之变化解释暑寒昼夜之形成；借地之"水火土石"四体，感应天之变化，并因此化生出"走飞草木"

---

① 方东美：《新儒家哲学十八讲》，第231页。

等万物……在邵雍所处的时代，人们当然不具备现代意义上的自然、物理等知识，故而他仅仅依靠观察和敏锐的感想，化感觉为知识上的心灵状态，再以此心灵状态推想出精微奥妙的物理世界。按方东美的说法："如此一来（即按照感觉知识和敏锐感想），产生了所谓'以物观物'这一种客观的知识，再有'以身体物'、'以心体物'的亲切体验，进而有'以心观物'、'以心观心'的超越的知识。从下层世界透过逐层的了解，而后建构了一个上层知识，再以这个上层知识作为心灵开阔的境界，称之为先天之学。"① 此即其由"后天闻见之知"走向"先天心学"之要津，这种先天之学当然地属于康德意义上的"实践理性的德性"之学。在此，尤为需要指出的是，邵雍"先天心学"所具有的构建知识的能力，同康德的（知识论）哲学颇有契合之处，即康德的知识可靠性同样最终建立在"先验的自我"（约略同邵雍的先天心学）的基础之上。不同的是康德有近代牛顿古典物理学和欧几里得几何学为凭借，且体系严格，在方法学原理上表现了一贯性；而邵雍则缺乏系统的科学知识背景，其从物理到心理，从心理到天理的推演未免简单、粗糙，主要通过"神奇奥妙的想象"完成之——此乃方东美将邵雍的推演方法称之为"拟似科学"的主要原因。

再次，邵雍极富"历史哲学"之头脑——其历史哲学糅合了老子之道与儒家的哲学思想。邵雍哲学不仅较恰适地处理了"闻见之知"与"德性之知"的关系，并借此建立其宇宙论、心性论与价值论，而且他还颇具历史头脑，利用"时间的相对性"来安排历史，建立其有机的历史哲学。在《皇极经世》中，他将"元、会、运、世"作为时间的构成单位，以感应原理及循环论的方法来推演历史的进程。具体而言，邵雍以"一"为元（即太极），一元为十二会，一会有三十运，一运十二世，一世三十年，按照这个计算模式，一元就是

---

① 方东美：《新儒家哲学十八讲》，第247页。

十二万九千六百年。邵雍认为,历史将按照"元之世、元之会、元之运"的运行模式轮转无穷、循环不已 —— 这当然只是他从数学角度对"易经"的数理推演而已。

同时,他还认为在广阔无穷的宇宙里,时间是相对的而非绝对的,中国的历史实则在相对时间中展开:他透过政治的眼光把中国的历史分为皇、帝、王、霸四个阶段,"三皇同圣而异化,五帝同贤而异教,三王同才而异劝,五伯同术而异率"①。皇、帝、王、霸,是邵雍政治哲学的四个基本概念,其中"皇"是"尽道",王是"尽德",帝是止于近功而已,五霸则是止于"尽力"而已。他曾以儒家之经典来比喻"皇、帝、王、霸":"皇帝王伯者,《易》之体也;虞夏商周者,《书》之体也;文武周召者,《诗》之体也;秦晋齐楚者,《春秋》之体也。"②在邵雍历史哲学视野里,"三皇"乃是治世之极,"三皇者,以道化民者,民亦以道归之,故尚自然。夫自然者,无有无为之谓也。无为者,非不为也,不固为者也,故能广;无有者非不有也,不固有者也,故能大;广大悉备而不固有者,其惟三皇乎?"邵雍意蕴中的"三皇"思想,实渊源于道家创始人老子的政治哲学。邵雍对此并不避讳,他明确指出:"所以圣人有言曰:'我无为而民自化,我无事而民自富,我好静而民自正,我无欲而民自朴',其斯之谓也!"鉴于邵雍拥有如此开放之胸襟,故方东美给予其极高评价,"宋儒不排斥道家思想的,我们可以说只有两个人,一个是邵康节,一个是周敦颐"。确实,正是因为邵雍心胸开阔,不存门户之见,善于吸收和创造,才造就了其宏阔博大之哲学体系,切实践行了"易为天地准,故能弥纶天地之道"的大易精神 —— 其历史哲学,以今日目光观之,虽未免粗糙,但却不

---

① 王粤主编:《中国文化精华全集·哲学卷(二)》,中国国际广播出版社 1992 年版,第 808 页。

② 王粤主编:《中国文化精华全集·哲学卷(二)》,第 808 页。

乏磅礴之气势！

最后，对"即"的分析。方东美认为，宋明儒多讲"即"，"太极即心""心即理""理即性""性即命"，等等。然而由于他们缺乏逻辑学的训练，往往在语言学、语义学方面犯了不少错误，如果后学不能指出前人在"即"字上所犯的错误，那么将可能造成对宋学的误读。方东美曾对"即"①之由来及天台宗的"六即"（理即、名字即、观行即、相似即、分真即、究竟即）做了详尽的分析，惜乎录音带丢失，后人无法获其精义，笔者仅能透过方先生"第十五讲"中的片言只语以观其大略，愿勿曲其义。方东美认为，后人讲"即"，大多将"即"仅讲成了逻辑术语上的"是"，照如此讲法，邵康节的"我性即天，天即我"无疑是句狂言无忌的话。实则不然，因为这里的"即"乃"六即"之外的一种关系，是卡尔纳普所谓的"因蕴符号"，用来说明宇宙中诸多事物、概念、现象等可以发生的关系。倘若按此理解，那么邵雍的"我性即天，天即我"则不是"狂言无忌"了，而是有其深刻道理的："我性即天"是说"我性"凭借着"天命"去实现、完成完美的人格；"天即我"，是说"天堂进入宇宙万有及我的人格中，神灵进入我的体内"②。方东美借助卡尔纳普语言哲学的思路，把"即"当作"函因"关系："即"不仅是联结前后两项的链条，而且还是"使二者彼此得以凭借"的关系。

除此之外，方东美还用佛家的"回向"理论对邵雍的"我性即天，天即我"进行了创造性的解读，他认为，"我性即天"是人格向天道的自我提升，属上回向；"天即我"则是分享天道之人的"归根返本"，属下回向。应该说，方东美对邵雍哲学所做的创造性解读对于重新认识邵雍乃至对宋学的研究皆具有重要的借鉴意义。

---

① 本书附录有《说"即"》，进一步探讨此问题，可参阅之。
② 方东美：《新儒家哲学十八讲》，第238页。

3. 大气磅礴的张载

就周敦颐、邵康节与张载"三子"的著作而言，周子的代表作《通书》缺乏完整的理论体系，似乎更像一本格言录。邵雍的著作虽行文漂亮（外篇虽驳杂，但内篇尤其内篇一到五，可说是一气贯通的），但就其著作总体观之，还带有一定的片段性，给人一种不甚系统的感觉。三者之中，张载（1020—1077）的著作最具系统性，从张载的《正蒙》十七篇来看，"这的确是宋代哲学著作中，思想最集中、组织最完整的大著作。一方面他有真性情，二方面他有大气魄，三方面，他理论缜密又有极好的行文手段。因此一篇文章到他手里，寥寥数百字，即足以称情畅意。所以《正蒙》确实是一篇完整的著作"①。概观张载著作之体系，确实回归并重新开启了原始儒家亲亲、尊尊、贤贤之传统，并将之同儒家经典如《周易》《孝经》《礼记·礼运》结合起来，同时配合孟子的"尽心、知性、知天"之精神，去体悟孟子所谓"说大人则藐之"："所以说，有这样子大气磅礴的思想表现，最有精神，最有气魄，在宋儒中首推张横渠。"②张载大气磅礴精神之表现主要有三：

其一，张载堪称回归《周易》正统思想第一人。新儒家尤其宋儒几乎皆涉及《周易》，然而大多却未必真正回归到"原始儒家"的《周易》系统。譬如周敦颐的《太极图说》基本是道家易；邵康节的《皇极经世》则为道家易、儒家易及术数易之大成；二程讲"易"从"复"卦讲起，大致按照新道家王弼的思路；朱子讲易过多地探讨了"卜筮"的成分；张载则不然，张载对大易的探讨直通原始儒家（孔子、商瞿至司马迁一系）之血脉，复活了"生生之谓易"的精神，可谓在源头上把握住了"乾"之创造生命、大化流行之精神。虽然清人王夫之亦

---

① 方东美：《新儒家哲学十八讲》，第290页。
② 方东美：《新儒家哲学十八讲》，第291页。

有所谓"守乾坤"的思想，但就《周易》本身而言，是"守乾"，"坤"其实由"乾"引申而出。张载无疑抓住了这点，其主要思想体现在《西铭》（即《乾称篇》）中："乾称父，坤称母。予兹藐焉，乃混然中处。故天地之塞，吾其体；天地之帅，吾其性。"其"重生"之精神可由此挖掘之、贯通之。

张子在回归《周易》"乾"之创造生命源头的同时，还把《孝经》的思想同《礼记》的《礼运》《祭统》篇的思想结合起来，进而将孝道扩充为一种尊重生命的宇宙情操："尊高年，所以长其长；慈孤弱，所以幼其幼。圣，其合德；贤，其秀也。反天下疲癃残疾、茕独鳏寡，皆吾兄弟之颠连而无告者也。"① 此意味着张子将《周易》"重生"的思想推至家庭，推至族群，进而推向整个生命界。"民，吾同胞；物，吾与也"，堪称张载生命哲学之宣言。方东美对此高度评价道："张载乃径以'乾坤'称'父母'，辞非故甚。盖真正之儒家，皆志在成为大人如圣，自应德合天地。尽物性、赞化育，斯之谓也。人类之创造活动，与宇宙之化育权能，同其伟大。此乃真实正宗儒家之根本思想，张载出而振之，思起百代之衰。"② 方东美对张载的评价可谓准确。

其二，张载以太和、太虚之形上概念构筑其哲学体系，并试图以儒、道融合的方式构建宇宙生成模式。此思想主要体现在《正蒙·太和篇》中，张载不但回归原始儒家《周易》之"尊生"传统，而且还试图以太和、太虚之形上概念、范畴构建其宇宙生命本体论。他认为，生命本体当为"太和"，生命形成与展开则在于太虚。那么何谓太和、太虚？《太和篇》云："太和所谓道，中涵浮沉、升降、动静相感之性，是生氤氲相荡、胜负、屈伸之始"；"太虚无形，气之本体；其聚其散，变化之客形尔"。方东美对之分析道：张载的太和、太虚并无西人硬性

---

① 王粤主编：《中国文化精华全集·哲学卷（二）》，第839页。
② 方东美：《中国哲学精神及其发展》（下），孙智燊译，第335页。

之二元论,而是彰显宇宙广大和谐、生机充沛之动力系统。其中,太和为"体",太虚为"用",体用不二,相辅相成,不可剖离,打成两橛。饶有兴味的是,张载的"太和"基本上是属于儒家的思想;"太虚"则源于庄子,为道家的观念。张载虽然排佛、老,且为反佛老的先驱人物,但对庄子却采取了包容和吸纳的态度,其"太虚"观念同庄子"空虚不毁万物为实"颇为契合。通过对太和、太虚观念的引进,张载实则将儒道进行了合理的消化、吸收,将之整合到自己的哲学体系中。

谈及"太虚"时,张载还纳入了"气"的概念,如"虚空即气""太虚即气",遂使后人误以为张载为"唯气论"者,其实不然。方东美认为,后学之所以产生误解,"在于宋儒在'即'字的用法上,皆犯统一逻辑错误,无一幸免"。正如上文(邵雍部分"即"的论述)所言,无论"虚空即气"还是"太虚即气",其"即"依然表示一种涵蕴关系,一种"相摄互入"的关系:太虚摄气,气摄太虚;太虚入气,气入太虚。而非"太虚等同于气""太虚是气",倘若将二者等同,则非但为逻辑上之假,亦为形上学之谬。"盖若谓太虚属物质条件或气化之类,或太虚等同于气,显非;然纵谓其说似是,亦无非一套低等之唯物论耳,故就形上学言,是谬。"① 方先生对"即"的辨析,有助于今人理解张载的哲学文本,不至于陷入"唯气论"的窠臼。

其三,以"大其心"的胸怀去实现"天德",并借此完成高尚人格。就哲学主要特征而论,西方哲学主智,中国哲学主德,此在对知识并不排斥的张载那里表现得非常清晰。张载在《大心篇》有"以性成身,而非因身发智"之论,"以性成身"之言,尤其强调了德性的重要性。

对此,方东美从中西哲学比较的视野展开了相关探讨,他认为,

---

① 方东美:《中国哲学精神及其发展》(下),孙智燊译,第337页。

西方哲学是以身发智，把智慧的基点定位于身体，由身体而推进，继之以心灵的发展、生命的提升、精神的形成乃至哲学、宗教的产生等等。由于精神、宗教皆建立于狭隘的自我身体上，那么最终可能导致"哲学的超诣可能难以为继半途而废，宗教的超诣可能难以为继半途而废"①。由此可知，以"主智"为主要追求目标的西方哲学确实存在动力不足的问题。张载的哲学则不然，其哲学的起点乃是"大其心"，这个心绝非西方哲学家的狭隘的个体之心，而是与天地相通的"大心"。所谓"大其心，则能体天下之物"，那么"心"要大到什么程度呢？"大到孟子的'尽心、知性、知天'"②的程度。"尽心、知性、知天"，无疑把人心同天心联系起来，天心既是人心的起点，也是人心发展的方向，人心基于天心而又通往天心，这个思路有助于解决"动力"的问题。

在实现天德的路径上，《中庸》提供了两条可能性道路，一为"自诚明"，一为"自明诚"。方东美认为，"自明诚"的道路是闻见之知的道路，大致为西方人所走的。因为，其从知识论的"闻见之知"出发去谈现象、物象、心象，其结果自然是不能把握价值的统一。相比之下，"自诚明"乃是实现天德的途径，方氏认为张载从诚出发，意味着从"天之至神为精神的根本"出发，然后用所谓分叙的方法，既可二分，亦可三分，且能把真、善、美诸领域统领起来，这样才"不至堕到近代知识论上面的'真理符合说'的困境之中。我们可以用涵蕴关系建立一个完满的系统，表现真理的一致性"③。张载的"诚明篇"根底处仍在"大心"，从"诚心"出发而非拘泥于闻见之知，这个思路其实同孟子是一致的。

---

① 方东美：《新儒家哲学十八讲》，第304页。
② 方东美：《新儒家哲学十八讲》，第305页。
③ 方东美：《新儒家哲学十八讲》，第308页。

（二）隶属唯实主义形态 B 的新儒家之探讨

方东美将二程从"北宋五子"中单独列出，自有其根由。稍稍对新儒家有所觉解之人当知，二程虽共同体贴出"天理"二字，但无论在性格还是在哲学知见上，二程皆存在着较大的差异。通常哲学界所接受的观点是：大程子开启陆王"心学"派，小程子开启程朱"理学"派。牟宗三先生就曾以此角度立论。方东美则从知识观念论上着手，认为"天理"可开"知识观念论"之先河，此为方东美将二程归入"唯实主义形态新儒家 B"的主要原因。

1.豁达温润的程明道

大程子，即程颢（1032—1085），人称明道先生。其性情豁达，伊川《明道先生行状》曰，"（明道先生）纯粹如精金，温润如良玉；宽而有制，和而不流；忠诚贯于金石，孝悌通于神明"[①]。由于其性情醇厚、温润，从游弟子常有"如沐春风"之感。方东美对明道多有赞誉之辞，他认为，"明道乃一识见宏富，而资性温润之哲人"[②]。在赞誉明道人格、品性的同时，方东美对明道先生的学术思想进行了客观的评价。他认为，明道同张载一样，虽染馈于庄子及大乘佛学，但仍然为醇正之儒家，其"所以不失为真正儒家者，一则践易履礼，一则明道诚仁"[③]。方东美此见甚确，他认为大程践易履礼、明道诚仁的主旨在于建立一套机体主义哲学，他倡导的"天理"，并非外在于人性的，而是植根于人心，贯通于天地。所谓"性与天道，浑然与人为一体。凡适于人者，亦必适于天。析天人为二，是悖道也"[④]，即明确表明这种主张。不同的是，方东美先生作为机体主义的主张者，他并没有直接从浑然合一的机体主义出发，而是从中西对比的视角出发，以"观念论"

[①] 朱熹：《朱子近思录》，上海古籍出版社 2000 年版，第 129 页。
[②] 方东美：《中国哲学精神及其发展》（下），孙智燊译，第 347 页。
[③] 方东美：《中国哲学精神及其发展》（下），孙智燊译，第 347 页。
[④] 程颢：《河南二程全书·语粹（卷一）》，台北中华书局 1966 年版，第 1 页。

为起点,去分析程明道的哲学特质。

方东美以为,通观大程子的哲学著作,其核心要义有三。首先,大程子倡导了"知识上的观念论"——这当然是从西学认识论的角度出发。中外一切知识上的观念论的核心系于一"心",即所有知识、观念,皆由心所造,不在心外。大程子曾以去长安为例说明"以心知天":"犹居京师往长安,但知出西门便可到长安。……若要至诚,只在京师便是到长安,更不可别求长安。"① 此论表明明道实开启新儒家知识观念论之先河,并非方东美所臆造。

其次,明道将知识观念论推广至人性(德性)领域,并依此与"天心"相联系。西学知识观念论推演下去,不免陷入"自我中心论"之窠臼,这势必造成知识上的"孤立系统"——倘若人人皆以自我为中心的话。明道的观念论则不受此限,他认为"闻见之知"固囿限于个人之意识,然德性之知,不假闻见,而是独立于个人意识,乃天德在人心的直接呈现,现代大儒熊十力先生的"良知乃是一个呈现"可谓此思想之延续。德性之知出于天,不系于人。天心、天德、天理,超越于人而又内在于人,此即唐君毅等所言的"内在超越"。无疑,此规避了西人"自我中心主义"之窠臼,亦意味着明道将自然知识观念论推广至德性观念。

最后,明道虽提出诸如天理、天德、性、义理、道理、常理等观念,但根底上是一元论者。以上所述之概念,虽有混乱、缺乏逻辑之嫌,但在究极意义上讲,乃是"一",而非"多"。此"一"可做两种解:在义理层面,即所谓"在天为命,在义为理,在人为性,主于身为心,其实一也";在实践层面,则是程颢所言"穷理尽性以至于命,三事一时并了,元无次序,不可将穷理作知之事。若实穷得理,即性

---

① 黄宗羲:《黄宗羲全集》(第三册),浙江古籍出版社 2012 年版,第 670—671 页。

命亦可了"①之理。大程子笃信"心物一元"之观念，恰如其《定性书》所言："所谓定者，动亦定，静亦定，无将迎，无内外。"② 既然心物为一、无内外，自然其在事态上皆能物我两忘、泰然处之。

2. 严毅拘谨的程伊川

大程子心胸开阔，他以开放的心灵吸纳庄、佛并融之于儒，形成了"机体主义"哲学本体论；又大程子对所崇信的机体主义哲学每每从内心体验之，且笃行履践之，不为外在名相所固执，故有光风霁月之气象。相比之下，其弟小程子（伊川，1033—1107）则未免严毅且拘谨，其对佛道过于排斥，对儒家义理又过于执着，因此他无论在行动上还是在理论上皆受到极大的限制。此从《宋元学案》《朱子近思录》记录的相关逸事可看出。大程子的学生对其的评价是"如沐春风"，足见其宽厚；"程门立雪"，足见小程子之严谨；明道先生之逝也，群彦俱往吊；小程子之逝也，送葬者止四人耳！此谓二人性格在行动上之表现。在理论上，大程子总体而言是"浑圆"的，"小程子却好抽象空疏为说，形成一套唯理一元论，率以逻辑上之同一性出之，复陷于内在矛盾，处处扞格不通矣"③。

通观方东美的二程之论，其对大程多誉美之辞，对小程则持质问与商榷之语气。此虽掺入了方东美自身的哲学取向与个人喜好等因素，然客观言之，方东美对小程子的质疑与批评并非完全情绪化的，确实有学理依据，是"中的"且具启发性的。

方氏对小程的"商榷"与批评颇多，主要可归纳为三：

其一，程颐对《周易》存在着误解。方东美认为，原始儒家对《周易》的解读，尤其重视乾坤广生、大生之精神，重视《周易》"生生不已"的创造性。然新道家的代表王弼却以"老"解易，认为复卦

---

① 王粤主编：《中国文化精华全集·哲学卷（二）》，第 883 页。
② 王粤主编：《中国文化精华全集·哲学卷（二）》，第 875 页。
③ 方东美：《中国哲学精神及其发展》（下），孙智燊译，第 353—354 页。

乃《周易》精粹。受此影响，小程子研易，竟从复卦开始，尽弃《周易》之刚健精神而沉溺于人事，由剥卦而复卦（颇类老子"夫物芸芸，吾以观复"之类），复归于元善，终得"无妄"之卦意。后虽有朱熹为其辩论，以《中庸》之"诚"解"无妄"，使之复归于元善，然总体而言，小程子之解颇受后人质疑，因其解确实阻隔了大易的磅礴精神，其见识亦明显不若乃兄。大程子在整体上可谓把握住了《周易》的灵魂，因其始终把握住了"生生之谓易"的主旨，《遗书》载程颢言："'生生之谓易'，是天之所以为道也。天只是以生为道。继此生理者，只是善也。善便有一个元底意思。'元者善之长'"①。相比之下，小程子的"人事易"比大程子的"生生易"气魄小了许多。

其二，程颐混淆了"大中"与"中"的意义。如前文所述，方东美一向认为原始儒家有两套系统：一为《尚书》开拓的"恒"的系统，一为《周易》开拓的"变"的系统。其中，《尚书》恒的系统主要体现于"大中"，《洪范·九畴》之"大中"乃是"对永恒本体之神话思想，视本体掩映于超绝界之背面，而隐然微露其意于人类生活之政治社会秩序，是谓'大中至正'原理"②。宋儒对此缺乏严谨的分析，尤以伊川为代表，兀自将"中"与"大中"混为一谈，将其理解为隐藏于个人之性中的极其微妙的东西，正如方东美所论述的那样，"新儒所了解之'中'，却为隐藏于个人之性，深微奥妙，可显发于人情之动而和。'大中'与'中'，兀自有别！伊川于此未事深究，即视同等义语"③。此处，伊川大抵将"中"视为恒然不动之物，似有"理一而分殊"的意味。即言，"中"隐藏于人性之中，且与"大中"存在着"理一而分殊"的关系。但如何求"中"，对伊川而言，却又极端地困难。虽小程子的弟子多有问询，如弟子苏炳（季明）扣之以"中之道"与"中"

---

① 黄宗羲：《黄宗羲全集》（第三册），第684页。
② 方东美：《中国哲学精神及其发展》（下），孙智燊译，第356页。
③ 方东美：《中国哲学精神及其发展》（下），孙智燊译，第356页。

同否？对曰："否！"更问以喜怒哀乐、情发之前求中，可否？又答曰："不可！"苏炳更问"究何物也？"伊川竟以"在中，只不发，便是"作答。此回答颇含混，让人把握不住。至于伊川在他处所谓的"中即道"之论，则更让人把握不得了，因为宋儒未能明辨"即"字之用。若用涵因关系解释"中即道"，则甚明了，即"中"就着"道"而体现自身；若将"即"作为"是"讲，则沦为混沌。方东美以为，"伊川于此乃混述语为涵因，实犯逻辑上之严重谬误。殊不知其所当言者，乃'天恒入于人性之中，吾人之创造权能，自应赞其化育于宇宙危机'也"①。方东美之评论颇具洞见。

其三，程颐的"观念统一"与"方法二分"不甚协调，遂使其向往的"成圣之路"充满艰难。在总体观念上，小程子力倡天人合一论、人性完整论、性情蝉联与性才一贯论、德性涵养与进学致知关系论，但在方法上则未免陷入"二分"陷阱。

譬如，在理论上，伊川认为人受命于天，与天为一体；然实践上，却天人兀自有别，"人恒为恶欲诸诱所胜"，使得"人天不一"，此最终使得伊川在孟子"性善"与荀子"性恶"之间徘徊。

以人性而言，伊川同样以二分法，将人性分为义理之性与气质之性，前者纯善，后者多恶。伊川以为，圣人在于化气质之性（"恶"）为纯善，即常涵养道德之心。然而，伊川论心，又是二分，一为性情，一为性才。人性本来唯善，而情则可能不循理正而意乖，乃至于恶。既然内在之"心"不能做主，又如何限制住气质之性呢？当然，也许就圣人而言，其可作为心之主人，然而一般人如何降服其心呢？此势必逼迫伊川引入"义"与"敬"的外在训练，诚如方东美总结的那样，"以义制心，使之纳于道德仪轨，冀能止于至善也"②。

---

① 方东美：《中国哲学精神及其发展》（下），孙智燊译，第357页。
② 方东美：《中国哲学精神及其发展》（下），孙智燊译，第360页。

伊川重视"义""礼"等外在的规范实则意味着其试图用"进学致知"(外在)的方式解决问题。大程子相反,其培育"德性涵养"的方式是:在任何情境下,皆"敬亦直内,对越在天",此乃生命精神的自然流露,亦是心统万物的体现——当然也是对原始儒家精神(尤其是《尚书》精神)的回归。然而,及至伊川则必须进行一番包括闻见之知与德性之知的"艰苦修行",此益发使得德性之知难以彰显。况且,伊川对德性之知与闻见之知之分属,既无辨别,又无"合一",依然处于混沌的"二分"状态。

由是可知,小程子倡导的"天人合一"同其"二分方法"自始至终相互缠绕、相互矛盾,未能得到妥善的解决。以至于方东美对其有如是之评价:"伊川企图置德性之知于自然界上,自属一桩道德偏见,允宜避免。反之,若于闻见与德性二知之间主要差别漫然忽略,则在哲学之思辨上,实难辞头脑糊涂之讥焉!"①

以上所论主要是从学术批评的角度论及程颐哲学,其实作为宋代大儒的程颐,其哲学亦可圈可点,且对后世有巨大影响。譬如其试图以《中庸》之"诚"来联结、贯通恒定之超绝界(《尚书》之恒定)与时间之内在界(《周易》之变化系统)之联系,不失为创造之处。又则,其"二分法"固然存在种种缺陷,但亦是从问题逼问而来,故最终亦能将问题本身推向深处,并因此深刻影响了有"综罗百代"之称的大儒朱熹。程颐的哲学贡献绝不仅限于此,不过,由于我们乃就着方东美的"眼镜"评判之,也只能略论如上了。

(三)隶属唯实主义形态 C 的新儒家探讨

新儒家的集大成者朱熹。朱熹(1130—1200)在中国哲学史上的地位颇似黑格尔在德国古典哲学上的地位,均属"综罗百代"的集大成者。朱熹所学大抵主要源自周敦颐、张载及二程、李侗等人。因其

---

① 方东美:《中国哲学精神及其发展》(下),孙智燊译,第360页。

所学，几囊括所有北宋巨儒，且其学相当驳杂，似很难划分到其他具体派别，故方东美单独列朱熹为唯实主义形态C。

方东美认为朱熹作为一名学者而言，可谓学殖深厚，渊博惊人，但就其形上学之才能而言，则未免薄弱。此通病并非朱熹所独有，乃一切经院思想家之通病。总体而言，方东美对朱熹哲学多持批评态度——这并不意味着朱熹思想不值得重视，相反，朱熹是研究新儒学不可绕过的人物。遗憾的是，方东美所授课程《新儒家哲学十八讲》只讲到张载（其中亦有涉及朱熹的，但毕竟太少），幸亏其著作《中国哲学精神及其发展》一书中有探讨朱熹的章节，笔者借此方得以知晓方先生对朱熹的评价①。

朱熹倡导"合一论"，他试图将天道之统体、歧义之理性、人性之生成、中之内省体验、心灵之主宰等五大基本概念熔于一炉——当然，其中不少部分未免缺乏充分的理由。方东美敏锐地看到朱熹所持理由之蔓延与混沌之处，并从五大方面着手对其进行评价与"批判"。

第一个方面，对朱熹"天道之统体"的批判。该批判主要集中于朱子的易学观。朱子之"道体"，源自伊川，其对"道体"有多种解释：自然之理、本然之性、宇宙之生命力、天地生物之仁心，等等。除对上述诸义进行阐释外，朱熹尤其对《太极图说》下了功夫，他认为周敦颐的"太极"亦是"道体"的同义语。正如前文所述，方东美认为，就学术价值而言，周敦颐的《太极图说》远远比不上《通书》。然朱子却将《太极图说》看得极为重要，甚至将《太极图说》演化为一套宇宙论。殊不知，朱子对《太极图说》的理解存在着诸多误解和矛盾。

首先，朱子对《太极图说》的开篇语"无极而太极"就存在着模

---

① 在《中国哲学精神及其发展》一书中，"朱熹"是单独列为一章节的，此足见方先生对朱熹的重视。

糊的认识。朱子反复力陈："太极之先，别无无极，是理遍在，而太极终不可见。"① 其后言："无极而太极，言无能生有也。"② 又言："无之中有个至极之理"及"无极之真，其中已涵太极；真只表太极"。方东美以为，朱子如此表述，游移不定，让人莫衷一是，表明其本人亦无所适从。更有甚者，朱子欲引入老子"无"之超本体论以增援新儒家，俱是不类，遂为陆（九渊）氏兄弟所讥。方东美曾云，由于朱熹未能真正弄清"无极而太极"的哲学意蕴，故多困惑；倘若将"无极而太极"训作"无限而太极"，则将减少许多无谓的争端。

其次，朱子对《易经》存在误解。《易经》精神在于乾坤之大生、广生之义，朱熹却将之归结于道家之太极，"以'太极'表万有品汇之根柢；以'无极'状至上本体之微妙；以'无极而太极'喻宇宙本体之神秘莫测"③；尤其在《周子太极图说解》中所论诸如"上天之载，无声无臭，是就有中说无；无极而太极，是就无中说有"一段，真"不啻但为《老子》十四章作注耳！奚足据为儒家立言哉！朱熹复有何权利，可以辟老排道？"④ 方东美的眼光可谓敏锐，批评亦尖锐矣！

除了在本体论上依附道家外，朱熹对《易经》的认识还深为董仲舒及阴阳家所惑，朱子所谓"《易》，但为卜筮之书耳"的论断，便有将孔孟所开创的"生生之谓易"的大易精神拉入阴阳家窠臼之嫌疑。方东美就此严厉地批评道："就此处而言，其去孔子之原始儒家，犹如隔三重之遥，盖其深为董仲舒所惑也。董子阳儒阴杂，乃阴阳家之流，非儒家正宗。"⑤

最后，朱子对理器关系的处理不够圆融，在价值论上则陷入内在

---

① 王粤主编：《中国文化精华全集·哲学卷（二）》，第930页。
② 朱熹：《朱子语类》，中华书局1986年版，第931页。
③ 方东美：《中国哲学精神及其发展》（下），孙智燊译，第370页。
④ 方东美：《中国哲学精神及其发展》（下），孙智燊译，第370页。
⑤ 方东美：《中国哲学精神及其发展》（下），孙智燊译，第369—370页。

矛盾。对于理、器关系，朱子种种之说未免陷入矛盾。譬如，为了避免"理器"关系限于二元对立的孤立系统之中，朱熹认为"器亦道，道亦器"。既如此，试问：理与器之组成者"气"有无先后之别？朱熹的回答是："理与气本无先后之可言。但推上去时，却如理在先气在后相似。"① 但同篇，其又曰："天下未有无理之气，亦未有无气之理。"此回答亦多混沌语与闪烁之辞。最大的困惑尚不在于此，而在于朱子对理、器同善恶关系的处理上。朱子认为，"太极之中全是俱一个善"，现实中之所以有恶，并非理不善，而在于阴阳气化过程有恶的成分混入。这明显与朱子所谓的"器亦道，道亦器"主张相违背，既然"器是道"，器亦应该是俱善的（更何况朱子强调器亦是"理一分殊"的产物），那么"器"缘何又成为"恶"了呢？

第二个方面，对朱子"歧义之理性"的评判。朱子之"理"义，充满歧义，朱子对"理"有多种解释。诚如其言，"天即理、性即理，盖谓太极即天地万物之理也"，"理在阴阳，理在五行，理在万物"②，等等。方东美认为，朱子之"理"颇混杂，既含有科学意义上的物之理（科学原理、自然规律），又含有哲学最高意义的本体之理。倘若朱子能将事物的实然之理与应然之理进行辨析，使科学之理与道德伦理有一个清晰的分野，无疑将有助于科学知识论的发展。遗憾的是，朱子却一股脑地将"理"引向了伦理道德领域，从而遮蔽了理的自然科学取向与进程——事实上，此亦是宋儒乃至中国古典哲学的通病。中国古典哲学历来看重道德意识与伦理本位，且认为伦理的最高形式——天理——涵盖人间一切，只是，这在朱熹（包括伊川）哲学中表现得尤其明显。

朱子之"理"当然绝非一无是处，客观地讲，朱熹的格物、致知

---

① 朱熹：《朱子语类》，第921页。
② 朱熹：《朱子语类》，第926—927页。

的求"理"方式,实则蕴含了一套知识论学说,方东美将之进行了全面的归纳,颇有独到之处。除此之外,我们还应看到朱子求"理"的模式,避免了西方哲学意义上的"孤立系统"和"个人中心主义"。即言,个人求"理",求到最后,并非一物之理,亦非个人之理,而是"天下之公理"。按朱子的说法就是:"天下之物,莫不因其已知之理,而益穷之,以求至乎其极。至于用力之久,而一旦豁然贯通焉,则众物之表里粗精无不到,而吾心之全体大用无不明矣。"①朱子此见,对于解救西方孤立系统不无启迪意义。

第三个方面,对朱子"人性之生成"的质疑。关于性善性恶之论,历史上有孟子性善说、告子性中立说、荀子性恶说等等。北宋张载赋性以形上义,并给出本然之性与气质之性之性二元说。二程在借鉴张载二元说的基础上,试图调和孟、荀之道。认为人的天然之性是纯善的,然而在后天为气质所染,则变为恶。譬如水在源头固清,及其流就下,或与污泥混杂,则变浊矣。换言之,人性在超越意义上为善,在经验意义上为恶。

朱熹基本沿袭二程的学说,他从生命实现的意义上谈人性自有其独到之处。然而,方东美认为朱熹所谈人性亦有可商榷处。譬如,朱熹将性同理结合起来,他认为理就是性。理为生之本,人、物的生命实现实则是天理的具体化,天理是俱善的,那么"性,尤与理合,无一毫气质之间,斯乃最高尚人性"②,亦应是俱善的。然而,在经验层面,朱熹以为,"性"确实存在"恶"的一面。若依朱熹的"理即性""理生气"的说法,便存在不可调和的矛盾:因为朱熹认为"气生于理",理俱善,那么气亦俱善,纯善之理难道还能生出恶的东西?孰料想,朱子之"气"虽由理所生,然而却无端地有了善恶之分。此姑且不论,假若

---

① 王粤主编:《中国文化精华全集·哲学卷(二)》,第908页。
② 方东美:《中国哲学精神及其发展》(下),孙智燊译,第380—381页。

"气"由"理"所生，亦当受制于"理"，然而在朱子那里，"理竟管它不得，正如败家之子，竟违抗父母之命尔"①。朱熹在处理理、性、气的关系上存在着逻辑漏洞。又如，《朱子语类》中所谓"善恶同表天理之自然流露"及"恶——乃至大恶——知善之才过便是。就理言，恶本是天理，知善之背面翻了便是"等语，在逻辑上亦是自相矛盾，方东美曾以"试问此尚成何逻辑"严厉质问之。尤其引起方东美不满的，还在于程、朱对孔子的评价。程朱以为，孟子能识性，孔子则否，犹在旁侧击之探索途中，崇信人性杂气故恶云（"夫子杂乎气质而言之，孟子乃专言其性理也"②）。方东美严厉批评道："由是观之，程朱对孔子精神成就，了解如是之陋，则其所谓之研《易》者，亦虚掷光阴而已！《易》言天地价值与人类道德之崇高伟大，及其元始优越性者，逐处可见……何得僭言孔子亦苟同一套杂气性恶论耶？"③

第四个方面，对朱子"中之内省体验"的评述。中国哲学尤其程朱之学对"形而上"问题的处理并非如西方哲学那样采取"层层逼问"（追问）的方式，追出一个"形而上"的终极存在，而是采取"体道"的方式。就体道的维度言，宋儒的"体道"模式带有明显的宗教色彩。关于"致知"过程中的"敬"的问题，如果说小程子之"敬"所蕴含的宗教色彩尚不明显的话，那么，在朱熹那里，此"敬"则明显带有浓厚的神秘色彩甚至宗教气息了。朱熹之"敬"的目的在于体验"中和"（即"喜怒哀乐之未发"的"中"），其体验方式乃是澄心静坐，力求做到人与天地浑然一体、契合无间④。正是在澄心静坐的实践体验中，朱熹有《中和说》之作。观其《中和说》的理论资源，主要有四：其一为《易传》"易，无思也，无为也，寂然不动，感而遂通"之奥义；

---

① 方东美：《中国哲学精神及其发展》（下），孙智燊译，第380页。
② 朱熹：《朱子语类》，第921页。
③ 方东美：《中国哲学精神及其发展》（下），孙智燊译，第381页。
④ 静坐传统由杨时传至罗从彦、李侗，而传至朱熹。

其二为《礼记·乐记》"人生而静，天之性也；感于物而动，性之欲也"之论述；其三为荀子"虚一而静"之主张；其四为禅师宗杲、延寿之理论。

除了《中和说》所透显的理论资源外，方东美还根据黄宗羲、黄百家、全祖望及刘宗周等编辑的《宋元学案》，对朱子的"宗教取向"进行了专门的分析，笔者亦按此路线，逐一解读之：第一，朱熹由"静"观"中"。由"静"观"中"的理由在于，作为道体之"中"，其为恒常不易的寂然不动之物，若采取动态的追求，则可能陷入"求之愈切，其退之愈远，而愈不可见"的境地。而于"静"中，则可以将身心融入道体，进而体味神秘的、不可言说的"未发之中"。第二，朱子认为，那种神秘的体验，无非"本真"之形象。当人在现象界浮沉、绝望挣扎而幸未遭灭顶时，于刹那顿悟：人于无穷变化之宇宙中，需有一安身立命之处。第三，人们势必追问，那种"刹那顿悟"的"主人"是谁呢？答曰：心也。"凡性情之用，中和之妙，显诸理致而有条不紊者，皆系乎一心。"① 朱熹认为，心主动静，当其（心）静时，心为本体，寂然不动；当其动时，发而中节以致和。在这点上，朱熹可谓得佛家要义，即谓"心"动而无动，静而无静，且在任何运作情况下皆表明其"敬"（居敬）。第四，基于此，朱熹尤为看重"澄心"的日常功夫——虽然朱熹自称其早年因过多地运用心智而"缺乏平日涵养"。澄心的功夫在于静中处"敬"，守着"心"（道或本体），进而找到安身立命之所，斯乃重中之重。概言之，朱熹"中之内省"的主旨在于通过宗教性的体验寻求"安身立命"之性体。

第五个方面，关于朱子"心统性情"理论的分析。方东美认为，北宋诸儒乃至先秦儒家关于心之本质的不同思想流派在朱子处"汇聚"，换言之，朱子堪称性情说的"蓄水池"，事实确实如此。张载

---

① 方东美：《中国哲学精神及其发展》（下），孙智燊译，第384页。

认为"心统性情",二程认为,心乃整体,心、理合一。前者认为心同于道,可透显赤子之纯真与圣人之至粹;后者则认为心与天地之理合,则纯善,若与天地之理违,则成恶。朱子将张载与二程理论做一调适和提升,认为"心兼动静","其(即"心")体,则谓之易;其理,则谓之道;其用,则谓之神"。朱熹认为,以此论心,既尊张载、契伊川,亦合孟子。"心兼动静"无疑继承张载,而体用之说,则通伊川与孟子。譬如,就伊川论心而言,有体与用,其中,性为体,情为用;就孟子而言,亦大略如此。当其谈及"仁义"之心时,此则就人性(体)而言;当其谈及恻隐、羞恶之心时,此则就情(用)上而言。因此,朱熹得出"性者心之体,情者心之用,心者性情之主"①的结论。朱子对"心"的以下论述,得到方东美的赞赏:"心之全体,湛然虚明,万理具足,无一毫私欲之间。其流行该遍,贯乎动静,而妙用又不在焉。故以其未发而全体者言之,则性也;以其已发而妙用者言之,则情也。然心统性情,只就浑沦一物之中,其指已发未发而为言尔。"②

方东美专就朱子上述言论进行分析。他认为从心理学角度而言,朱子之"心"丰富而不贫乏,若能通过居敬涵养等功夫,不但可以避免声色、私利、物诱等沾染,而且还能避免新儒家的禁欲主义之弊,因其"心"有奇妙之功用(可理解为创造能力)。从伦理学的角度看,人若能秉持恒心,不受制于外物,则可彰显仁义之美德与精神。以本体论而言,由于心不仅为精神之主宰,且心统万物,因此吾人在追求完美人格过程中,得以体悟万物一体之境界。就宇宙论及价值论而言,因心与宇宙之理合一,且流行于万物之中,吾人可于天地一体的精神中意识到天地以其心而生万物,此为宇宙论;因心之德性(如"仁")

---

① 朱熹:《朱子语类》,第318页。
② 朱熹:《朱子语类》,第213页。

亦遍布万物，贯通一切，从而使得一切生命分有仁爱之价值，此为价值论。

综观方东美对朱子的评价，总体上批判居多，但他对朱子之"心"论颇有欣赏处，其原因在于朱子之"心"论颇具"机体哲学"的韵味，而这恰恰是方东美哲学体系的重要组成部分。

二、唯心论型新儒家

"唯心论型"新儒家实基于"唯实论型"新儒家的不同特点而言的，方东美在其著作中对此有明确的区分。他认为，唯实论型新儒家在形而上学、价值论方面同唯心论型新儒家并无不同，其主要区别在于认识论与人性论之差异：在认识论方面，唯实论型新儒家认为人类的知识应为外部的客观实在，而唯心论型新儒家则认为知识内在于心，认识对象亦不出乎其外；在人性论方面，唯心论同样倡导"万物一体论"，但其"万物一体"含义更为丰富，意味着"心涵本体，浑然与之为一，而迭造神奇"①之奥义，而非唯实论新儒家以"混沌一体"为最高境界所能了事。

唯心论型新儒家的卓越代表为陆九渊与王阳明，其皆以非凡的睿智承接并恢复了孟子之学，故又被称为"陆王"心学。陆王之学自然是程朱哲学"对翻性"发展之体现，它不但开阔了宋明新儒学的新视野，而且留下了一笔宝贵的哲学财富，值得悉心研究。

1. "心含宇宙"的陆九渊

陆九渊（1139—1192）属早慧之人，他在 13 岁读《淮南子》之"宇宙"章节时，忽大省，乃援笔志悟曰："宇宙内事，乃己分内事；己分内事，乃宇宙内事。"②此堪称其唯心主义宣言之初表。嗣后其所谓

---

① 方东美：《中国哲学精神及其发展》（下），孙智燊译，第 394 页。
② 王粤主编：《中国文化精华全集·哲学卷（二）》，第 935 页。

"宇宙便是吾心，吾心便是宇宙"及"人同此心，心同此理"之见解，更是大刀阔斧地阐明了其心学之主张。

方东美曾将陆九渊同尼采做一对比，因为二者都敢于开风气之先，"双方对世俗之价值评估，皆力主摧陷廓清之，以建立更高尚之志趣，与更健全之精神，藉资鼓舞，启人向上"①，就此而言，二者可谓动机相同。但若推究其目的，则又大不同：尼采欲与德国唯心主义一刀两断，彻底决裂，去做超人；象山则志在树立唯心主义之高标，超越世俗却又回向世俗，以"心"之妙用，迭造神奇。

陆象山的哲学著作并不太多，盖与其哲学追求有关，因其目的在于体道，而非在于作"造道之言"。《象山先生文集》载，"或问先生何不著书，对曰：'六经注我，我注六经'"，此可谓本真之回答。其著作虽然不多，但由于其多以语录式言说之，故对初读者未必适契，其中义理的起承转合，更非一般人所能明了。所幸的是，方东美以其独特的哲学视野与现代哲学之逻辑方法，将陆九渊哲学归纳为五大原理并进行相关评价，成一家之言，可谓大有功于后学，兹探讨如下。

第一原理为"万有同心论"。该原理乃"吾心便是宇宙"之概括，此原理不可经验地证明，只能以先验立场对待之。倘若我们认同"万有同心论"，则必然可推出"人性平等论"，因为人人皆心之主人，而"心"含宇宙，故人人应平等，正所谓"人同此心，心同此理"。虽然现实中存在圣人、俗人之分，但就存在之本质观之，人是平等的，由此推出第二原理——"人性根本平等原理"。

倘若人们对此"心"此"理"做一追问，则引出第三原理："人心上跻天道论"。此心此理，皆天赋之能：得之于天，内具于人，且与外物无从隔断。象山为是理辩护曰："大哉圣人之道！洋洋乎，发育万物，峻极于天，优优大哉！天之所以为天者，是道也。故曰唯天为大，

---

① 方东美：《中国哲学精神及其发展》（下），孙智燊译，第395页。

降衷于人，人受中以生，是道固在人矣！"①对上述辩护，方东美先生接着分析道，象山之哲学旨在蕴发经周公、孔子革新后的"理性化宗教精神"（非原始的宗教精神），"所崇信者，为理性神，其权能高出天地，大过天地。若人若心具此理，且明乎理性之大用，则堪为万物之主宰"②。但问题在于，陆象山的思想途径未必符合孔子精神，因为若结合孔子"时"之传统与易之刚健精神言之，明显有所不足。悉心品味，象山哲学似乎与《尚书》"大中"之永恒本体论思想更为相契，因作为本体之心乃是宇宙之主宰，孟子谓"万物皆备于我"，即此意。

"心""理"之形上来源，昭示并显现出一片真实仁义价值之本体领域，此价值乃凭借心、理之显现而实现之。其实现途径，乃是由"仁心"发出，表现为恻隐、是非、辞让之情感。陆九渊在《与曾宅之》中言："孟子曰：'夫道一而已矣。'又曰：'道二，仁与不仁而已矣。'……仁即此心也，此理也；'求则得之'，得此理也；'先知'者，知此理也；'先觉'者，觉此理也；'爱其亲'者，此理也；'敬其兄'者，此理也；见孺子将入井而有怵惕恻隐之心者，此理也……孟子曰：'所不虑而知者，其良知也；所不学而能者，其良能也。'……故曰：'万物皆备于我矣。反身而诚，乐莫大焉'，此吾之本心也。"③陆九渊所讨论的仁心之实现过程，被方东美称为"第四原理"，即"仁义彰显心性论"。

通过对心、理的追问与心之应然的彰显，陆九渊的心学理论自然引发这样一个问题，人们是否果能升至完美圣贤人格？此即方东美所谓的第五原理："理想价值超越论"。按象山的思路，凡人皆能达到完美的圣贤人格，因为人人皆具圣心，且呈露于永恒理性光照之下。这

---

① 陆九渊：《象山全集》（卷一三），台北中华书局1966年版，第6—7页。
② 方东美：《中国哲学精神及其发展》（下），孙智燊译，第397页。
③ 王粤主编：《中国文化精华全集·哲学卷（二）》，第934页。

自然为理想状态,事实上,现实人间充满狡诈与罪恶,似乎又很难超越此"下流世界"。方东美当然是赞同"理想价值超越论"的,然而理想价值之实现并非易事,而是充满曲折。对此,他有精当分析。他认为,人们首先承认超越界即道德界存在的领域,并借此提升生命方式,臻于胜境;道德的最高标准在于恪守天、地、人三极并立之理性,要有充分的道德勇气和大无畏的道德立场;提升生命,臻于道德,尤其要作万物之主宰,而非让万物主宰陷入"物役"境地;欲获此道德自由,还应淡化自然,与天地同,从善性出发,而非以"原罪说"的方式自贬,须知,"宇宙不曾限隔人,人自限隔宇宙";提升道德境界,始终以"心"为"一",避免陷入唯实主义新儒家所谓天理与人欲之二元对立之误区。

陆九渊固然接受价值理性之超越界,但同时亦正视世俗世界。面对世俗世界之种种弊病,陆九渊痛心疾首:"常人之病,多在于黠,逐利纵欲,不乡理道。或付托以售其奸,或讪侮以逞其意,皆黠之病也。求诸痴者,固无是矣!……失常犯分,贻笑召侮,则痴之为病,又可胜言哉!"① 虽然世俗社会险恶重重,象山依然发"狮子吼",他认为实现超越之价值并不遥远,"心苟不蔽于物欲,则义理其固有也,亦何为茫茫哉!"他尤其认为"大心"必定战胜邪恶,"此道之明,如太阳当空,群阴毕伏"②。方东美对此颇为认同,他认为凡此真理光照之所及,即是理想超越界之失而复得也。

2. "致良知"的王阳明

同陆九渊相比,王阳明(1472—1528)则非早慧,其五岁尚不能言;亦非早熟的思想家,因其在20—30岁之间尚徘徊彷徨于儒、佛、道等思想之途,莫所适从。迨其左迁贵州,"动心忍性",历经二载,

---

① 陆九渊:《象山全集》(卷六),第7页。
② 陆九渊:《象山全集》(卷三四),第4页。

经"大死",方于龙场悟道,彻悟"良知"乃本性具足,遂创立"知行合一"之教。其后,王阳明继续发挥之,终成"致良知"之心学体系,而入圣门并践行圣人之道。惜乎天不假年,王阳明56岁卒于凯旋途中。方东美对此颇感惋惜:"否则,其哲学思想之成就,戛戛独造,益不可限量也"[①],痛惜之情溢于言表!

统观方东美对王阳明哲学的研究,其主要焦点在于解决三个问题:其一,王阳明"心学"如何贯通内、外之机理;其二,在"四句教"的基础上,考察王阳明的"道"学渊源;其三,对王阳明与佛学关系进行审视。

如何融合"内外"之机理。王阳明"心学"承接陆九渊而来,然却百尺竿头更进一步。方东美指出,"象山主张'超越理想性原理',视超越理想性原理与鄙陋之现世界,犹不免'二元对峙',未能浃而俱化"[②]。王阳明处理问题则极精彩,其将"超越理想性原理"径化为"内在理想性原理",使价值既普及于"万有"(超越理想性原理),又统会于"吾心"(内在理想性原理)。为了更好地将上述两原理进行贯通,方东美对王学进行了梳理,从七个方面给予明确的说明。

第一,肯定心、事俱在,彰显"存在之价值"原理。所谓"心外无事""即存在即价值",其意在彻底打破价值与存在之二分,赋予存在以价值,使得"存在(之物)"与"心"(价值的赋予者)一以贯之,而非打成两截。

第二,泯除心、理之隔阂,即所谓"心外无理,即心即理"。此在王阳明的岩中花树问答中体现得极为鲜明:"某日,阳明携友游南镇,一友指岩中花树曰:'天下无心外之物,如此花树,在深山中自开自落,于我心有何关联?'阳明对曰:'你未看此花时,此花与你同归

---

① 方东美:《中国哲学精神及其发展》(下),孙智燊译,第415页。
② 方东美:《中国哲学精神及其发展》(下),孙智燊译,第415页。

于寂；你来看此花时，则此花颜色一时明白起来。便知此花不在你的心外。'"① 阳明"心外无物，心外无理"之说，同贝克莱有异曲同工之妙，但却早贝克莱一百余年。

第三，王阳明倡知行合一论。知行合一肇始于程颐，而王阳明总其成。知行合一乃中国古典哲学之核心命题，而王阳明的贡献在于超越世人知行之二分，将知行合一推向极致，在念头上行动，所谓"妄念始萌，已具行动之机"，"防于未萌之先，克于方萌之际"。尽管后人对王阳明"知行合一"说颇多评论，但其伦理学之贡献则不容置疑，概其泯除了主观上的知、行二分。

第四，王阳明"心外无物"之理论乃贯彻到底的"一元论"。王阳明认为，"心即理，性即天"，非但"心外无物"，而且"心即性，心外无性；性即天，性外无天"，其彻底将身、心、意、知、物化为一体，打成一片，其"精一惟一"之理论可用身心合一、意知合一与知物合一概括，是地道的一元论。

第五，王阳明为解决"知行"问题，区分了圣人、贤人与学者。二程尝将语言分为"有德之言"与"造道之言"，其中"有德之言"乃圣人之言，"造道之言"乃贤人之言。其实除此二种外，尚有常人之言，倘若不能明了三者的关系，则未免误诠圣人之意。方东美以朱熹为例说明王阳明的意思，他认为唯实论的代表朱熹以格物致知的方式心外求理，实则犯了三重错误：首先，格物致知的方式有误，以价值中立之知识界（科学知识）之事实陈述如何描绘价值界。其次，心为价值之源，缘何向外追求？此实在颠倒，更何况欲从中立之知识界求理（善），乃毁坏了价值根基。最后，"格物致知说"犯的最大错误，在其将一般学者同精神高度修养之贤人乃至"圣人"混为一谈。基于此立场，王阳明对圣人、贤士及一般学者给予明确的区别。他认为，

---

① 王阳明：《传习录》，叶圣陶校，九州出版社2018年版，第252页。

尽心知性、知天，生知安行者，为圣人；存心养性、事天，学知利行者，为贤人；殀寿不贰，修身以俟，困知勉行者，为学者。通过三层区分，其"知行合一"之学理更具缜密性。

第六，对王阳明"唯心"一元论的强调。王阳明认为，其与朱熹的最大差别在于"入门下手处"的不同，朱熹力主格物致知，向外用功，而王阳明则力主"诚意"，他认为，"诚意之极，便是至善"，无论《大学》《中庸》，其要害功夫，无非是一个"诚"字，倘若始终有一个"诚"字在，又何必添个"敬"字？方东美以为，朱、王二学之异，远非如此：朱子在知识论上为一"二元论"者；在宇宙论上，为一"客观实在论"者，虽然朱子同时肯定人心秉承天地之心，参赞化育，曲成万物，然其在感官知识与睿知思考之间，确实有根本的不同。相比之下，王阳明大抵为"彻底唯心一元论"者，无论知识论还是宇宙论，皆是心为"主宰"，心统一切，此乃王、朱之主要差异。

第七，王阳明发挥孟子心学思想，并将其所思与《大学》结合起来，阐发"格知无间，致良知即明明德"之统一理念，避免了朱熹心、理二分的倾向。王阳明认为，既然"心外无物""心外无理"，那么"格物者，格其心之物也；格其意之物也；格其知之物也"[①]；又则，心乃价值之源，是本然具足、不假外求的，自然可以得出"致良知即明明德""天理即是明德""穷理即是明德"[②]等结论了。此七方面，为王阳明哲学之大端。

通过对"四句教"的相关分析，指出王阳明哲学与道家的关联。王阳明哲学虽蔚为大观，但却脉络分明、条理清晰，据传王阳明晚年曾以"四句教"即"无善无恶心之体；有善有恶意之动；知善知恶是

---

① 王阳明：《传习录》，叶圣陶校，第179页。
② 王阳明：《传习录》，叶圣陶校，第14页。

良知；为善去恶是格物"总括其学。如果后学果能通晓王学妙义，应对王阳明的"四句教"深有体会。提及"四句教"，历来学人见仁见智，众说纷纭。方东美独具慧眼，他并不拘泥、停留于"四句教"自身含义上，而是通过"四句教"读出言外之意，并依此去探索王阳明的哲学渊源。

方东美认为，"四句教"历来为人诟病，其因在于"四句教"明显羼杂道家思想而不精纯。姑且以首句"无善无恶心之体"为例，此句就涉及诸多歧义。在方先生看来，"无善无恶心之体"至少有三解：（1）价值中立主义，将一切存在价值漂白之；（2）超越一切有限价值之上的绝对价值；（3）不受外界干扰的、纯净无染的"心体"本身。第一解，将导致王阳明哲学被排除于《大学》《中庸》《易传》等体系之外，与儒家宣扬的"至善论"格格不入，甚至走向儒家的对立面。王夫之之所以责备阳明为"儒学异端"，盖基于此。

倘若按第二种立场分析，则阳明哲学明显有道家思想的意味。老子之"道"乃是超越善恶的绝对价值，按方东美的说法，乃"超本体论"。以此而论，"无善无恶心之体"自然更契合老子之"道"，倾向于"超本体论"，而非拘泥于非善即恶的现象界之中。由是观之，阳明之学显然与道家关系密切。事实上，阳明之学确实与道家存在着渊源。譬如，阳明所谓"心犹明镜说"即来自于《庄子·天道》"至人之用心若镜：不将不迎，应而不藏，故能胜物而不伤"。另则，道家讲清静无为，乃典型禁欲派，而儒家如孟子者则倡"可欲之谓善"，主张善之欲望的实行，阳明于二者之间颇踌躇，明显受制于道家思想之牵引。又则，老子有"为学"与"为道"之区分，对道家言，"为学日益，为道日损"，乃言人格修养为"日损"的功夫。然而，对儒家言，"问学之道"则为"日益"的功夫。无疑，王阳明乃至陆九渊的"成圣"路径皆接近道家精神。基于以上分析，方东美得出这样的结论："惟使阳明先去儒就道，是项指责方能避免。"① 这里，我们姑且不论王阳明是否先前真有所谓的"去儒就道"之经历，仅就其学术思想而论，王阳明受到道家思想的影响当为确凿之事实。

关于王阳明与佛学关系之考察。除了道家哲学外，王阳明还受到佛学的深刻影响。王阳明不像其他新儒家那样，动辄排斥佛老，而是以欣赏、学习的姿态对待这一宝贵财富（虽然他对佛家亦多有微词，甚至有过严厉的批评，但这并不影响他合理地吸收一些佛学思想）。此既体现于他教授弟子的方法之中，如他善用禅宗机锋之方法启发后学；又体现在他的著述之中，其代表作《传习录》颇有"禅宗"之风。当然，佛学对其影响最为深刻的，乃在于义理层面。如上文所谈"无善无恶心之体"的第三层意思，乃言"心体"本身不受外界干扰，是纯净无染的，由于受外界种种环境因素之影响，此心就可能被污染。王阳明认可此说，他认为人们对自己的内心应时时警惕，以维护"心体"之澄明，否则"心体"将受到污染。此说颇似神秀"身是菩提树，心是明镜台；时时常拂拭，莫使惹尘埃"。我们知道，就禅宗内部而论，世人多褒慧能而轻神秀，王阳明则相反，他以为若一味地像慧能那样"不思善、不思恶"去追求"当体即空"的禅悟，势必落入"顽空"，不利于圣人良知的自然流行。按方东美的见解，王阳明之"独辟慧能，显示其四十以后，对释禅之兴趣锐减，而其自家哲学思想之发展乃一日千里，终于突破佛学之种种藩篱矣"②。这并不意味着王阳明与佛学彻底绝缘，而是说他对佛学采取针对性的研究。故50岁后，王阳明渐远禅宗，其对佛学之研究主要集中于僧肇之般若系统，因为僧肇之学颇有益于"致良知"之说。这其中，程明道明显起了导向作用——明道曾将僧肇之三论统会于"体用一源"以定性，而与人心浑然一体，此

---

① 方东美：《中国哲学精神及其发展》（下），孙智燊译，第416页。
② 方东美：《中国哲学精神及其发展》（下），孙智燊译，第418页。

为阳明所宗。客观地讲，若无深厚佛学之功底，王阳明之"心学"体系能否建立亦是问题。

由是，王阳明以博大的心胸和开阔的视野，博采众长，浸淫佛道之中，并最终以道、佛入儒，远承孟子，近接明道、象山，终成巍然大观之心学流派而与理学抗衡，在中国古典哲学史上写下了浓重的一笔，对中国哲学乃至世界哲学皆有重要的影响。

第三节 论自然主义形态新儒家

自然主义形态新儒家亦是多元纷呈，但总体上此派新儒家皆视宋明诸儒为评判对象，力陈宋明儒空谈之流弊，主张"实学"，具有实用主义的特点。方东美根据其特点将其大略分为"批判性"与"建设性"两种类型，并展开相关论述。他认为，"批判派"只是对宋明儒展开理论的攻势，重在"解构"；"建设派"则在批判的同时亦"予以合乎情理而妥当之了解，不事高远玄想"①，并力求构建一种平实的思想体系，以王夫之为代表。

一、"批判性"的自然主义形态新儒家

"批判性"自然主义形态新儒家，顾名思义，主要是针对宋明儒尤其是朱熹理学、阳明心学之末端展开攻势，主要代表人物有王廷相、顾宪成、刘宗周、陈确等。其中，王廷相主要对以朱熹为代表的宋儒展开批判，他认为宋儒（尤其朱熹）犯了三种明显的错误：其一，宋儒将"理"笼统合并。既然"事在理中"，且每一事物有一种理，那么经格物致知所得到的"理"缘何合并为一个？其二，批评宋儒的"人性论"为空谈之说。宋儒以善恶臆断天命之性与气质之性之分属，此

---

① 方东美：《中国哲学精神及其发展》（下），孙智燊译，第431页。

实为虚妄之说。因为人性来自人生,人生成于气质,离开气质,人性无异于一个"无"。如此看来,离开具体人生(气质)的人性乃是虚妄之物,不过是宋儒的臆测而已,这种讨论不会有什么积极的效果。其三,宋儒阻隔了知识的进程。宋儒讲"格物致知",重视求知,理应开出"知识论"立场,然而,他们最终却又无端地把一切归结为伦理与道德,结果扼杀了"知识论",造成"泛讲以求知"之流弊。

顾宪成则针对王明阳展开批判,他认为王阳明颇为自负的"四句教"其实存在着不可化解的矛盾。其矛盾在于,既然古圣人教人不过是"为善去恶"——为善,为其固有,去恶,去掉其本来没有的,那么,王阳明既然承认"无善无恶",为什么又生出"为善去恶"之言论呢,岂非自相矛盾乎?

对于顾宪成的这种质疑,世人自可见仁见智。不过,这里我们关注的是这样一个问题:顾宪成乃至王廷相、刘宗周、陈确等人缘何对宋明儒展开如此猛烈的攻击呢?

以笔者蠡测之见,其核心原因在于,宋明儒"心性之学"虽然在哲学思辨、伦理架构、本体推演等形上层面有莫大贡献,但其空谈心性、臣服"天理",最终竟然导致"扼杀"人之悲剧——而这恰恰是自然主义形态新儒家所极力反对的。

二、"建设性"的自然主义形态新儒家

方东美指出,"建设性"的新儒家主要以王夫之、颜元、戴震三先生为代表,并分别对应于"功能派""实用派"与"物理派"。

1. "功能派"哲学家王夫之

方东美认为,王夫之(1619—1692)堪为宋儒与自然主义者间最佳之津梁。之所以这样说,是因为王夫之的哲学既不乏形而上的关怀,又颇具"实用主义"之务实,较好地把形上与形下结合起来;他既避免"玄学"之空虚,又避免落入纯粹的"器物"层面的"实用主

义"——因此王夫之哲学更像一道联结宋儒与自然主义的"桥梁"。

王夫之著述颇丰,其哲学的主体内容实寓于对《周易》的发挥之中——在对《周易》的解读中,王夫之构建了以"元气之自然变化始生万物"的、带有唯实主义色彩的"物理宇宙观"。这种宇宙观,"又掩映一套超物质之本体,道论是也;更掩映一套超自然之价值论,善论是也"[1]。对于王夫之的哲学思想,方先生进行了较为系统的论述,其中,王夫之的哲学内核可用"三观"归结之,即功能主义观、道器合一观及人为枢纽观。

其一,功能主义观。此着眼于强调"道"用之层面,强调了"用"之功能。王夫之的理由在于:假设道如如不动,那么道之存在意义将大打折扣,因为道最终须通过用而彰显,若用不显,道何以存?由此可知,用乃道之功能,离用无以言道,此乃方先生将王夫之定位于"功能主义"之要因。王夫之谈用,亦是站在儒家本位上言之,因为道、释以玄为主,一倡"本无",一倡"究竟空",皆以空想、玄思为基点,缺乏"实证";儒家则不然,乾坤大义,不在于空谈,而在于"自强不息、大化流行"之效用,在于功能之效验。此乃儒家与佛、道之主要分歧。

其二,道器合一观。很明显,王夫之强调用、强调效验,采取的乃是唯物论立场。然而,倘若完全采取唯物论立场,则又多少"有损其隐涵之超物质本体论与超自然价值论",正如方东美所质疑的那样,"船山既有唯物论之倾向,则势将使其思想定住于当下之物质界。试问其将如何能高举一己之精神、腾冲超拔,升入道善之价值理想界胜境,而为人性之资养耶?"[2]若从二元论的哲学立场出发,确实很难解决"形下器物层次(即唯物论)如何开出超拔价值精神"这一疑难

---

[1] 方东美:《中国哲学精神及其发展》(下),孙智燊译,第432—433页。
[2] 方东美:《中国哲学精神及其发展》(下),孙智燊译,第435页。

问题。

王夫之的独特之处,在于他坚持道器合一之立场。道器合一本为中国古典哲学的传统,但问题在于古典哲学过于强调道之理而忽视了器之用,王夫之的意义在于,他在强调用时还提出道器合一观,从而使得该命题具有较强的现实意义。王夫之尝谓:"统此一物,形而上则谓之道,形而下则谓之器,无非一阴一阳之和而成。尽器则道在其中矣。"[①]又云:"天下惟器而已!无器则无道","器之运,即所谓道也"[②],等等,鲜明地表达了其道器合一观。

其三,人为枢纽观。与宋儒妄谈心性、熄欲庋敬之主张不同,王夫之强调了人的地位及作用,肯定了人的创造力,可谓继承了孟子"可善之谓欲"的立场。那么,人的能力尤其圣人的能力又当如何体现呢?答曰,从治器中体现。譬如,以器而言,器本身并非道。就治理角度而言,王夫之却认为,"故古之圣人能治器,而不能治道",似乎把"道"置于超越层面;同时他又认为,"苟有其器矣,岂患无道哉?……治器者则谓之道。……故圣人者,善治器而已矣"[③],很明显,这里又凸显了人的作用。道寓于器中,而器又凭借人才得以出现,人之作用由此可见一斑!

王夫之重视人的作用,还表现在他重视人的自然生命。他认为生命是一个扩散、发挥的过程,而非一味地收敛萎缩乃至走向禁欲主义,他对禁欲主义表示强烈的反对。他认为人存在的先决条件在于遂欲、达情、育才与尽性。遂欲,即要满足必要的欲望;达情,即要对充沛之情绪进行疏导、调畅;育才,谓之培养天赋之才;尽性,乃是充分发挥人之本然性体。很明显,王夫之对人的重视是基于反对佛、道的

---

① 王夫之:《船山全书》(第十二册),岳麓书社 2011 年版,第 427 页。
② 王粤主编:《中国文化精华全集·哲学卷(二)》,第 1044 页。
③ 王粤主编:《中国文化精华全集·哲学卷(二)》,第 1044 页。

立场。王夫之辟佛、辟道甚严,他认为佛家诅咒生命而追求幻妄,且丧尽性德,撇开人伦关系,径直将人生引向"空无"之谬途;而道家表面看似存己存人,见素抱朴,实则不事努力,扼杀天赋之才,不尚人文教化,最终"使君子之士初流于庸俗,继乃沦为禽兽矣"①!对于王夫之其论,方东美判曰:"船山本人诚不愧一代真儒,惟其如是,故于阳儒阴老阴释、学态作状而为害儒宗者流,自毫无同情。"②方东美将王夫之视为真儒,实则从儒家事功的角度出发,即持所谓的功能主义立场。

2. "实用派"新儒家颜元

颜元(号习斋,1635—1704)曾长期从事农业劳动,后行医、教书,终身不仕。论思想,颜元与船山属同一阵营,然又稍有差异,其主要差别有二:一则在于颜元尤其强调事功;二则在于颜元对宋儒的态度与船山大不相同——如果说王夫之对于宋儒尚"深佩张载,雅敬周、程、朱熹"③,那么颜元对宋儒的态度则极端得多,他近乎将宋儒一并打倒,其所谓"必破一分程朱,始入一分孔孟"之宣言,即是明证。尚需说明的是,世人常颜、李并称,此谓将颜元同其弟子李塨一并称之为"实用派",但一般学者更重视颜元,方东美亦如此。这不仅在于颜元人格高尚,节操甚美,更在于颜元思想原创力强,而李塨则主要在学养上功力深厚,其毕生不过在倡明其师之主张而已。鉴于此,方东美对"实用派"新儒家的讨论自然应锁定颜元。

在探讨颜元的儒学思想之前,我们尚须考量的问题是:缘何颜元如此排斥宋儒呢?欲明此义,则须先明了颜元的"历史观"。方东美认为,颜元视野下的历史乃是"倒退的历史",谓之"退化历史观"。颜

---

① 王夫之:《尚书引义》,中华书局1982年版,第4页。
② 方东美:《中国哲学精神及其发展》(下),孙智燊译,第438页。
③ 方东美:《中国哲学精神及其发展》(下),孙智燊译,第438页。

元尝将历史分为三期:

第一期始于尧、舜,止于孔子之殁。此时期可谓之"严正生命思想之发皇期",政治上虽有兴衰,但总体表现为道德生活之持续提高,公理器用之逐步升扬,社会福祉不断增进,总体体现出《尚书》所谓的"正德、利用、厚生"之义。

第二期始于孔子殁后,止于暴秦。此时期表现为:历史演变,每况愈下;道德实践,开始衰退;文化传承,趋于低落;淳厚之儒风被法家严苛之习气代替,"君轻民贵"思想被极权暴政所代替,尤其"焚书坑儒"之愚举,更是开启扼杀儒家文化之先河——此段历史整体表现出衰落、颓废之态势。

第三期始于两汉,而止于清。此时期表现为权力政治之争夺,朝代更替,触目惊心;儒者学术被误用,"训诂日繁,佛老互扇,清谈词章,哗然而起,惟待五代之至(907—960),百家学术,一归兵燹"[①]。宋朝伊始,有周子出焉,竟以禅僧寿涯及道士陈抟之学杂入儒学,遂致儒学亦为禅羽所左右。其后程朱、陆王及余者,竟争习静坐,志在顿悟,终将尧舜所传"正德、利用、厚生"之旨蜕变为空谈心性,甚至为"纸上加纸,徒载空话,无分毫真理之足称"的语言游戏。又,陋儒将周孔所训"三物"(六德、六行、六艺)之作为(实践)丧失殆尽,此种空谈之儒学绝非颜元所能认同。其对于朱子,颇为反感,"且言于朱子所开砒毒,尤深恶痛绝,盖其久已吞服成习,至三十五乃戒"[②]。

颜元"三期"世界的划分实基于"宇宙退步观"的基础之上,退步的原因在于历史的空谈务虚,而非专注于先儒之"三事"(正德、利用、厚生),尤其宋儒将大好的生命精神垂手让位于心性之空谈,缺乏

---

① 方东美:《中国哲学精神及其发展》(下),孙智燊译,第440页。
② 颜元、李塨:《颜李丛书》,台北广文书局1965年版,第199—200页。

事功之担当，将"儒者习成妇人态度，甚可羞"；更有甚者，打起"假道学"的旗帜，以理杀人，而当时所谓淳厚的上品之儒，所能做到的亦不过是"平时袖手谈心性，临危一死报君王"①而已。颜元反宋儒之要因大抵于此。

鉴于宋儒尤其儒家末流颓废之现状，颜元力倡振衰起弊，重建鄙陋之现世，自然要重视事功。他认为生命之世界，乃生命活动之世界，当表现为生命健动并参与事物之世界。离却事物，一切理想完美之经世大法，一切价值高尚之文化成就，皆化为乌有。为重振衰世，颜元著《四存编》，以醒世明民，《四存编》实乃四部书的总称，其具体书目分别是《存学编》《存性编》《存治编》及《存人编》。

《存学编》主旨在于倡导实学，摈弃空谈。颜元认为，儒家实学在于恢复周礼之"乡三物"，即所谓的六德、六行及六艺。六德，即智、仁、圣、义、忠、和；六行，即孝、友、睦、姻、任、恤；六艺，即礼、乐、射、御、书、数。同时还要学习兵农、钱谷、水、火等工艺之属，此乃"正德、利用、厚生"之基础。由此可知，颜元的"学"既包含了传统的伦理道德之学，同时更强调了实用之学，因为颜元心目中的真儒乃治国安邦之大才，能于危急时刻担当救国之大任，而非"终日静坐，百无一用"，只知空谈之陋儒。

《存性编》主旨则在于通过对宋儒关于人性的批判而重新回归孔孟之道。颜元以为，宋儒的宇宙论（天道）及人性论皆存在错误，其根本错误在于其形上"二元论"，其将天命之性与气质之性判而为二，即是明证。宋儒对天道与人性的二元划分及相关理论"不啻打诨猜拳，以为游戏。其下焉者，则望风捕影，如占梦然"②。颜元在《存性编》明确提出"内在一元论"的构想，在他看来，天理与人性乃一而二，二而

---

① 颜元、李塨：《颜李丛书》，第133页。
② 颜元、李塨：《颜李丛书》，第128页。

一的,"天理入于物理;物性回映理性。天理与气质合体同流,而不可分,是乃一套机体主义之一元论"①。通过"内在一元论"的本体构想,颜元认为,至善内在于宇宙且为一切人类所直接承受者,发而为性情,皆为人性之良能。方东美尤其肯定此论,他指出,颜元此说,旨在重新肯定孔、孟之人性论。

《存治编》主旨在于兴实学,尤其以农艺及兵机为该篇主要特色。此亦针对宋儒以来的空谈误国之陋习而来,因为自宋以来,儒风大变,不再以"经天纬地"之宏业为己任,而是凭几则语录、话头为究竟,侧身儒者之列,假其名以欺世。平时静坐,一俟报国之日,则蒙然张口,六神无主,不知所从,此绝非真儒。为避免此悲剧重演,颜元力倡文武合一、兵农合一,以期形成健全的制度。

《存人编》旨在对佛道进行批评,倡导人须有刚健有为之进取精神。释家醉心于"虚空界",道家沉浸于"虚寂"中,几将人之价值抹杀;而一些儒者,亦受佛道影响,竟丧其心主"静",终致儒家失去血气与活力。因此,颜元撰《存人编》,"以唤醒人之天职,使其重享健动之人生于真正儒家之社会,并疗伤复建于真实与健动之精神中"②,《存人编》实则为辟佛老、倡真儒之宣言。

对于颜元的哲学思想,方东美自有宏论,他一方面肯定颜元重视生命流行、倡导真儒精神的做法,服膺颜元的"内在一元论"哲学观,并对颜元思想活力之雄健予以赞同;另一方面,他亦对颜元的"实用主义功利论"提出了批评。他认为颜元所倡导的功利主义未免鲁莽,终导致两大"盲点":其一,曲解历史的退化,辄言历史退化不停,永无止期,致"生后不如前"之历史误断:"三代之美制失于秦;汉之美制失于唐;唐之美制失于宋;宋之美制失于明。显矣哉!政模在史,

---

① 方东美:《中国哲学精神及其发展》(下),孙智燊译,第444页。
② 方东美:《中国哲学精神及其发展》(下),孙智燊译,第447页。

旷观全史，其常降也竟若是！"① 其二，全盘否定文化价值。正是基于错误的历史观，颜元竟然全盘痛斥文艺，否定人类历史上的一切文化价值。其弟子李塨曾引乃师言："诗、文、书、画，四者败坏天下人心。"② 无疑，这种全盘否定文化价值的做法是错误的。方东美对颜元之所以有如此严厉之批评，除了颜氏之论确实存在问题外，尚有如下考量，即方东美更看重精神价值，有着强烈的"形上学"之偏好，而颜元的纯功利主义则未免形下意味过浓。

3. "物理派自然主义者"戴震

戴震（1724—1777）不仅博通经学、史学、文字学、音韵学、训诂学，而且注重学习西方近代科学知识，对天文、地理、数学、水利、工程等皆有研究。其哲学思想，总体上隶属自然主义，同王廷相、王夫之有相似之处，但又有其特殊性。诚如方东美所认为的那样：在宇宙论层面，戴震同王夫之的唯气主义立场甚近；在哲学人性论层面，戴震则与王夫之、颜元之关系较密切。但是，戴震与他们又有所差别，其差别之处在于：在价值论上，王夫之为一超越论者，而戴震则为一内在论者；在知识论上，颜元为极端实用主义者，而戴震在精神上则近于科学唯实主义者；在对宋儒的态度上，王夫之同情张载，并归好朱熹，而戴震与颜元尤排斥朱熹。

对于戴震的哲学，尤其关于戴震反驳宋儒的理由，方东美先生曾列举了十条佐证之。鉴于其"佐证"有相互交叉、重复之处，故笔者对其要点简略进行合并，并以"勾勒"的方式简评方东美对戴震的总体看法。

戴震对宋儒的反驳可简要归结如下：

其一，就"理"本体而言，戴震首先对宋儒的形上/形下、道/

---

① 颜元、李塨：《颜李丛书》，第199—200页。
② 颜元、李塨：《颜李丛书》，第1250页。

器"二元论"展开攻势。他认为无论二程的道器之论,还是朱熹对"理"(太极)与阴阳之形上、形下关系之处理,皆犯了"二分法"的错误——此"二分法"之谬终导致将人性判列为二。对于此虚妄"二元"之分,戴震明确反对,他指出,自然界乃一有机整体,其中事事交感、物物旁通,岂可将之划分为二!宋儒之所以有虚妄二元之分,其原因大致有二:一则,不识"谓之"与"之谓"的用法。《易传》"形而上者谓之道"中之"谓之",乃"对照"义,实以"形而下"相比较而言,非谓道、器言之;《中庸》"天命之谓性"中的"之谓",乃是以天命解"性",并非"天命就是性"。二则,将太极与阴阳(符号)相混淆,太极属宇宙论范畴,而阴阳乃象征意符系统之构成要素,并非与太极对立,二者不属于同一个层级。按戴震的思路,道与器、形而上与形而下,不是派上的关系,更非对立的关系,而是统一物质世界的两个方面。

其二,就"理"之性质而言,戴震认为"理"非形上玄学之理,而是自然之物理。朱熹认为"理"在气先,戴震则否定之。他认为:"理者,察之而几微必区以别之名也,是故谓之分理。"[①]"理"是不同种类事物相互区别的前提和根据,它只能存在于具体事物之中,那种脱离万事万物、高高在上的绝对普遍之"理"是没有的。很明显,戴震之"理"倾向于自然科学之物理,并非朱熹之玄理(伦理);且此理内在于事物,而非在事物之外,由此可见二者之重要分野。

其三,就"理"之使用效果看,戴震对程朱的"天理"展开了猛烈的批判。他认为,程、朱以"天理"臆断一切、独断一切,直接造成两种后果。首先,程朱之"天理"将"理"囿限于个人之心,使其养成狭陋之心态。方东美借戴氏之言论之,"凭其一己之意见,执为理义,已足以误真为假,将假作真,搅翻客观事实,置人生于颠倒错乱之境,造

---

① 戴震:《孟子字义疏证》,中华书局1982年版,第1页。

成一切灾难矣——患莫大焉！"①基于这种认识，戴震甚至认为宋明道学乃是杀人的工具："上以理责其下，而在下之罪，人人不胜直属。人死于法，犹有怜之者；死于理，其谁怜之？"②其次，程朱之"天理"完全内于主观之"心"，使人们对外界事物的认识有失客观性。就此而论，戴震可谓一本孟子，坚持理之客观性，而推之于事实界，正所谓"理在事情"，离开外界事实，空谈玄理，不啻为无稽之谈。

其四，就"理"的认识途径而言，戴震一反程朱所谓"理藏于心"之主张，提出一套颇具现代价值的认识论。在戴震看来，人们对"理"的认识约略分两个阶段，所谓"耳目鼻口之官，接于物而心通其则"③。其中，第一阶段为感官阶段，凭"血气之形体"接触外物；第二阶段为心知阶段，即"心通其则"，认识事物的本质与规律或曰"理"的阶段。恰如其所言："有血气，则有心知；有心知，则学以进入神明"；"心之精爽，学以扩充之，进入神明，则于事靡不得理"。④尤其值得注意的是，戴震对物理与道德之理（伦理）的认识做了明确区分：自然知识，是对事物自然状态之了解；道德知识，则是神而明之，乃精神之化自然为必然。方东美对戴震此观念尤为赞许，"余以为戴震本此发现，据为优势立场，一方面更大可发挥其对中国人性论之卓见，他方面抑又可免蹈约化主义之陷阱，尤以西方当代之科学主义为最"⑤。熟悉西方哲学史的人当明晓，西人休谟将知识分为两类：一类为必然的知识，即自然知识；一类为应然的知识，即伦理知识。在西人视野中，二类知识似乎并没有必然的关系——虽然康德试图用第三批判弥合之，此看法最终导致现代科学价值中立之立场。方东美认为，戴震

---

① 方东美：《中国哲学精神及其发展》（下），孙智燊译，第 453 页。
② 戴震：《孟子字义疏证》，第 10 页。
③ 戴震：《孟子字义疏证》，第 69 页。
④ 戴震：《孟子字义疏证》，第 19、6 页。
⑤ 方东美：《中国哲学精神及其发展》（下），孙智燊译，第 455 页。

的观念可避免现代科学的价值漂白之困境，因为戴震仍服膺于孟子之心学，其根底上推崇孟子"尽其心者，知其性也；知其性也，则知天"的"人道合于天道"立场。换言之，自然知识最终须扩充至最高的天理，自然知识同最高价值最终是一体的，而非无涉的。无疑，此观念避免了西方的二元对立，但在细节上缺乏必要的分析与论证。

基于反对宋明道学之立场，戴震通过诠释《孟子》著作，建立起一套自然主义形而上之系统。他尽力融会贯通《易经》《中庸》及《孟子》，并结合自然科学的相关知识，处处以价值为主宰，兼认知与道德性之二面，试图以自然知识之效能，澈明道德价值之本质。方东美对戴震的这一态度是充分肯定的，因为方东美的看法同戴震是有契合之处的。方东美同样认为，自然的知识可以通过理性的安排、超升而达到更高层面，譬如达到精神价值的领域。因为人类除了具有感觉器官外，还有高度的心灵，即"神明"之知。高度的心灵，不会停止于物格化的知识类型，一定要变作知性化的知识类型，变成理性化的知识类型。"如此一来，便有许多知识不是事实，而是概念；不是概念，而是范畴；不仅仅是范畴，而是公理、原理、定律、法则。像这一类的东西，都是超越感觉器官，而有更高一层的认知发展。而对于科学上的知性化知识、理性化知识，已经不能够把它们化约为仅仅是感觉经验。能如此了解，我们才可以说在科学上面才有知性的解放、理性的解放。"① 无疑，方东美也认为心灵乃是统会一切知识的，此当然与其主张的机体生命哲学本体论相关。

第四节 简评

通过上述方东美对新儒家的评价的相关讨论，我们领略到方东美

---

① 方东美：《华严宗哲学》（上），第128页。

所特有的宏阔之学术视野、深厚之哲学素养以及娴熟的中西对比之方法，其学其论，可圈可点，启人之处，亦随处可见。诸多殊胜之处，自不待言。笔者仅就方东美宏论做几点强调性的说明，以期对方东美之立场有一更为清晰的认识。

其一，在学术立场上，方东美对新儒家的批评多于赞许，尤其对宋明儒（特别是理学）更是如此。其中原因在于理学有"二元分裂"之倾向，此与方东美机体主义生命哲学不甚相符；另则方东美以为宋儒之学过于驳杂，不纯正。此说明方东美对新儒家的研究仍带有"先入之见"的主观色彩，亦势必致其研究带有一定的倾向性。须知，纯客观的立场很难存在，任何哲学家所做的论断皆带有一定的倾向，只要尊重事实、言之有据，且具有启发性，皆是可以接受的。

其二，就探讨内容而言，方东美对周敦颐、邵雍等着墨较多，对后儒，尤其对王阳明之后的明清儒则仅仅作勾勒式的处理。之所以如此，亦有其主、客观原因。主观原因在于，方东美采取的乃形上哲学路线，其对"唯物"为主的明清哲学自然不可能过于看重，这难免造成理解上的障碍；客观原因在于，方东美的身体状况不容其完成完整的讲述（《新儒家哲学十八讲》乃未完之工作）。须知，方东美对张载之后的宋明儒家之探讨，基本体现于《中国哲学精神及其发展》一书中。此书关于新儒家的部分精义过分密集而篇幅却相当有限，且又间或以西学比较之，故其论述高度浓缩，读者对宋明儒学若无充分的了解，则很难契入。就此而言，方东美未完成的"新儒家讲座"不仅是个人的遗憾，更是学术界的一大损失。

其三，对于方东美所作的新儒家之评价，研究者要作"客观而同情"的理解，切勿离开具体的语境而对其存在的矛盾贸然攻击之。因为就《新儒家哲学十八讲》的内容来看，方先生的观点确实存在前后不一甚至矛盾之处。譬如，他一方面提倡学统，兼容并蓄，而另一方面却对驳杂的宋儒又有所不满，认为他们的学问不纯正，且排斥异端；他一方面对富有玄思的形上儒家持赞赏态度，另一方面又批评他们"束书不观"；类似的"矛盾"还有许多。此类问题不仅出现于《新儒家哲学十八讲》中，在《华严宗哲学》《中国大乘佛学》等著作中亦有发生。其原因在于，上述所谓的"著作"并非方东美严格意义上的著作，而是方东美的讲课录音。方东美乃性情中人，情感所致，亦未免随口而论；且先生又极富关注现世之情怀，亦往往借古讽今，譬如《新儒家哲学十八讲》中，还曾有"教室抒感：国命艰危忧思多"一章，此纯属借宋儒之弊发挥，以达针砭时弊之效。口头表达难以做到"中规中矩"，出现抵牾亦在所难免。故而，对于方东美论述中所谓的"相悖"之言，当同情理解之。

其四，方东美论新儒家，透显出其对儒家的重视，此大抵可作为后世学者将其定位为"现代新儒家"的一个旁证。方东美早岁聚焦于原始儒家、原始道家及墨家，其早期成名作《哲学三慧》即作如是观。随着方东美对中国哲学的深入理解，尤其随着其对佛学的研究，宋明儒等所谓的新儒家亦进入其哲学视野：一则在于，宋明儒（包括清儒）多为集儒、释、道为一体的哲学家，是中国古典哲学的最后继承者和终结者（方东美以为清以后三百年，中国再无一流的哲学家）；二则在于，虽然宋儒在学术上存在诸多毛病，但他们的道德涵养却是一流的，此乃对"无耻之五代"的一次人格大提升、大超越；三则在于，宋儒就学术来源而言相当驳杂，但他们皆以复活孔孟真精神为己任，皆以成就高尚人格为目的；四则在于，方东美哲学的形上路向同新儒家有契合之处（相比之下，原始墨家的形上意味要淡许多），新儒家的形上思维来源于佛、道哲学之激发。鉴于以上种种原因，以宋明为主的新儒家才走进方东美的哲学视野，并构成其后期所称道的"四大主潮"之一。

其五，就中西哲学对比的角度而言，方东美认为新儒家大致为有机系统，虽然其形上思维含有对立的影子，如道器二分、理气二分、心物二分等，但总体上却是融合的，且最终将道德价值放到首位；西方哲学则为彻底的二元对立系统，此种对立最终导致科学主义的孤立系统，导致价值的漂白与价值中立。新儒家强调了人格境界之超升，此乃新儒家优于西方哲学的殊胜处。

  站在纯粹的学术立场，方东美认为宋儒缺乏原始儒家的淋漓之元气，并对宋儒展开了严厉的批评，但他又能以历史的角度公平对待之。正如其所言："宋儒也是很了不起。为什么了不起呢？因为我们要晓得两宋的时代，并不是衔接隋唐盛世，也不是衔接中唐时期，而是唐末、五代这一段中国历史前所未有的堕落的衰世。宋儒应时奋起，力矫时弊，把衰微至极的文化学术从根救起。由此来看宋儒在历史上面的功用与价值，我们不仅不能否认它，而且还要积极的肯定它！赞美它！"[①] 这一点，方东美确实做到了。

---

① 方东美：《新儒家哲学十八讲》，第 194 页。

第四章　方东美论老庄哲学

道家尤其是原始道家，对方东美而言，无疑是一个充满艺术感、梦幻感的哲学异域，亦是方东美所醉心之处。正如他在《中国哲学之精神及其发展》中所言："吾人一旦论及道家，便觉兀自进入另一崭新天地，如历神奇梦幻之境。"① 方东美还曾以德国艺术史家海灵兮·魏尔夫林的"画幅空间"作喻，认为道家生活存在于一种既非物理世界，亦非雕刻与建筑空间，而是一大神奇梦幻世界，不为世俗所凝滞的诗意空间。对于道家所处的生活世界和空间，方东美持欣赏、赞叹乃至艳羡的态度："意象空灵、人物逍遥游其间，恢恢旷旷，潇潇洒洒，故能'层层超越，地地深入，重重无尽，探索重玄，浃与俱化。'道家本此玄想模式，故能游心太虚，驰情入幻，振翮冲霄，横觉沧溟，直造乎'寥天一'之高处，而洒落太清，洗尽凡尘……"② 也许是因为方东美如此倾心道家，不少学者把方东美视为新道家的代表，进而引发论辩。事实上，我们当明晓这样一个道理，推崇和赞赏并不代表其就属于某个派别。譬如，即便异教徒对释迦牟尼也充满赞叹，但我们并不能认为此异教徒就属于佛家。也许，对方东美进行"归类、归宗"并不重要，重要的在于回到事情本身，走进方东美所构筑的哲学世

---

① 黄克剑、钟小霖编：《方东美集》，第285页。
② 黄克剑、钟小霖编：《方东美集》，第286页。

界，尤其要了悟方东美视野下的道家智慧。唯其如此，我们既可避免无谓的意气之争，又可避免"以己之见"取代"他人之见"的"臆测"解读。

方东美醉心于道家，无论在《原始儒家道家哲学》还是在《中国哲学之精神及其发展》中，他都明确且一以贯之地表明此态度。方东美认为，真正的道家高怀远引，是最孤独的人物，其智慧隽语亦往往难得理解，遂鲜有知音。正是原始道家的孤玄，使得后人难以进入，即使进入也常常误读。基于此，方东美慨叹道："然而事实上向之解老注庄而歪曲原旨者，比比皆是。"①

为了便于廓清原始道家（老庄）与其他以道家自命的学派，方东美将曲解老子哲学的权术、法术的学派进行了分类和剖析，如有"唯我主义者"杨朱，法家申不害、尸佼、慎到与韩非子，阴阳家邹衍、邹阳，习神仙长生不老之术者河上公、毛翕公、乐臣公，军事谋略家蒯通、陈平，政治家曹参以及杂家刘安。上述诸学派中，除了杨朱、邹衍、韩非、刘安四子尚以老子为根基而各自形成独立思想外，其余莫不最终导致任意曲解老子之后果：或转变为黄老之术、养生之学；或转变为神仙之学、方士之术。这种东西"虽然也号称与道家有关，但是没有哲学智慧"②。庄子相对于老子玄奥、简约而言，兴许其文辞丰满且少歧义，故曲解相应少些。但后世所谓的新道家——魏晋玄学——亦多少对之有过度诠释的嫌疑。此自然与当时的风气有关，佛学西来，儒学余韵，道家崛起，三学摩荡，杂然不一：如佛家援庄入佛，道士援庄入道（教），儒家援庄入儒，大抵皆持先入之见，对庄子进行了主观的改造，很难保留原汁原味的庄子。相比较而言，方东美认为晋注（265—419）与庄子本身精神最为相契。谈及此，人们不禁

---

① 黄克剑、钟小霖编：《方东美集》，第285—286页。
② 方东美：《原始儒家道家哲学》，第178页。

产生这样一个疑问,方东美缘何会独钟情于原始道家?依余拙见,当在于方东美的诗哲气质与原始道家相契合。方东美极富诗人气质,且精于写诗,《坚白精舍诗集》即为明证。美学家朱光潜先生对方东美的诗歌极为欣赏,评价曰:"兼清刚鲜妍之美。"① 方东美自己也常把自己定位为"诗人兼哲学家"②。方东美所特有的诗人气质反映在其哲学上,便形成了"热情奔放、忘乎所以地陶醉在一种美的形象与高超的境界之间的诗人的气质与情调"③,难怪杜维明先生认为读方东美的文字可以想见他的"心灵应有一种'兰生幽谷中,倒影还自照'的艺术境界"④。

方东美诗人气质与原始道家——老庄哲学——尤其是庄子哲学的逍遥自在、超脱、飘逸十分契合,方东美常以"太空人"比喻老庄。太空人,即为不在时间发展的序列之中,而是凌空时间之上,以居高临下之姿态俯瞰万有,以此来把握一如梦境的理想世界。道家不沾滞于万有中的超脱精神、空灵品质与方先生的诗人气质是颇相宜的——此大抵构成方东美偏爱庄子的一个重要原因。

这种诗人的气质和浪漫的想象自然是颇具艺术性的,然而,诗意的表达亦未免遮蔽方东美哲学思想的光芒,正如其嫡传弟子刘述先生认为的那样,"这(方先生的著述风格)对于纯然作为境界的欣赏来说固然无伤,但对于作哲学的解析来说则不免有憾"⑤。确实,读方东美先生的书很美,但那时倘若不能进入其美轮美奂的哲学体系,则欣赏美的同时而忘记了追问"为何美"。换言之,人们可能会被其语言、想象的华美和广博的学识所覆盖,而忘记了华丽语言下的思想真谛。

---

① 朱光潜论方东美诗歌风格的书信刊于《哲学与文化月刊》第四卷第八期。参见蒋国保、余秉颐:《方东美哲学思想研究》,第299页。
② 方东美:《生生之德》,台北黎明文化事业股份有限公司1979年版,第394页。
③ 刘述先:《方东美先生哲学思想概述》,载罗义俊编著:《评新儒家》,上海人民出版社1989年版,459—460页。
④ 杜维明:《哲学家的风骨》,载杨士毅编:《方东美先生纪念集》,第219页。
⑤ 刘述先:《方东美先生哲学思想概述》,载罗义俊编著:《评新儒家》,第460页。

现在就让我们走进方东美所构筑的道家世界，领略为华美语言所覆盖的深层哲学智慧。

第一节 论老子哲学

在诸多对老子哲学的研究中，方东美的老子研究可谓异军突起，用刘述先先生的话讲，方东美乃是一个"异数"。方先生独具慧眼，提出超本体论，绝对价值论，有、无双向论（回向）等洞见卓识，可谓发前人之所未发。

一、超本体论与价值的构建
（一）超本体论

方东美认为，老子的超本体论思想明确地表现在《道德经》第一章："道可道，非常道；名可名，非常名。无，名天地之始；有，名万物之母。故常无，欲以观其妙；常有，欲以观其徼。此两者，同出而异名，同谓之玄。玄而又玄，众妙之门。"现代学者研究老子哲学，多从本体论的角度入手，把老子之道——无——作为世界的本源，即本体界；将"有"作为抽象"无"的对立面，即现象界。应该说，这种研究基本成为一种"范式"，为哲学界普遍接受。方东美则不然。他认为老子"第一章"不但提出了本体论、宇宙论，而且还提出了超本体论——超本体论才是理解原始道家哲学的关键。在他看来，作为"万物之母"的"有"乃是本体论的，因为"有"不是"具体物"，而是万有的一个共有属性，理应属于本体论，这点认识无疑使得方东美同其他哲学家区别开来。方东美将老子范畴中的"有"作为本体论的，可能与他受西方哲学的影响有关，尤其受到黑格尔哲学（黑格尔哲学的逻辑起点即为"有"）的影响。在方东美看来，倘若将"有"视为终极的本体，则不免误解了老子的哲学。因为言及"本体"，仍然是一个"有"的世界,顺着"有"推论下去,只能愈来愈复杂,愈来愈混乱。以儒家而言,儒家的思想是按照"有"的逻辑线条寻求蕴含于宇宙里面的一切理论效果。然而,若依照老子的观点,儒家走的是"为学日益"的学问的路子,他们从"有"出发,再以更大的"有",更深的"有",更远的"有",向后面追求。这种对"有"的追求是无限度的,势必陷入本体论的泥潭之中。同样,回顾西方哲学两千多年的历史,也基本上陷入本体论的泥潭之中:从苏格拉底、柏拉图、亚里士多德古希腊三圣起,经中世纪、文艺复兴及近现代哲学,其哲学一直徘徊于本体/现象、主体/客体、心灵/肉体、上帝/俗世、唯一/杂多等本体论的问题之间,但至今仍然没有从根本上解决这些问题。今天的西方哲学流派繁多,现象学、分析哲学、存在主义、语言学派、心灵哲学、科学哲学、后现代主义,风起云涌,但这不过是以"有"为根基的本体论在无穷后退式的追溯过程中所导致的必然结果,"有"的问题不可能在"有"的范围内解决。方东美借用英国哲学家布拉德莱的哲学定义,即哲学要描摹"真之又真的真实",然而此"真之又真的真实"是无法穷尽的。"假若你要探索宇宙的真象,那么向上面探索还有无穷的层次。你以为把一时的秘密显现出来就没有了。事实上,后面还有更深一秘密,你透视进去那更深一层秘密,在那里面、后面、上面又藏了更深的秘密。要了解这一点,就知道老子的根本哲学,不能拿寻常的本体论来概括……"① 若要真正解决这个问题,必须改弦易辙,走老子的逆反式的"向前"追溯的路子,即不凝滞于本体论的"有",而是由"有"至"无",把本体论再向上追求,变作"超本体论",或非本体论。这个"超本体论"就是"无",它超越了一切本体论,或曰,它在一切的本体论之后,但却又不同于西方超绝的、悬搁的本体论,而是一种既超越而又能以"回向方式"存在的本体论。只

---

① 方东美:《原始儒家道家哲学》,第 204 页。

有从"超本体论"的角度去解读老子,才能更好地理解原始道家意旨,也才能理解方东美何以要提出绝对价值论。当然,也只有从"超本体论"的角度理解原始道家,才能明晓方东美缘何将原始道家称为"太空人":因为老子的"超本体论"脱离了现象界乃至思辨本体界的"玄之又玄"的"重玄"世界,它摆脱了逻辑与时间,让精神自由遨游于无限、无滞的辽阔、浩瀚的太空之中。

(二)绝对价值的建立

研究中国哲学的学者对方东美提出的"超本体论",普遍有"床上叠床、屋上架屋"之感。事实上,倘若明了方东美的哲学要旨之一在于"人格超生论",在于人格的层层提升,那么即能理解,方东美提出的"超本体论"恰恰在为其倡导的"绝对价值论"奠基——何况,至少方东美这样认为,建基于超本体论之上的绝对价值也更符合老子哲学的原义。

方东美认为,如果说《老子》第一章抛出了诸如超本体论、本体论、宇宙论,那么第二章则明确指出绝对价值论。在谈到《老子》第二章时,方东美批驳了英国人威利对该章的误解和误译。威利将"天下皆知美之为美,斯恶已"翻译成"天下人都认出美之为美的时候,就产生恶的观念了"。事实上,何止是威利如此理解,研究中国哲学的学者亦多持此论,甚至在当下的学界,亦不乏此说。在多数人观念中,威利的观点描绘出一个"精通辩证法"的老子。可是,在方东美看来,威利岂止是误解了老子,根本在于其不通逻辑,缺乏必要的哲学训练。

方东美认为,《老子》第二章关于"天下皆知美之为美,斯恶已"的论述实则包含了价值学上的两套系统:一套是相对价值系统;一套是绝对价值系统。在经验世界里,正面价值总是与负面价值相对待出现,比如人们所谈论的美、善、真必然在丑、恶、假的相对待下而成立。问题在于,在相对价值领域内是不可能存在真正价值的。以西方哲学为例,古希腊时人们崇尚集真、善、美为一体的价值理念;中世纪的人们则把价值定位于上帝，为上帝献身乃是最高的价值；文艺复兴时期西方人的价值观发生变化，把人的现实需要投射到自然界中去，把真、善、美等价值层面的东西表达在知识论领域之中；17、18世纪，随着数学、物理学等自然科学日益进步，逐步形成笛卡尔式、牛顿式的自然理性，或伽利略式的理性。这种所谓的自然理性，过滤掉了美和善，认为美、善皆是主观的东西，于是价值逐渐被漂白，似乎真理也从理论的系统里面被排斥出来，变成只有逻辑才能够肯定的东西；19、20世纪，甚至真理也出现了问题，因为近代的科学从数理逻辑讲起，真理被定位于数理逻辑领域，只有前后一贯，才能保持命题的"有效"，而不能定其"真伪"，于是所谓的真理的价值也就变成了"有用"。以"有用与否"来厘定真理与否，实质上意味着真理的取消，意味着价值的取消。

若从相对价值的层面把握儒家之"善"，同样存在这样的问题，《老子》三十八章所谓的"失道而后德，失德而后仁，失仁而后义，失义而后礼"即描述了儒家面临的难题。即随着时间的流变，一切善恶是非皆处于流变不定之中，在一个时期看来是善的东西，在另一个时期也许变成了恶。倘若此，作为具有理性之人，岂不是变为无自性、无主见的"墙头草"？若没有永恒的价值，人们又该追求什么呢？基于此，方东美得出这样的结论："所以老子教我们要在历史上把握哲学的、历史的智慧，透视一切价值表达的方式，然后就可以看出来：一切价值在相对的演进过程中间，并不是至高无上的价值。所以我们要用历史的智慧把一切价值——属于中国的也好，属于外国的也好，属于现代也好，属于过去也好，属于未来也好——展开成为相对价值的对立，然后从相对价值的对立里面跳出来，追求一切相对价值里面至高无上的真实价值。"[①]

那个隐匿于相对价值之上的绝对的至高无上的价值存在于哪里呢？答

---

① 方东美：《原始儒家道家哲学》，第221页。

曰：存在于老子的超本体论的"无"之中。由此可知，方东美提出超本体论的重要性。只有建立起超本体论，才能确保"绝对价值体系"的稳固性、永恒性，不至于导致价值的漂白与中立。

遗憾的是，后世研究老子哲学的学者多受黑格尔的"辩证法"影响，将老子定为辩证法大师。殊不知，老子的哲学的高妙之处不仅仅在于辩证法，更在于其构建的玄而又玄的绝对的"道本体"。倘若仅仅以辩证法的视角理解老子，未免遮蔽了老子思想的伟大内涵。在这点上，方东美发掘出老子"超本体论"的思想，可谓独具慧眼！

二、价值的实现

绝对价值的根基在于超本体论之"无"，倘若那个"无"仅仅是一个语词，一个概念，或者根本就是空无一物，那么绝对价值势必要悬空。于是这自然涉及老子"无"的含义——"无"的含义在某种程度上也是"道"的含义，因为在《老子》文本中，"无"同"道"几近同义。何况，这个超本体论及建基于其上的绝对价值能否与现象界贯通，也是一个不可避免的问题，因为倘若超本体论只是解决问题的一种策略或权宜之计，而非"终极性的存在"，那么超本体论亦必"不究竟"，不过是一个假设。倘如此，人们还可以在超本体论层次上继续谈"超超本体论"，以至于无穷；又则，绝对价值如果只是一种预设，不能"返回人间"，那么所谓的绝对价值也将失去意义——这种状况一如中世纪的上帝，高高在上，并不与人间发生关涉；又则，大道当如何呈现，有、无可否结合，等等，这些困惑无疑也是老子哲学存在或面临的问题，亦是方东美着力要解决的问题。正如同方东美视野下的老子是老子自身的朗显[①]，方东美的哲学亦须以其自身朗现。对上述问题，方东美皆做了深入而精辟的思考，这主要体现于他在《原始儒家道家

---

① 方东美认为研究老子当让"老子自己出场"，而非强加解读者的主观愿望。

哲学》所着力探讨的道之四大概念即"道体""道用""道相"和"道征"之中。

(一)道体：真实、无限的存在

在方东美看来，作为超本体的道体，"道"（以"无"命名的道）并非空无、虚无，而是无限真实存在之太一或元一。《老子》中关于"道"的命名很多，有太一、大象、万物之宗、无、象帝之先等，就语词层面上言，上述称谓无甚差别，但若进行客观分析，则其含义还是有所不同的。其中，方东美似乎尤重视"无"与"象帝之先"的含义。方东美以为，春秋时代的老子，经历了殷周之际的西周，而当时古代神秘的中国宗教已哲学化，换言之，中国古代宗教正经历一种危机。老子将宇宙的本体"道"放在一切存在之前——"象帝之先"。"象帝之先"意味着道超越了宗教，比宗教更古老，更本源，这表明老子试图以理性的哲学挽救宗教。

作为"无"之意义上的"道"，绝非空无、虚无，而是无限。老子将"道"（无）作为宇宙的本源，"道生一，一生二，二生三，三生万物"，"无"之所以能生出宇宙万物，绝非因为其虚无、空无，而在于"无"表征了道之无限的力量和潜能："其性无穷，其用无尽"。因为任何文字都难以触及"道"："大道作为大道，是人类一切语言文字所不能形容、不能陈述的……老子哲学，就语言文字表达能力来讲，的确是超乎一切语言文字，超乎一切概念，而深藏在超越世界上面。"[①] 唯其难言，老子才有"道，可道，非常道"之论；也因此老子以具有无限意义的"无"称之，一如佛家假名"空"、假名"菩提"强以称之。孰料想，"无"往往引起歧义，使得后世之人从"空无""虚无"的含义上理解它。倘若"道"果真虚无，宇宙何以诞生，"虚无"的大道又如何运行？老子的哲学岂非挂了空？

---

① 方东美：《原始儒家道家哲学》，第203页。

老子之道当然不会挂空，反而实实在在地发挥着"无限"的作用：它渊兮不可测，生宇宙、育万物，为万物之母，象帝之先；它独立而不改，周行而不殆，且为万物宗法之极则——正所谓"人法地、地法天、天法道、道法自然"①；它不仅"曲成万物而不遗"，为天地一切存在所同具，而且亦是万物最后的归趋——"归根曰静，静曰复命"：此皆表明道体之真实。

（二）道用：双轨运动

道体表明了作为超本体的"无"的真实存在，是从"有"追溯到"无"，"道用"则是从宇宙发生论的角度审视大道如何作用，如何从"有"到"有"。方东美的看法是，道用"不是'无以为之用'的作用，而是'有以为之利'的作用"，它解决的是超越的本体如何下凡并与现象界贯通的问题，这一点与西方哲学采取的二分法截然不同。在西方哲学中，本体与现象分为两截，没有任何联系。老子之道则不然，它如同一座无穷的精神仓库，一座储存所，方东美曾这样形象地比喻道："山峡上面储存了水源（本体界），一下把水闸打开，让水一齐流下来，流注到下层世界里面，变作万有的世界，这万有的存在界一展开了，可以说是缤纷万象。这就是现象界，不是本体界了。"②本体在现象界的流注造就了广大、和谐的世界，一如老子所言的"冲气以为和"，这种冲和，实则同儒家的"中和"相应。方东美认为，道家本体精神下降、流注的过程，即是老子哲学意义上的"有以为之利"。不过，由于本体在下降、流注的创造过程中势必要消耗能量，用物理学的概念来说，当高位能逐渐变为低位能时，创造能将逐渐减少，以至于最后完全用完而被废弃。果真如此，无限的"大道"岂非成为有限的拘束之物？无疑，在西方哲学乃至儒家哲学视域内皆存在着类似的问题，那么老

---

① 《老子》二十五章。
② 方东美：《原始儒家道家哲学》，第221页。

子又是如何解决的呢？方东美认为，"宇宙向下面发展生灭变化的时候，有时从衰竭里面走向穷途末路，便须要在思想上重新发现一个能力的来源。这就是他所谓的'归根复命'"[①]。《老子》四十一章曰"夫唯道善贷且成"，当位能减低、宇宙的创造力衰竭时，便可以向另一个宇宙银行——无限的超本体——进行"借贷"。通过"归根曰静"式的借贷，大道重新把它所储存的精神力量灌注下来，而现象界的人类也从那濒临衰竭的状态重新焕发生机，达成老子所言的"常善救人，使人无弃人；常善救物，使物无弃物"状态。此借贷过程可视为"反者道之动"。于是，老子通过大道的"流注"，即"有以为之利"与"归根曰静"式的"反者道之动"之双轨运动，把现象与本体紧密地联系起来：这一点同西方哲学的本体/现象的两橛关系截然不同。

（三）道相：两种价值的区分

"道相"，即道体与道用内部所蕴含的性质。方东美从现象学的角度来探讨老子的"道相"——不是黑格尔意义上的现象学，而是广义的胡塞尔哲学意义上的现象学。根据大道所蕴含的性质，方东美将道相分为两项：一项是大道本身蕴含的本性；一项是大道显现出来之后，透过人的委婉曲折的了解，然后加给它一种属性。以现代哲学视野观之，第一种属性，可谓胡塞尔的回到现象本身，是真谛；第二种属性，则是人为的现象，是应该放置于括号中的，是俗谛。真谛，意味着价值的绝对性，俗谛则指价值的相对性。方东美对两种道相的区分实则在于解决绝对价值与相对价值的关系。

在论述"道相"时候，方东美并没有直接从绝对价值与相对价值的关系入手，而是采用现象学的方法，让老子自行"现身"。首先，他在道体与道用的基础上分析有、无的关系，得出"道无乎不在。其全体大用在'无界'中即用显体；在'有界'中即体显用。且体不离用，

---

① 方东美：《原始儒家道家哲学》，第222页。

故道本一贯"[①]的结论,以此彰显绝对价值的真实性。其次,他通过探讨老子"无为而无不为"的哲学理念,把"有为"同"无为"结合起来,并将其视为大道的两方面的表现,借此阐明现象与本体的相互关涉、相互关联的关系;同时他还将老子的"无为而无不为"化作一种积极的精神,凸显老子之道的价值。最后,他又通过对老子"长而不宰,生而不有,功成而弗居"的分析,表明大道乃是真正高超的自由 —— 此不同于西方具有宰制性、束缚性的宗教,从而彰显道之真实本性。道的真实性即为道之真谛,亦是道之绝对价值的承载,假如道无上述真实、流通、无限之义,绝对价值则无从谈起。

道之俗谛,不是从道本身着想,而是以人类外在的眼光去观望、揣测大道,以先入之见去对待大道(庄子对此有精彩论述),结果大道势必要变形、扭曲。后世之所以产生名/实之辩,产生"道言"与"造道之言"的分野,实质上皆在于人们执着于外在的名相,而没有真正掌握道的属性。对此,方东美借用王弼《老子微旨例略》来说明道本身(道说)与"外在说道"的关系:"名之不能当,称之不能济,名必有所分,称必有所有,有分则不精,有有则不尽"。其意是说,一切哲学语言是透过名词、概念来表达的,但是一切名未必能达到"名与实"相符的地步。换言之,仅仅通过语言文字是难以了悟大道的,甚至还会误解大道。可见,由外在的误解而"解说的大道"则构成大道的另一属性(俗谛)进而演变为一种价值,即相对价值。只循着外在名相探讨"大道"的功用 —— 即人为的价值,而非道的价值 —— 自然落入相对价值的窠臼。这是老子所反对和极力避免的。

(四)道征:道的代言人

既然大道不是虚无,而是实有,甚至意味着绝对价值,那么大道又当如何表现其价值呢?倘若表现为相对价值,则落入"道失而后德,

[①] 黄克剑、钟小霖编:《方东美集》,第 290 页。

德失而后礼"的"下坠"的链条之中，此绝非老子之原旨；倘若把道德绝对价值立于高不可攀、高高在上的"太空"，那么这种绝对价值则变为"超绝"之物而失去意义。道要表现自身，且在时空中变现，这就尤需代言人——圣人——的出现。将"圣人"作为道的体现者，即方东美所谓的"道征"。圣人当然不是道本身，但道必须附着于圣人身上并有所表现；否则，道无从在人间进行传达。牟宗三先生在讲儒家圣人之道时有过类似论述，可作对照："圣人法道，但是圣人不同于道，圣人并不就是道。圣人是具体的生命，道在他这里表现呀！所以圣人有心，圣人有忧患。有忧患才有悲悯，圣人悲天悯人呀！"① 牟宗三先生是从忧患处讲圣人，那么，若从道之表现的角度讲圣人，圣人又当有何特征呢？方东美认为，《道德经》八十一章和四十九章集中描述了作为圣人的主要特征：

圣人不积，既以为人己愈有，既以与人己愈多。（八十一章）
圣人在天下，歙歙焉，为天下浑其心。（八十一章）
圣人无常心，以百姓心为心。（四十九章）

如此看来，高高在上的道不是孤立、超绝的，而是有所表现的。常人之所以渺小、鄙陋，是因为他自己造一个小圈套，把自己的精神封闭、围困起来，于是他就不能认识高远的世界而被偏见所支配，愈来愈陷入渺小、鄙陋的境地。而圣人则承接大道而来，或曰，大道将圣人作为主要载体来表现其自身，这就是圣人以"无我"的心胸去应付世界，以"为天下浑其心"的大无畏精神去规范、提升世界。圣人"既富有理想，又富有热情，尤其是高尚的动机。他能冲破鄙陋世界上面一切偏爱鄙陋的心理，而在精神上面开出解放的大陆。他的精神生

---

① 牟宗三：《周易哲学演讲录》，华东师范大学出版社 2004 年版，第 112 页。

命,一天天向外面发展,向上面提升,然后拿这种精神干扰、感召了这个世界"①。这样看来,以"圣人"为表征的"大道"并非隐退、消极的,而是具有积极的意义;这种进取或积极是站在整体的角度来看,须以绝对价值的标准来衡量。譬如,"为学日益,为道日损",一般人认为"损"就是损伤、破坏,但是,在方东美看来,"为道日损"是一种提炼的过程,圣人只有在不断地提炼、精进中才能承接大道,做大道的代言人。由此足见道不是知识性的,而是智慧性的,需要提炼、提升。以此观之,老子所代表的道家非但不是颓废的,甚至充满"进取"的精神,这种进取不同于儒家忧患的进取,而是听命自然的进取。后人所做的消极之解,委实曲解了老子。

方东美通过对"道体""道用""道相"和"道征"的概括与分析,将超本体论、绝对价值与价值之实现等范畴融会贯通:道体与道用侧重超本体论、本体论的实在性分析,厘清了"无"与"虚无"的分别;道相和道征侧重于道的绝对价值在现实实现的可能性。在此基础上,还原出老子的本来面目,即老子哲学并非颓废的、消极的,而是一种有着高尚理想、高尚动机的别样哲学。称其别样,是因为老子哲学无论在其实现理想的途径还是对宇宙万物的看法皆不同于儒家"时间内的进取哲学",而是在空间内无限延展的"艺术性哲学"。

老子哲学体系博大、视野宽宏,他用诗歌的形式来表达哲学思想,言简意赅!然由于其用语过于简略,有时语焉不详,更有甚者,其词意多指,变幻不定,势必给后人的解读带来重重困惑与麻烦,以至于常常造成对老子的误解。譬如,即便被后人称作新道家的王弼、郭象等玄学家对老子的解读亦充满误解,乃至两千年后,人们仍然把老子视作落后、反动的代表,斯乃老子之悲还是后人之悲!

幸亏,有庄生出焉,一扫困惑,不但还原出老子的哲学,而且将

---

① 方东美:《原始儒家道家哲学》,第229页。

老子哲学的思辨特质转化为"寥天一"的艺术境界，开拓出一个崭新的艺术哲学世界。

第二节　论庄子哲学

以道家哲学而言，老子可谓开风气之先，其以惟惚惟恍、生天生地的大道为根基，以无为/有为、超本体/本体来阐释人间的规则，在人间建立起一道独特的风景线，并与儒家相抗衡。迨至庄子，其哲学更具创造性，他以独特的思维、奇异的哲思、浪漫的艺术品性及诗意的表达方式不但解决了老子因"语焉不详"留给后人的困惑，而且把道家哲学推向极致。其实，庄子哲学自诞生之日起，数千年来，不乏喜爱者和解读者，尤以魏晋时期为甚，甚至以"庄老"代替"老庄"。今天，庄子哲学依然是人们绕不过去的思想高峰。

方东美之所以更推崇庄子，在于庄子不但化解了老子哲学中的"矛盾"①，而且还"将道之空灵超化活动历程推至'重玄'（玄之又玄），然在整个逆推序列之中并不以'无'为究极之始点；同时，亦肯定存有世界之一切存在可以无限地重复往返，顺逆双运，形成一串双回向式之无穷序列。……将整个宇宙大全化成一'彼上是因'、'交融互摄'之无限有机整体"②。整体、有机哲学之模式，正是方东美所追求的理想构架。

方东美认为，"庄子之所以能有如许成就，乃是因为他不仅仅是个道家，而且受过孔孟之相当影响，同时也受到那位来自名家阵容的契友惠施之影响"③。大凡对庄子有所研究的人当知，在《庄子》三十三

---

① 方东美认为，老子哲学中的矛盾主要是"无"的用法过于混乱。在老子文本中，存在不同的"无"，既有类似道体（超本体）的无，又有次层级的与有相对的"无"，并没有得到恰适的区分。
② 黄克剑、钟小霖编：《方东美集》，第292页。
③ 方东美：《原始儒家道家哲学》，第242页。

篇中，涉及与惠施、与儒家对话辩论的场景绝不在少数，即使以《庄子》内七篇而言，亦如此。如《齐物论》中的精彩论辩，彰显严谨的逻辑（受名家影响）；《应帝王》则隐喻儒家修身、治国、平天下的情怀——其"平天下"的方式自与儒家不同。除此之外，庄子哲学中还有墨家"节葬"思想之痕迹，如庄子与弟子关于死后丧葬的对话就带有墨家的色彩；庄子甚至还受到兵家思想的影响，《大宗师》中"故圣人之用兵也"一段则多少涉及兵家的思想。由此可见，庄子善于吸收、借鉴他者的思想！这种博大、开放的品格自然同其所宗之"道"的开放性有关。

方东美对庄子的探索，既忠于文本，又不简单地停留于文本，而是深具问题意识，始终围绕其所归纳的中国哲学三大特质即"殊异道论""旁通统贯论""人格超升论"展开：他既试图以"双回向"的方法圆融地解读道家哲学，同时还将道家哲学综合并融汇于自己的哲学体系之中。

一、对老子之"无"的再理解——殊异道论

"殊异道论"，主要通过比较儒释道三种哲学之特点，彰显其特质。按方东美的理解，道家的主要特征在于一个"无"，庄子的哲学的殊胜之处在于通过种种譬喻厘清了老子的"混沌"之无。鉴于此，我们亦须从"无"的角度去切近方东美视域下的庄子哲学。

（一）对"无"的再理解

谈及"无"，一般道家研究者倾向于从平面角度入手，这是不够的。方东美认为，关于"无"的理解，一直存在混乱。原因在于老子的文风过于简洁，且未能处理好"一词多义"的关系，结果造成词语的误用乃至词义的混乱。对于"无"而言，既有超本体论意义上的"无"（即超越有、无相对概念之上的"无"），又有与"有"相对意义上的"无"；此外还有其他的含义，如"夫唯不争，故无尤"之"无"，

则是动词意义上的用法。然而,后人将老子的"无"或者定位在"虚无"的层次上,消解了"无"的丰富性;或者将"无"定位于本体论的层次,乃至将"无"视为实有形态的本体,以至于造成"无中生有"的悖论。关于这一点,牟宗三亦认为,不能把道家之"无"看作实有本体,"把道家的'无'看成是个本体宇宙论的本体、客观的本体,而且是有能生性的本体。这样看好像没有人反对……这些话从表面看,你很容易从客观形态意即实有形态去了解道家的道,但这是不对的,讲不通的"①。牟宗三认为,应将道家之"无"看成"境界形态之形上学",这实际上同方东美所主张的"超本体论"相一致。方东美认为,应将"无"作为超本体论的,并解释为无限,实质上也是从境界意义上理解"无"(此即立体的理解)。当然,孤立地理解老子之"无"为超本体论之"无",似乎证据不足,若结合庄子哲学做综合理解,那么问题则明朗很多:"老子哲学系统中之种种疑难困惑,至庄子一扫而空。"② 那么庄子到底如何解决《老子》中关于"无"的困惑呢?

方东美认为,《庄子·天下》乃是庄子理解老子的关键。庄子指出老子思想之精义在于:"建之以常、无、有;主之以太一,以濡弱谦下为表,以空虚不毁万物为实。"③ 很明显,在方东美那里(句读为"建之以常、无、有"),庄子视野下的道家之终极原则是"常",是绝对价值,而不是虚无;这个"常",是恒常、恒有的意思,约略类似老子的超本体论之"无"(乃无限义,或大写的无)。"常"后的有、无则处于相对价值的层次,属本体论。关于此句读,大多注庄、解庄的学者将之解读为常有、常无,以"常有""常无"相对待的层面理解"道"。方东美则反是,他用"无对待"的"超本体论"去建构老庄之绝对价

---

① 牟宗三:《四因说演讲录》,上海古籍出版社1998年版,第69页。
② 黄克剑、钟小霖编:《方东美集》,第292页。
③ 王夫之:《庄子解》,中华书局2010年版,第357页。

值。细想来,方东美所诠释的"无对待"之绝对价值倒颇契合庄子,庄子即以"无待"作为通往逍遥之不二法门。

如此看来,此"常"是更高层次上的"无"(即道),它是脱离了有、无相对待的"无",意味着超本体论,即立体的"无"。只是,一般人常将老子开创的"无"之哲学误解为"空无",其实不然。牟宗三对此平面意义的"无"亦有所批评,他认为,在平面意义上理解"无",将导致"无中生有"的悖论,试问,本体之无(空无、虚无)如何生"有"?牟宗三主张,须从作用层面理解"无","无"表征的乃是无为之作用,用现代的话讲,就是"不干涉主义"。方先生则从"超本体论"的层面理解"无"。方东美认为,老子思想的根本目的在于超脱万有,成立一套"超本体论"。倘若依据老子"玄而又玄"的辩证法,精神不断地向上发展,向上追求,直至追求宇宙后面最大的秘密。这种探求宇宙秘密的追求是通过层层否定完成的,老子最终要"无以为之用",把一切都点化成了"无"。倘如此,就有可能陷入绝对虚无的境地之中,陷入佛家所谓的顽空、断灭空之中。庄子看出其中的危险,故提出"以空虚不毁万物为实"。"从他看起来,'空虚'——用平常的话说——就是无。然后,'万物',这就是概括万有。可是庄子认为在老子思想里面,我们不要走这条路。假使我们从万物之有走向道的秘密——本无,就会陷到毁灭那一条道路上面去。"① 庄子的"以空虚不毁万物为实"之理念可医治"老子之无"可能导致的顽空与断灭空的危险,因此必须有超越有无相对的"常"存在。

以笔者蠡测,方东美之所以有"建之以常、无、有"之句读,大抵以"以空虚不毁万物为实"为证据,否则,就很难解释了。排除了"无"之虚无乃至顽空、断灭空的危险,庄子之"道"就绝非纯粹的幻想之物了。依庄子言,其作为"无"之道不但时时刻刻存在于万物之

---

① 方东美:《中国大乘佛学》,第71页。

中,正如《知北游》中庄子所谓"道在蝼蚁、在瓦甓、在屎溺"之言;而且它("无"之道)还担负着"绝对价值"的厘定权、裁决权(即"超本体论")——这个"绝对价值"不是人为的、武断的,而是用现象学的方式来裁定"是非",用庄子的话就是"莫若以明",关于此问题,下文将论及。

(二)"无"所开显的超越时空

言及此,人们自然遇到这样一个问题,即假若将"无"定义为超本体论或绝对价值论的,那么这个"无"应居于何处呢?换言之,绝对本体论或价值论的"无"可否存在于时间的流变之中?

此问题恰恰是道家与儒家的分水岭。方东美认为,道家"致于'寥天一'之晶天高处,而洒落太清,然后再居高临下,提神而俯,将永恒界点化之,陶醉于一片浪漫抒情诗艺之空灵意境。嗣后,道家遂摇身一变,成为典型的'太空人'"①。方东美之所以将道家称为"太空人",即含有道家有提挈时空之意。在儒家看来,时间是由某定点奔向未来的过程,这在易经哲学里表现得非常显明:"孔子在易经哲学里俨然以时间在过去固定开始或始点,只是向未来奔逝无穷。"② 于是,始有"子在川上曰,逝者如斯夫"之感叹。儒家的时间是变易、流变的时间,于是需要圣人出现,于时间之长河中与时偕行,"参赞天地之化育"。道家尤其庄子的时间观则大异其趣,《齐物论》中庄子有"有始也者,有无也者,有未始有夫未始有始也者"之妙论,一反儒家将时间固定某点的做法,而是依照老子"反者,道之动"之原理,把时间看作绵延不绝、变化无已的自然过程;这样就把宇宙的解释者、创始者在理论上给取消了,它不需要一个圣人或君子去管理世界。不仅时间如此,空间同样如此,因为整个时空乃是无限且绵延的。基于此立

---

① 方东美:《中国哲学精神及其发展》(上),孙智燊译,第33—34页。
② 方东美:《原始儒家道家哲学》,第242页。

场，方东美认为，庄子"以其诗人之慧眼，发为形上学之睿见，巧运神思，将那窒息碍人之数理空间，点化之，成为画家之艺术空间，作为精神纵横驰骋、灵性自由之空灵领域，再将道之妙用，倾注其中，使一己之灵魂，昂首云天，飘然高举，致于寥天一处，以契合真宰"[①]。由此，道家乃是艺术性的空间存在，是诗意的存在，是不受时间制约与沾滞的存在，此即方东美将道家定位于太空人的缘由。

于是，庄子之"无"——作为绝对价值的"无"——跳出时间的链条而达到无限的空间（化有限时间为无限空间），庄子的"逍遥游"也将因此引向更为广阔的天地。亦须说明，这种"太空人"的品性，是超越时空但又不脱离时空，是"即时空"而超越时空，是"即人间"而逍遥，按现代新儒家的说法，是为"内在超越"。

二、上回向：逍遥人格的理论构架 —— 人格超升论

庄子哲学追求逍遥的人生，追求真人、至人、圣人的境界 —— 逍遥人生的实现，实则隐喻着"道"的显现。无疑，无论逍遥人生还是神人、至人、圣人之品格的追求，皆可纳入方东美"人格超升论"的范畴之中 —— 此不断精进的人格追求即方东美所倡导的人格超升论，又因人格逐步超升，故方东美借用佛语将此渐次精进之过程表述为"上回向"。

克就庄子哲学而言，别具特色。庄子以《逍遥游》开篇，拈出"逍遥"二字为其哲学鹄的与终结，自有深意。不过，后人对逍遥的理解以及"如何才能达到逍遥"的看法历来见仁见智：魏晋郭象持一看法，东晋支道林持另一看法，唐人成玄英亦有一家之言。方东美在会通中西哲学后，以诗性眼光重新审视之，并提出趋向逍遥的三原理，精辟地概括了庄子哲学之精义。基于方先生所提炼的"三原理"体现

[①] 方东美：《原始儒家道家哲学》，第242页。

的是人之精神解放的渐次进程,姑且以"上回向"称之。

(一)个体化与价值原理

"个体化与价值原理",是人超脱解放的起点。此原理针对郭象所注《逍遥游》而来:"夫小大虽殊,而放于自得之场,则物任其性,事称其能,各当其分,逍遥一也。岂容胜负于其间哉!"① 庄子在《逍遥游》中,曾以蜩与学鸠之言嘲讽鲲鹏,"我决起而飞,抢榆枋,时则不至,而控于地而已矣,奚以之九万里而南为?"庄子本意当然是以蜩与学鸠之浅陋反衬鲲鹏之博大,殊不知,郭象却从中读出了庄子的吊诡与矛盾:倘若道法自然,万物顺乎本性自然,则尽道也,又何必以鲲鹏之性而蔑视蜩与学鸠之性呢?正所谓"各当其分,逍遥一也。岂容胜负于其间哉?"方东美认为,郭象所注,固有其理:无论蜩与学鸠还是鲲鹏,都体现了一种生命存在,都有其生命的价值。但是,倘若仅止于此,胸怀则未免小了,所谓逍遥的生命将因此受到束缚,甚至导致新的危机。道理很简单:因为任何物种若实现其生命意义与价值,皆须凭借外在条件,"如果他的生命中心只陷在他狭小的观点里面,他就不能把握也控制不住他生命所必须凭藉的外在条件,这样一来,就产生了庄子所谓的'物于物而不能物物',他的精神从自我充足的情况,一下子变成了不充足、不圆满"②。故而,个体解放之路(即"个体化与价值原理")就必须进入超越性原理。

(二)超越原理

超越原理,即对那种拘泥于"小我"之天地的境域而言。仍以蜩与学鸠为例,其"决起而飞"也好,其"时则不至,而控于地而已矣"也罢,看似逍遥,若扩大心胸看开去,他们并非真正获得逍遥,因为它们既受制于视野,又受制于外在的条件。《逍遥游》言"小知不及大

---

① 郭庆藩:《庄子集释》,中华书局1961年版,第4—5页。
② 方东美:《原始儒家道家哲学》,第256页。

知,小年不及大年";《秋水》言"井蛙不可以语于海者,拘于虚也;夏虫不可以语于冰者,笃于时也;曲士不可以语以道者,束于教也",等等论述,即言任何个体皆受制于外在诸自然条件。以此观之,外在自然条件自身近乎构成"二律背反":一方面,它是万物得以生存的基础,万物必须依赖它、顺从它,方可享受到存在的价值,有所谓的"逍遥"之感;另一方面,诸自然条件又是个体难以逾越的障碍,甚至成为其生存的枷锁。这样郭象对"蜩与学鸠"的逍遥注解,就走向了问题的反面。方东美认为,生命逍遥固然起于个体化价值,但必须要超越个体,进入更高的层次,即为超越原理。这个更高的层次,不是纯粹的自然环境,亦非纯粹的物质层次,而是意味着精神的超越。须在精神层面拓宽其生存领域,"把外在的条件都收到生命本位上来,变作其内在条件:经后自己拿一个解放的精神,又可以第二度做个精神主宰"[①]。

(三)自发性自由原理

经过精神之超越,个体通过精神的自我解放拓展了其视野和生存空间,然而却还需进行又一次的提升,以解决个体与"外在"的关系。依靠超越原理,个体之精神固然得以提升,提升之精神并非立于"虚空"之中,仍须与外在相抵触、摩荡,有接触就有限制——接触,某种意义上即意味着限制和束缚。人们未免追问:提升了的精神应如何应对外界呢?答曰:无待。

历代解庄著作中,方东美颇赞同东晋支道林的注释,他认为支道林既吸收了原始道家的精髓,又深得大乘佛学精神,故而其对庄子之"逍遥"注解为"无待"(而非郭象所谓"事称其能,各当其分")更有说服力。今人解释中,章太炎对逍遥的注解亦有新意,他尝言:"《逍遥游》所谓自由,是归根结底到'无待'二字。他以为人与人之间的

[①] 方东美:《原始儒家道家哲学》,第257页。

自由，不能算数，在饥来想吃、寒来想衣的时候就不自由了。就是列子御风而行，大鹏自北冥徙南冥，皆有待于风，也不能算自由。真自由唯有'无待'才能做到。"① 方东美颇赞同"无待"观点，并受到章太炎的影响②。他认为，一个人若要真正获得自由，必须"无待"。无待，按庄子的话讲，就是"天地与我并生，万物与我为一"。

须指出的是，方东美赋予了"无待"更为丰富的内容。首先，个体涵游于无限宇宙之中，化解了与万物"相对待"的敌意，从而与万物无有任何分别、界限；其次，达成无待的个体在精神上转变为造物主的化身，取得自作主宰的真人、至人、圣人之地位，达到自作主宰的精神自由。这样看来，当个体逐步提升其精神至一定高度时，其精神之转变就变成了宇宙之转变，变成了整个世界万有共同的精神转变，而不仅仅若儒家那样"外在地"与天地参。这种完全融入宇宙万象的精神转变避免了儒家的"人格优越论"，因为庄子的"个人的生活，就是指整个宇宙的生活，亦即同宇宙一同波动。因此，在这种境界，只有平等感而没有优越感"③。

方东美所提炼的三原理，实则按照人之境界的逐次提升而展开，个体化与价值原理是针对自足自乐、"拘于一小天地"的境界而言；超越原理针对意欲"突破外在的桎梏与拘束"的精神提升而言；自发性自由原理则针对"提升了的精神之最后归宿"而言。三者呈现出渐次提升、超越的关系，构成了方东美庄子"人格超升论"的"上回向"的主体内容。自然，这种上回向的超升仍然停留在理论上，欲达到真正的逍遥尚须从"下回向"即在生命实践上下功夫。

---

① 章太炎：《国学概论》，上海三联书店 2007 年版，第 153 页。
② 方东美多次谈到章太炎先生所注《逍遥游》《齐物论》篇，且赞同其以唯识论解释《齐物论》的观点，方东美受其影响自不待言。
③ 方东美：《原始儒家道家哲学》，第 260 页。

三、下回向：理论的与途径的选择 —— 旁通统贯论

上文将"三原理"笼统地纳入"人格超升论"的"上回向"范畴中，基本符合方东美的哲学思想。但若细分析下去，则可知晓，庄子的"上回向"并非是孤立的，而是同"下回向"[①]联系在一起，二者很难有一个清晰的界限，此尤其体现在"自发性自由原理"中。以方东美之见，"自发性自由原理"乃个人同宇宙相互融合，以达成"天地与我并生，万物与我为一"之境界。这种"浑然中处"、不分彼此的态势实则凸显了道家天人合一之理念，亦即方东美所谓"道家的旁通统贯"思想。"旁通统贯"，就是以有机哲学的方式解决人与宇宙万物的关系："总是要说明宇宙，乃至说明人生，是一个旁通统贯的整体。"[②] 方东美以有机哲学的方式解决人与宇宙万物的关系，并由此构成所谓"下回向"的理论根基。

方东美指出，儒释道皆追求完满之人格，其最终皆须通过"下回向"的具体落实方可证成。以道家而言，老子偏重于上回向的自我超升，然而却很难返回人间，结果就有可能从世间逃逸出去；庄子则很大程度上避免了这种偏颇。庄子的逍遥人格，固然是通过不断对精神进行提升，而逐次达到"寥天一"的极高处；然而，真正的至人、神人、圣人并不停留在"寥天一"处 —— 倘若他继续在"寥天一"处，就意味着他仍然有所拘束、有所执着，同井底之蛙没有什么本质的区别，并没有获得真正的逍遥，"大鹏神鸟绝云气，负苍天，翱翔太虚，其观点所得之景象，固永胜地上实物百千万倍不止，然以视无限大道之光照耀宇宙万象、形成统摄一切分殊观点之通观所得，则又微不足道矣！"[③] 真正的逍遥须是经过上回向的三层次方可达成 —— 尤其体现

[①] "下回向"同上文中的"上回向"皆为佛学用语，"上回向"主要解决人如何通过修为、层层超越而成佛的问题，下回向则通过以普度众生的情怀重返并帮助"世间"。
[②] 方东美：《方东美先生演讲集》，第45页。
[③] 黄克剑、钟小霖编：《方东美集》，第297页。

在第三原理中"个体与宇宙融为一体"的圣人境界，"真正圣人，乘妙道之行，得以透视一真，弥贯天地宇宙大全，一切局部表相，无分妍丑，从各种不同角度观之，乃互澈交融，悉统汇于一真全界整体。一切分殊观点皆统摄于一大全瞻统观，而'道通为一'"[①]。此种互摄之有机境界即为方先生所醉心的"旁通统贯论"。由此可知真正的理性人格是必须要"下凡"的，而不可停留在某一高妙处"与世隔绝"。

追求无待、逍遥的庄子如何才能"下凡"，完成其理想的真人人格呢？庄子的答案为：忘我、齐物。不同的是，在庄子那里需要"斋戒"，需要"致虚守静"，用一种近乎神秘主义的方式完成（虽然间以理性的分析）。方东美的贡献在于其以分析哲学的视角对之进行了精致与深邃的剖析，于学术发展大有裨益。

（一）忘我

"忘我"语出庄子《齐物论》中南郭子綦与其侍者的对话，庄子借南郭子之口道出通往逍遥的必经之途——"吾丧我"。"吾丧我"即"忘我"，忘我即为去掉"小我"之固执，跳出"小我"的圈子，走向"大我"的境界，"大我"乃天地之我，不受拘束的"无待之我"。那么，要忘掉哪一个"小我"呢？方东美将"小我"进行了区分，他认为"小我"可分为三种意义：第一种代表身体百官的"我"；第二种代表执行心灵功用的"我"；第三种是统一的"我"或以"我"为思想中心的"我"。

第一种肉体上的"小我"是在时空中处处充满滞碍的"小我"，因为凡"我"举手投足处，皆占有一定空间，从而与他人发生障碍，这种"我"可归结为局限于外部"物理世界"的我，此躯壳之我是阻碍人之精神人格超升的滞碍。若以佛家思想对照，躯壳之我，应约略似对应由"地、火、水、风"所组成的"色"蕴。

---

① 黄克剑、钟小霖编：《方东美集》，第297页。

第二种"心灵功用的我"则是受制于自身功能的我。人体器官之功能各不相同，形成又一种滞碍，如眼能观色而不能辨味，耳能闻声却不能察颜。此言每一器官各有特殊功用，倘若各自为政，缺乏统一的认识，则各各皆局限于自己的功能内，是为心灵功用之"小我"，此构成走向逍遥的第二重障碍。此种器官功能约略对应于佛家的"前五识"，即眼、耳、鼻、舌、身之功能性觉见。

第三种"统一的我"则是把我作为思想的中心，比之于物理之我、心灵功用之我自然层级最高，因为此"我"能对外物做理性的思考，能将诸杂多统一起来进行理性分析（类似康德所谓的自我统觉）。此"我"由于受制于前两重自我之功能，对宇宙万物所做的结论往往如一孔之见，而陷入自以为是乃至自我中心主义的窠臼，是谓"心机"。此亦是导致"我执"的关键，约略等于佛家的第七识末那识。佛家认为，第六识有"思"的作用，而第七识则是执着第八识阿赖耶识的见分，第八识则又受制于前六识，为染污识。污染了的第八识为第七识所执着，形成我执，加固了"小我"的空间，误把"小我"当作"大我"，故而始终处于轮回之中而不得解脱。

既然三种"小我"并非真实意义的逍遥自我，而是"集结而成为妄我"，因此只有把三种意义上的"小我"清除之后才可能达到"大我"之境，所谓"妄我丧尽，乃登智境"①。这个"大我"在方东美哲学中有两种表达："或指自发精神之本性，是即理性之大用；或指永恒临在之'常心'，冥同无限大道之本体。"② 说法虽不同，其义一也，若用庄子的说法就是"灵台"——一种自觉性的自我：一方面能感觉到自我的存在；另一方面亦能把自我的狭隘之心化掉而逐步提升至与天地一的境界。以比较视野观之，庄子之"灵台"约略为柏拉图的"理念"

---

① 黄克剑、钟小霖编：《方东美集》，第300页。
② 黄克剑、钟小霖编：《方东美集》，第300页。

或黑格尔的"绝对精神";亦约略为佛学的"阿摩罗"(第九识)或清静如来藏。要之,为一种涵盖宇宙且为人人得以体验的普遍的精神。

以此观之,作为绝对心灵与普遍精神的"大我"体现的是一个"通"字,通天地、通万物、通心灵:举凡天地间,大我无所不在,无所不通。假若到达"吾丧我"的"大我"的境界,或曰达到"通"的境界,其视野自然不同,若以"大我"的视野去看待万物,则宇宙万物应如何体现呢?循着这个思路,自然要过渡到齐物论了。

(二) 齐物

在庄子看来,"齐物"既是"忘我"所达到的开阔视野,亦是"逍遥"的必要条件。没有"齐物",意味着"小我"之"我执"没有破除,依然有某种成见在,"成见"则是制约逍遥游的障碍。那么如何齐物呢?方东美同样给出富有洞见的解读,他认为,"齐物"无非有两种方式,一种是"向上看齐",一种为"向下看齐"。人世间无非有两种世界,一为世俗世界,一为高尚的理想世界。西方哲学将两个世界割裂开来,导致上层和下层互不通气,上帝自是上帝,臣民自是臣民。中国哲学则不同,以庄子为例,上层世界必须和下层世界沟通、平齐,必须通过"下回向"的过程,才能真正完成道家的卓越人格。于是就出现了上文中的"两种平齐"。如果将哲学家视为上层世界的代表的话,那么就会出现方东美所谓的两种平齐的对立。对此,方东美论述道:"理想世界与现实世界是对立的;当然也可说一个精神解放的道家式的哲学家,与在现实上面平凡的人,彼此在那里呼唤。然而其间之不同,乃在于哲学家的呼唤是要现实的一切人'向上看齐',世俗世界的人站在现实世界上,却又呼唤哲学家要下来,要'向下看齐',与世俗世界看齐。"[①] 两种看齐,体现了两种不同的平等观,"向上看齐"体现了一种人格逐步超升的真平等,而"向下看齐"则代表了一种虚假

---

① 方东美:《原始儒家道家哲学》,第250页。

的伪平等，因为拿世俗世界"本来的不平等"作为判断是非的标准，其结果自然是不平等的，此即庄子在《列御寇》中所谓的"以不平平，其平也，不平"。

既然"向下看齐"不可得，势必走"向上看齐"的道路。"向上看齐"是道家人格不断超升的过程，但此处却不能仅仅将之看作"上回向"，因为"向上看齐"涉及的是"真平等"的问题，也关乎"下回向"乃至方法和途径的问题。这个看齐，即为"齐物"。关于"齐物"之说，章太炎颇有洞见："今人所谓平等，是人和人的平等。那么任何禽兽草木之间，还是不平等的。佛法中所谓平等，已经把人和禽兽平等。庄子却更进一步，与物都平等了。仅是平等，他还以为未足。他以为'是非之心存焉'，尚是不平等，必要去是非之心，才是平等。庄子临死有'以不平平，其平也不平'一语，是他平等的注脚。"①从方东美对章太炎《齐物论释》的赞同性评论看，方东美同章太炎先生在对庄子"齐物"的认识上，可谓"心有戚戚焉"！

"齐物"前提必须"忘我"，有机心、固执之"小我"在，就难以齐物。然而，即便没有了"小我"，到达充盈宇宙间的普遍心灵的"大我"，终归是一个人的"孤往式"的"伪逍遥"，又岂能做到"与天地为一"式的"无待"之逍遥？此涉及对"与天地为一"的理解。

所谓"与天地为一"，即必须把个人寓于宇宙之间，转化宇宙，转化他人，进而与万物"通"起来。于是，庄子的"齐物论"就是以种种说理的方式破除他者的"机心"，以成见破除成见——倘若"齐物"本身也是一种成见的话。就此而论，"齐物"并非取消万物自身的差别，仍是针对"我执"而谈。方东美明确指出："庄子立说之真正动机及本意，乃在于为人类万般个性之天生差别谋致调和之道，而和之于大道之无限丰富性，并化除漫无目的、意义贫乏之单一性或表面上之平等性。

---

① 章太炎：《国学概论》，第153页。

是即建设性哲学之批导功能，而出之以后设或超哲学之层次者也。"[1]

四、对庄子"齐物论"的"现代解读"

关于齐物——破除机心成见——的方法，庄子本人在《齐物论》中谈论较多，后世学者亦多有发挥，除了以道家立场诠释外，亦不乏学者以佛学理论注释之，如近人章太炎即作此理解。方东美凭借其深厚的西学素养，对"齐物"做了更为别样的解读。

（一）对语言的分析

正如庄子"齐物"从"大知闲闲，小知间间"之语言维度批判一样，方东美亦同样在语言的层面上展开"齐物"的探索："我们不仅仅要能够运用灵活的思想，而且还要灵活地运用适当的语言，来表现我们灵活的思想。而不能只以为语言指示实在。庄子认为这种'图像语言理论是一种偏见'。"[2] 方东美指出，庄子对言说的批判，实际上批判的是一种"图像语言"，即以语言代替实在，殊不知，这是一种严重的误解。为了更好地破除"图像语言理论"之偏执，方东美对庄子"齐物论"中涉及语言与实在的部分进行了扼要的分析。方东美认为：（1）庄子反对"简单心灵图像语言"，人们对某物虽然有言，但"言"未必就是实在，庄子所谓"夫言非吹也，言者有言，其所言者，特未定也"；（2）庄子反对素朴的实在论，名（语言）不一定代表实在，掌握了"名"未必掌握了实在，此应由庄子"物谓之而然，恶乎然？然于然，恶乎不然？不然于不然"及"今我则已有谓矣，而未知吾所谓之其果有谓乎？其果无谓乎"流露出来；（3）庄子反对"言必尽意"的看法。语言不与实在必然对应，语言不能代表实在，甚至也不能把握（说出）"实在"，正所谓"今且有言于此，不知其与是类乎？其与是

---

[1] 方东美：《中国哲学精神及其发展》（上），孙智燊译，第140页。
[2] 方东美：《原始儒家道家哲学》，第265页。

不类乎？类与不类，相与为类，则与彼无以异也"。方东美通过逐步分析，最后得出"言辩而不即"的结论。

方东美并没有停留在对庄子语言观的分析上，而是在现代哲学的立场上，通过对现代西方哲学的批判，将问题进行了深层的推进，从而深刻地彰显庄子的"齐物"之说。

方东美认为，就人类哲学史而言，人们对事物的认识无非有三：一则以定义、概念来厘定万物；二则以因果关系来厘定万物；三则以"实体"来推证万物。然而这三种认识方式皆存在着难以克服的偏执。

以"下定义"的方式来认识万物固然有其效用，但若深究下去，则并不究竟。且不言对同一物，站在不同的立场可以有不同甚至无穷的定义。方东美以数学基数"一"为例，一既可看作零点五之二倍，亦可看作二的一半，乃至无穷，那么究竟以哪个概念为准呢？此其一。其二，采用定义、概念法，则势必将概念推至无穷。譬如，当定义一种事物时，势必用其他的概念来表达，而其他的概念则来自于更远的概念，如此追寻下去，无有终极，甚至陷入循环论的窠臼。方东美以英国天文学家爱丁顿《物理世界本质》中的例子进行反驳，可谓入木三分："比如说，要问什么是物质？就答说是质量。那么什么是质量呢？又答说是质波。那么质波又是从什么地方而来，则又答是因为物质的本性是质量。"[①] 以定义、概念认识事物的谬误由此可见一斑。

以因果关系论证事物，在逻辑上亦势必陷入"死地"。因为在任何一个演绎系统里面，都必须要从前提（原因）入手。按照无限追溯的方式，作为第一因的"原因"是无根基的，最终则可能或回到独断论的"设准"或回到循环论证之"死地"。当然，对于第一因的"设准"固有其意义，如罗素就是依靠设准来保证知识的有效性。但从终极角度而言，则未免不究竟。方东美对于因果关系最终陷入循环论的分析，

---

① 方东美：《原始儒家道家哲学》，第270页。

论述更是精彩。他借用英国哲学家洛克的例子进行了精辟的论述：洛克看到某墓碑上刻有"地"字，就问"地"安排在什么地方？答案是"地"安排在墓碑上。于是又问墓碑安排在什么地方，答案是安排在一只乌龟背上。又问乌龟安排在何处？乌龟安排在岩石上。岩石安排在哪里？安排在地上。"地"又安排在哪里？答案"地"（这里是作为概念指称的"地"）是安排在墓碑上。此段辩答，若从逻辑推理的方式，无疑存在偷换概念的嫌疑，即以概念之"地"换取了"实体之地"。然而若从因果关系的"无穷后退"的角度进行考察，则"因果关系"陷入了循环论证的死地。

以"实体"厘定万物，亦面临"不可知"的境地。无论采取概念（定义）法，还是采取因果法，最终都面临终极因（第一因）的问题，这个终极因就是无因之因，按洛克的说法就是"实体"。然而，什么是实体呢？"洛克说：'从哲学与宗教上面看，假如我们打破砂锅问到底的话，实体就是我们的未知之物。'"[①] 既然实体是未知之物，又如何能将其作为第一因呢？

通过上述抽丝剥茧式的层层论证，方东美以现代哲学的视野强化了庄子论证"齐物"的逻辑力量，且把人们带入庄子自身的语境并进而追问这样的问题：既然语言、概念、思辨乃至实体皆不能达到对象，在语言层面上导致不可说、不能说，甚至不可思议，那么人们对万物应采取何种态度呢？

（二）"莫若以明"的态度

语言层面的"一切不可说、不能说"（此无疑与后世禅宗相耦合，后人常言"庄禅相通"，固有其理）固然含有"齐物"的成分——因为万物对个体而言都是处于"无言"的地位，确实有"齐一"的成分。但庄子的"齐物"绝非止步于此，否则世界真"难可了知"了，其构

[①] 方东美：《原始儒家道家哲学》，第273页。

建的"道"亦将失去存在的意义。

庄子认为道不可说、不能说的缘由在于人们"说出的"不过是个人的成见而已,并非真理系统,正所谓"此亦一是非,彼亦一是非":人们的知见有无数,但以"道"观之,皆非最究竟的,只不过是一些边见甚至偏见,但是人们习惯于以一种偏见去否定另一种偏见,在相对系统里转圈子,甚至还有把相对系统无限扩大的趋势。譬如,庄子谈到的两人辩论代表两种观点,彼此不服,寻找第三者以裁判之,假如第三者契合于前两者的任何一方,亦不能代表其正确;假若第三方不同意前两者的观点,势必又加入了一种新观点,如此无限推演,观点越来越多,让人眼花缭乱,莫衷一是。那么,应当如何对待这种种知见呢?答案是:莫若以明。

方东美对庄子"莫若以明"的认识可谓精辟之至,"庄子深知一切运用文字去陈述对真理的了解,都是构成相对系统。何谓相对系统?指这个叫做'是',指那个叫做'非','是'是这一个,'非'是那一个,然后'是''非'对照,便产生彼此对待。换句话说,所谓'莫若以明',就是指一切哲学真理的诉说,都是相对系统,在相对系统里,你不能拿'此'来否定'彼',也不能拿'彼'来否定'此',却必须容忍、容纳、承认别人对于这一个问题,也同样的有权利和自由去表达,去形成一个理论"[①]。"莫若以明"同庄子所谓的"两行"其实是一回事,庄子深知人间存在诸多"知见",但却非一棍子打死,亦非走向"言语道断、心行处灭"的神秘之境,而是以一种开放之视野和博大之胸怀对待诸种不同的"相对真理系统"(知见),以无私之"大公心"平等地对待各种言说。这个"公心",就是各种相对真理的共同核心,即为"道枢"。若以庄子之言论之,即为"彼是莫得其偶,谓之道枢,枢始得环中,以应无穷"。

[①] 方东美:《原始儒家道家哲学》,第275页。

关于对"道枢"的理解，后世学者不免长篇大论，见仁见智。相比之下，方东美对道枢的"图解"则清晰、简洁，方东美画了一个圆圈即解决了困扰人们的难题（此当源自庄子）。方东美认为，圆心即为道枢，圆周则是由种种不同的观点组成，由圆心处看各观点，无有偏私之分（若以几何的观点，即半径相等）；同时，圆周各观点又是"道"的具体呈现——不同的场合呈现出不同的样态：道无二致，不过在不同的人那里呈现出不同的样态而已。倘若以一己之成见为中心，则引起世间纷争，永无宁日。倘若以"那个核心为无穷系统的中心，以之为大道的系统，才能把一切相对价值的真理都消解在那个无穷的真理系统之中"[①]，才能真正不偏私、心无凝滞，做到真正的"齐物"。

方东美描绘的圆心即道枢还意味绝对真理系统（即老子所谓的道、无），任何圆周上的系统只有和圆心联系起来，才能保持价值的"效用"，这个"效用"当然是指不沾滞、不执着的自然逍遥状态。

于是，通过对达成逍遥的途径——坐忘、齐物——的分析，方东美既准确地剖析并理解了庄子哲学之精髓，同时借此完善了其关于原始道家哲学的回向理论——回向理论从侧面体现了方东美所谓的"旁通统贯"与人格超升论，较完满地展现出其旁通统贯论、殊异道论、人格超升论的中国哲学特色，这种全新的解读无论对老庄哲学研究还是对中国古典哲学研究均有重要的启迪意义。

第三节 简评

方东美对原始道家即老庄的解读颇多创建，其启迪意义不言而喻。我们尚需明了，尽管方东美一再表明其笔下老庄并非方氏之老庄，而

[①] 方东美：《原始儒家道家哲学》，第279页。

是"老庄哲学的自我呈现"。但事实上，方东美笔下的老庄哲学实作为其哲学链条中的重要一环而存在的。我们知道方东美哲学旨在构建一个广大悉备、旁通统贯的哲学体系，其哲学的主要环节乃是由旁通统贯、人格超升与殊异道论组成。其中旁通统贯大致可视为有机本体论；殊异道论可大致视为其本体论在历史、现实层面的展开——主要通过儒、释、道乃至同西方哲学、印度哲学的对比中展开；人格超升论则为方东美有机哲学、心灵哲学的实现和完成，是价值的生成与实现。明乎此，方知方东美对老庄的解读仍然有其潜在的目的。其实，这种对经典的解读绝不限于老庄哲学，对于原始儒家之《周易》《尚书》，对于佛家之三论、天台、唯识、华严等佛教哲学的解读，皆如此。今人谈及方东美与牟宗三二先生，总以为牟宗三体系性极强，而方东美则浪漫、诗意——言外之意，方东美似乎蔓延、缺乏逻辑思辨。然若能透过其诗性的思维及诗意的语言，可知方东美体系亦颇严密[①]，颇具"系统相"，其后期著作几乎皆围绕旁通统贯、人格超升与殊异道论这三论渐次展开。

[①] 由于方先生语言富诗意，且其后期著作多为上课录音，加之方先生总是在比较中讲授其哲学理论，未免忽东（哲）忽西（哲），使初学者摸不着头脑。倘若我们把握了方先生的哲学脉络，当知其哲学不但文采斐然，而且逻辑清晰，自成体系。

第五章　方东美论佛学

方东美的佛学研究可谓别具一格！现代新儒家中，尤其第一代新儒家，对佛学颇有研究。以"现代儒家三圣"而论，梁漱溟、熊十力以唯识起家，马一浮先生则较全面，但大抵是站在圆融儒、释、道的立场进行研究。此言，新儒家"三圣"多以"中"学治佛，而方东美则不然。方东美一直从事西学的研究，其以西学为参照治佛学的路子自然与众不同。其独特之处既表现在他对佛学的认识、定位不同，也表现在他于具体理路上的不同。譬如，就以佛学的派别而言，熊十力高足牟宗三认为"佛学"不存在所谓"佛教在中国"与"佛教的中国化"之分，佛学（教）本来就是印度的产物，无论在哪里发展，都脱不了印度佛教的底子。方东美则不这样认为，他指出，就大乘佛教而言，"法相唯识论"属佛教在中国，传承的是无著、世亲的"分析"理论，乃典型的印度佛学；而三论、天台、华严则是中国化的佛学，是中国古哲化解印度大乘佛学后的产物，带有明显的中国特色。就对佛教的重视程度而言，方东美与其他新儒家亦有明显差别，梁、熊两先生重唯识论，马一浮偏重华严宗。

方东美对大乘佛学界有所重视，但就中国佛教史而言，他对佛学的重视是有选择性的，始终与其形而上的哲学取向有密切联系。"所以中国的大小乘合观之，本来有十宗之多，但是从纯正哲学的观点看起来，最重要的是从六朝到隋唐时代的天台宗、三论宗、法相唯识宗与华严宗。"① 我们知道，在十宗中，小乘有四宗，即具舍宗、成实宗、净土宗和律宗；大乘共六宗，即三论宗、天台宗、华严宗、法相宗、禅宗、密宗。小乘由于缺乏大的哲学智慧，固然不为方东美重视；事实上，即使大乘中的禅宗和密宗亦不为方东美看重。对于禅宗，方东美认为，"诸家多对境随意驰骋机锋，闪烁灵明，莫由划归统一理趣，故暂存而不论"②；对于密宗，因其主要特点是讲究修持，重不立文字的秘密法，层次不高，亦不为方东美所重。总括而言，方东美重视的乃是三论宗、天台宗、华严宗、法相宗等四宗，因为"在这四宗佛学里面，哲学智慧的发展都达到最高的层次"③。即便这四宗，方东美也是区别对待之，方东美主张把印度佛学的发展归之于印度，中国佛学的发展归之于中国。在此原则下，方东美又将法相唯识宗与其他三宗相区别对待，他认为由三论宗经天台宗发展至华严宗，不但存在着由起点到顶点的不同逻辑层次，而且也真正显扬中国心灵之广大和谐性，俨然存在一个邃密的体系。方东美并不否定法相唯识的重要性，并且他本人对"法相唯识"进行了系统而深入的研究，但是方东美毕竟对"法相唯识"另眼看之。因为"法相唯识"不仅仅是"印度佛教在中国"，更在于曾盛行于中国，由玄奘所传的"法相唯识"本身存在理论上的障碍：它只开出"唯识"的一路，却忽略了"唯智"的传统，因此其义理也就显得不够纯熟与圆融。

本章我们主要通过方东美对三论宗、天台宗、法相宗、华严宗的相关论述，以中西哲学会通的视角去理清其中的逻辑关系，来把握方东美佛学思想之精髓。

---

① 方东美：《中国大乘佛学》，第267页。
② 方东美：《〈中国哲学之精神及其发展〉中文摘要》，载《中国文化论文集》（三），台北幼狮文化事业公司1981年版，第123页。
③ 方东美：《中国大乘佛学》，第267页。

第一节　论三论宗

一、三论宗的理论及发展轨迹

三论宗可谓中国大乘佛学思想正式的起点，若要定位其思想之归属，则理应属般若经一系。对此，方东美给出肯定的结论：倘若不能了解般若经的思想，那么人们就很难领悟三论宗的理论精髓。

概略而言，中国大乘佛学的发展，大致经过了三个重要阶段，即"六家七宗"阶段、僧肇的"肇论"阶段以及道生的"佛性"说阶段。其中，对三论宗发展有直接关系的首推僧肇。方东美甚至这样认为："譬如就三论宗而言，从历史发展上看起来，我们可以追溯到僧肇。僧肇可以说是三论宗的始祖，不过当时还没有三论宗的名称。"[①]僧肇的三论《物不迁论》《不真空论》《般若无知论》掌握了般若经的精髓，他不但"将佛教上面的最高境界把握住了"，而且还以庄子式俊逸的笔法表达出来，"僧肇的根本立场还是庄子，然后再把佛学般若宗的思想同中国庄子思想结合起来，这是一半中国哲学，一半印度哲学"[②]。僧肇的过人之处不仅在于他有过人的领悟力与理解力，还在于他有一流的笔法：他以庄子笔法弘扬佛学更契合中国人的心性之学，对后人的影响无疑是巨大的。

提及三论宗，人们自然会联想到该派所宗持的经典文本，即世人所言的《中观论》《十二门论》《百论》"三论"，其实这是一种便当的说法。正如上文所述，三论宗的核心是般若经，"论"只是权宜、方便之说，更何况三论宗还尤其重视《大智度论》，倘若仅以"论"立名，那么"三论宗"岂非改为"四论宗"更好！方东美在论及三论宗时，

[①] 方东美：《中国大乘佛学》，第268页。
[②] 方东美：《中国大乘佛学》，第263页。

之所以花了大量篇幅来谈论般若经的来龙去脉，其目的就在于突出三论宗的核心在于般若经，在于表明三论宗的般若之归属。三论宗的代表人物吉藏大师之所以能创立三论宗，并非仅仅依靠"论"，而是"以般若经为主要经典，然后以大智度论、中观论为辅助发挥根本妙义"[①]。

还应指出的是，方东美认为，"三论宗"虽然可追溯到僧肇，但其后期的发展则主要在六朝时期。我们知道，般若经在姚秦时期就有了中译本，譬如鸠摩罗什曾翻译了《放光般若》《光赞般若》以及《仁王般若》等。但是，般若经在中国北方很难得到进一步的发挥，因为北方人受儒家思想影响较重，比较平实，所以对于外来的宗教，他们大抵只是埋头做翻译的工作，缺乏进一步的发挥——玄奘法师的翻译更是忠实于原著，这固然利于经典的继承，但缺乏深度的发展和创新。东晋以后，佛学的中心逐步迁移至南方，南方受老庄思想影响，好玄想、喜空灵——譬如上文提及僧肇的翻译就含庄子笔法——他们更容易接受佛经里面的《般若经》。迨至吉藏，更是将般若经同《大智度论》《中观论》《百论》《十二门论》结合起来，并写就传世名篇《三论玄义》。故而，吉藏是三论宗的卓越代表，也是研究中国大乘佛学不可绕过的重要人物。

二、三论宗的思想内涵

方东美认为，三论宗颇富玄学思想，尤其具备批判哲学之特质，这种批判当然是对平面现实的批判。就世人所见，现实的物质世界是客观、真实之世界，并由此产生各种"执"，进而由"执"引发一系列痛苦、烦恼。因此，破除"执"的第一步就是用般若经的相关理论"空"掉物质之相。正是在这个意义上，方东美认为三论宗的核心在于般若经。号称"六百卷般若经"的核心就是破"有"显"空"，其奥义

---

① 方东美：《中国大乘佛学》，第268页。

可从高度浓缩的《心经》彰显出来,亦可由《金刚经》透露出来。《心经》所谓"观自在菩萨,行深般若波罗蜜多时,照见五蕴皆空"谈的是"空",《金刚经》的核心偈语"一切有为法,如梦幻泡影,如露亦如电,应作如是观"所谈的还是"空"。事实上,般若经的核心莫过于一个"空"字,谈空的目的在于去"执"——"执"其实就是世俗物质世界的"有","有"亦即通常意义上的"色相",也就是佛教所谓的俗谛之"有"。但是,倘若人们破除了俗世之"有",仍有陷入另一种"有"的可能——即使破除了俗谛以后仍然完全执着于"空",甚至发展到断灭空、顽空的阶段,这种顽固地执着于"空"的情态难道不是另一种意义上的"有"?又则,如果完全抛弃俗谛之"有",横空出世地造就出一个较高意义上的"空",那么这个无根基的"空"又何以能够被接受呢?"有"与"空"的二元对立的思想体系可否在更高层次的哲学体系中得到化解?这是三论宗要解决的问题,也是佛学思想中的大问题。答案是肯定的,这个更高的思想体系可以化解空、有二元对立的思想,并能将之融摄为一个更圆满统一的思想,此即为三论宗所推崇的"中道思想"。

吉藏大师所要解决的问题,即是这个空、有二元对立的问题。他通过对般若经经典的解读,逐步形成《三论玄义》《三论疏钞》等著作,其主要目的就在于"破邪显正"。针对以前已有哲学思想体系之弱点而一一反省,并加以爬梳和整理,以期解决其内在的、未曾显现出来的矛盾。吉藏大师的"中道"思想可用龙树《中观论》中的"四句偈"(因出现了三个"是"字,故又称"三是偈")概括,即"因缘所生法,我说即是空,亦为是假名,亦是中道义"。对于此"四句偈",方东美曾用了很大的篇幅进行分析,每一句都按照吉藏大师的论疏给予四种意义的解析,于是,"四句偈"就有了十六种意义。"四句偈"的十六种意义乃是领悟三论宗哲学思想的要津。甚至可以说,弄懂了此"四句偈",就基本掌握了三论宗的要义。故而,方东美在"四句偈"的理解上做足了功夫。

"因缘所生法"包含四层含义。第一层含义是破"常"去"有"。即破除所谓的"自性说""一切本性说"及一切"物原说"（破"有"）。既然宇宙中的一切都是因缘而生，那么就不存在所谓"万有"之前的"自性"或"物源"。第二层含义，否定作为"有"（这里特指名相之有）的"因果律"。方东美认为，"认定'空'是否定因果的有效性的假设事实"[①]。因缘所生法，意味着一切皆空——因为世界上没有一个本性可以使万物由"本无"的状态到达万有的状态，此实则体现出对"因果律"的否定，因为倘若有一个因果律存在，那么仍旧是"有"而非空（说"空"）。第三层含义，不可执着于"空"。"用假名来给以语言的描述是为了肯定：即使是空也可被识为似真的有而非绝对的无。"[②] 即是说，对于"空"亦不能执着，因为对空的执着将造成顽空、断灭空，以为"空"代表了一切，就像魏晋南北朝时期道安法师所谓的"无在万化之前，空为众形之本"，如果把空、无作为本源，那么实质上是把名相之"有"化作了名相之"空"，其实质是一样的（破空）。第四层含义，以中道思想调和真、俗二谛的对立，即把"有"当作相对的概念，它由诸多条件构成；把"无"当作另一个相对的概念，它不过仅仅是思想表达的一种方便。即言，有、空并非各执一边，而是相互勾连、关联，"有"是空之"有"，"空"是有之"空"（合"有""无"），体现了一种中道思想，是有与空的合题。

"我说即是空"的四层含义。第一层含义，肯定因缘的"非无"。"我说即是空"是针对因缘所生法而言，"因缘"是一个和合的概念，它既不是盲目的肯定，也不是盲目的否定，它仅有特定的因或一些有效的缘，因此"我说"（的）只不过是一些相对有效的状态，是一些

[①] 方东美：《中国大乘佛学》，第408页。
[②] 方东美：《中国大乘佛学》，第408页。

受特定的关系、条件（因缘）制约的状态、形式而已，并非绝对的概念，但依然有存在的意义。第二层含义，参透因缘实质之"空"。这些受制约的形式、状态是无自性的，是和合而成、是依他起的，故为空，为"非有""假有"。第三层含义，肯定无自性的因缘条件——肯定"空"（无）的价值。无自性的因缘条件，虽然不能创生万物，但并非完全是"无"、不起任何作用，相反，它依然可借助各种因缘关系而起作用。第四层含义，以合题"非有""非无"即朗显中道义。此如方东美所言："已发生之事不能重复其生成，所以是'非有'；本来不存在之事物并不能自归于毁灭，故为'非无'"，"尤其是对于那种空灵性的东西，不能够执着为实际的东西去看待。所以这样一来，虽有而非有，虽无而非无。如此就能够将有无相对的概念，应用空灵的语言文字而架构成一个空灵的结构出来，这个空灵的意境所要表达的就是'中道哲学'"。①

"亦为是假名"的四层含义。"亦为是假名"是针对"因缘所生法，我说即是空"这两句而来。故而，第一层含义乃言，无论说"空"、说"有"，皆以空灵的概念（假名）命名之，这种假名固然是"有"，但它对于诸法本身并不产生影响。第二层含义，则是肯定般若经中的"无所得"的空、无思想。因为是"假名"，所以它本身是"空"性的，故人们不应有所沾滞，而以《中观论》所述的"八不主义"，即"不生不灭、不常不断、不一不异、不来不去"去破"有"，应做到《金刚经》所云的"无所住而生其心"，任何沾滞都是"有"而非"空"。第三层含义，是说对于"空"同样不要沾滞，如果沾滞"空"，那么"空"也就变成了"有"；故而，说"有"的时候要说"非有"，说"空"的时候要说"非空"。第四层含义，合有、无，以彰显中道精神。"中道"介于有无之间，就某一种意义来看，它是有，从另一种意义来看，它

---

① 方东美：《中国大乘佛学》，第416页。

又是无。"但是说它'有'时，它并不沾滞于'有'；说它'无'时，也绝不沾滞于'无'。如此在那里不断地进行精神的超升，这种超升的究极状态，就是要彰显中道哲学的妙境。"①

"亦是中道义"的四层含义。按方东美的理解，"亦是中道义"才是真正面对中道、体现中道，它表明：作为大乘佛学起点的三论宗，其思想理论并非沿袭印度固有之学，止步不前，而是呈现为向着更高的法满妙境不断提升、不断超越的动态过程。第一层含义，"中道义"表证为对真、俗（"有""无"）二谛的融合。第二层含义，"中道义"亦是不断提升的动态过程。正如真谛（空或胜义中道）意味着对俗谛的提升，然而倘若停留于所谓的"真谛"那里，此真谛又将蜕变为世俗中道，而所谓的真理将变成危险的真理甚至堕落下去。"真谛"需要继续超升，去追求更为完满的境界。正是在这个意义上，方东美指出吉藏大师是一流的批评哲学家，"所以我所讲的批评哲学是讲到家了，在他的批评思想体系里面，不允许你具有任何独断性的偏见来阻塞它的进程、阻塞它精神的进程"②。第三层含义，"对因缘所生的程式与空的形式之认同显示出其中有两者互变的过程存在。因此空并不自生，乃依赖他物而起。设使空能自生，其所生之有并不能被断定为其自生者，故名为假"③。其义是说空、有与"假"的相对待关系，所谓"法"是因缘所生之法，因缘无自性，"法"亦无自性，然而，我们仍然说"法"，此"法"不过是权宜之假名而已。第四层含义，主要在于阐明"中道"的实现过程。以"四句偈"为例，"因缘所生法"讲"有"，"我说即是空"则讲"空"；"亦为是假名"则言无论"有""无"皆是假名，皆是方便与权宜，不可执着，否则将陷入俗谛；"亦为中道

---

① 方东美：《中国大乘佛学》，第 422 页。
② 方东美：《中国大乘佛学》，第 426 页。
③ 方东美：《中国大乘佛学》，第 427 页。

义"则对"有""无"之关系进行超越的理解,说"无"不沾滞"无",说"有"不沾滞"有",而是超越"有""无"之上的既肯定又否定,是"亦有亦无,非有非无"。此言,必须始终用 n+1 层级的文字来概括下层的文字对象,极言"中道"的超升之义。否则,停留在任何一种层次上皆非真正的"中道"。由此可见,佛法之"难说"、不可说,王摩诘所以"圣默然"、禅宗所以"不立文字",皆在于"中道"之义之微妙玄奥,难以用语言表达。

纵观四句偈,十六种意义,我们看出,其论证模式大致遵循"有—无—亦有亦无—非有非无"的逻辑进程,此乃三论宗批判哲学的精髓所在。三论宗的本义在于通过修持和人格的不断超升将"人性提升至佛性",但其所阐发的"中道"思想和思辨理论,则无疑凸显了东方哲学的高超与圆融。

三、三论宗与西方哲学之比较

方东美认为,佛学上的三论宗,大体上与西方哲学领域较复杂的"玄想哲学"相类似。此言,三论宗颇具难度,非一般人所能读懂,甚至受过严格哲学训练的哲学博士,也很难透悟三论宗要义。故而方东美指出:"如果我们拿西方哲学的眼光来察照时,即使是康德的哲学体系,或者是现代现象学的那一套体系来衡量时,对于三论宗的这一套佛学是非常难讲,也非常难理解。"① 我们知道,西方哲学尤其经过休谟、康德、黑格尔直到现象学,呈现出一种逐步圆熟的态势,即是说,后起的哲学总是能针对先前哲学之困惑给出解决问题的思路和办法;然而,方先生缘何认为即便是(西方)现代哲学也很难了知三论宗哲学呢?

这主要是由西方哲学的二分之特质所决定的。西方哲学自古希腊

---

① 方东美:《中国大乘佛学》,第310页。

至康德乃至现代的现象学，贯穿其中的"哲学精神"便是"二分法"；且此二分法亦非固定的，而是呈现出试图弥合此分裂之态势却始终处于"没有完成的态势"之中。换言之，西方哲学二分法根深蒂固，无法弥合。方东美针对二分法在西方哲学史上的不同表现，将其划分为四个阶段：

（1）古希腊哲学时期。古希腊时期，自苏格拉底提出有一个超越的至善的世界以降，世界就被分为两个部分；此在柏拉图那里表现得更为明显：柏拉图明确地用二分法将世界化为两截，一半是物质世界，一半是超越的世界。代表最高价值、超越的神性世界同下层的物质世界存在着不可逾越的鸿沟，彼此无法贯通。这种隔绝势必造成一个极大的困惑，倘若人永远都不能超升到那个极高的至善境界，那么这种划分又有何意义呢？因此，晚年的柏拉图试图引入一个临界于下层与上层分界点的Demiurge（狄米奥吉），借助于Demiurge所具有的"转运"的力量，把存在于超越世界中的至善、至美，转运到下层的物质世界。无疑，柏拉图依靠神话的方式并不能解决二分法所造成的困惑。

柏拉图的弟子亚里士多德不若乃师那样浪漫，他从平实的现实世界入手，按照"质料—形式""质料—形式"……无尽循环的方式去提升、发展，试图将代表下层世界的质料与表征理想世界的形式完满地统一在一起；遗憾的是，他最终并未能弥合上、下层世界的鸿沟，其付出的努力无非是把"狄米奥吉"这个临界点向上推移罢了。亚里士多德"质料—形式"的实质在于，先把现实世界投放到空间系统（即质料），然后再推到时间的领域（即"形式"），然而无论空间还是时间，皆意味着"时空"的变化，但最高点（至善或上帝）乃是不在时空之内的"不动的原动者"。很明显，二元对立的问题在亚里士多德那里是得不到根本解决的。

（2）中世纪时期及文艺复兴时期。中世纪，西方人的理想世界是上帝主宰的宗教世界，人们追求的是代表至善的"上帝之城"——此

"上帝之城"实则是古希腊柏拉图、亚里士多德的"至善"或"完美形式"之化身。问题在于,这个在中世纪占主宰地位的"上帝之城"同样造成了双重困难,它不仅作为"现实世界"的对立面出现(二分法所导致),而且若要实现"上帝之城",就必须摧毁"人间地狱",这体现了宗教精神对于人类所寄居的世界产生一个"蔑视"。文艺复兴时期,由于人们不但难以达到神性的世界,甚至"上帝的世界"业已成为人们生存的桎梏,于是人类重新被下层的自然界所吸引,重新关注知识论的哲学。这样一来,对上、下世界的讨论就转变为对内、外世界的讨论,但是,二元对立的问题并没有得到解决,只是转换了形式而已。

(3) 以知识论为取向的近代阶段。内、外世界的实质就是认识论的问题——人的(主观)心灵是否能够认识客观存在的自然界。应当说,自笛卡尔以来,诸多哲学家讨论的问题皆集中于"如何把内在的主观心体,同外在的客观物件之间架设一座桥梁,将他们给沟通起来"[1]。遗憾的是,无论唯理派如笛卡尔、斯宾诺莎、莱布尼兹还是经验派如培根、洛克、休谟等皆未能真正解决"主客"二元对立的问题——怀疑主义者休谟甚至认为这个问题根本就无法解决。随着对该哲学问题的深入探讨,尤其随着怀疑主义的盛行,科学与形而上学皆陷入了危机。科学与形而上学的双重危机,才逼出了康德的"妥协"哲学。

康德把知识之来源定位于感性世界之经验,把确定知识得以成立的规则定位于"悟性的先天诸范畴",他试图以先天的悟性范畴去规划、安排后天的现象,以形成客观、可靠的知识。然而由于规划后天对象的"悟性范畴"能力毕竟有限,于是又逼出一个"先验统觉的超越自我"——理性自我,依靠这个超越的先验自我的统觉能力,世界的知识才有了可靠的基础。可是,正如方东美所理解的那样,康德哲

---

[1] 方东美:《中国大乘佛学》,第321页。

学存在两个问题：其一，康德的"超越自我"是知识的主体，而非知识的对象，它并不能保证知识的可靠性，因为依照康德的知识论看来，一切正确的知识，都必须具有普遍必然性与可靠妥当性，然而"超越自我"本身却并不具备确证性；其二，对于（经验）知识的来源，康德又给出一个"物自体"的本体论概念——这个"物自体"却不能被"超越的自我"所笼罩。由此可知，在康德哲学中仍然存在着主、客二分的问题，虽然康德晚年付出巨大努力，写出"第三批判"试图弥合二者的裂罅，其《判断力批判》固然价值卓越，然于主客二分的处理上，并未有实质性的推进。其后的费希特、谢林、黑格尔皆试图从"主体极"出发，用"自我""主体""绝对精神"等心灵哲学去覆盖、融摄客体进而构筑"统一哲学"，但真正的二元对立依然隐秘地存在着，并未能真正的解决。

（4）以胡塞尔为代表的现代哲学（现象学）阶段。相比较而言，胡塞尔的现象学既不像康德以前的哲学家那样武断，也不像康德哲学那么执着于批判性。胡塞尔采用的方法是温和的"加括号法"。人们在现实的世界中会产生不同的信仰、经验、知识和感受，虽然这些信仰、经验、知识和感受未必可靠，但也不能完全否定，而应当将其放入括号内存而不论，然后继续向更高的境界追求。"这样一来，把一切都加上括弧去掉以后，便会发现近代哲学初期像笛卡尔的一种说法，就是把一切只是对象、所知的现象，都把它去掉之后，那么最后还有一个知识本身的活动所产生的意识，把握这意识，然后再把意识加以分析，便会发现意识本身有驳杂的、有纯粹的、更纯粹的、有最纯的……那个（最纯粹的东西）东西是不能用括弧来括它的，只要我们掌握住这个东西，便可以再把它提升到心灵的纯粹意识。"① 按照这个理论，那个不能被括掉的最高点就是最本质的意识，借着这个最高的纯粹意识，一些现象可以

---

① 方东美：《中国大乘佛学》，第 325—326 页。

被安排下来，世间一切包括科学也就有了根基。这种思路仍然是唯理主义的思路，胡塞尔依旧把理性作为人类知识的最高点，其中仍然暗含着二元对立的影子。胡塞尔虽然极富创造性，但毕竟不彻底，他仍然还有"分别心"，仍然未能在实质上解决二元对立的问题。

在深入地研究了三论宗哲学后，方东美先生给出了自己的洞见，他认为，三论宗哲学可救治西方二分对立之流弊。

首先，三论宗哲学并不是简单地采取否定的态度。站在三论宗立场，无论破"有"还是破"无"，其皆采取一种类似胡塞尔加括号的方式，并非采用完全否定的形式彻底祛除之。"因缘说生法，我说即是空"包含了对"有"乃至对"无"的否定，但是这个"有""无"作为"假名"存在，仍然有其存在的价值。西方哲学则不然，从柏拉图、亚里士多德乃至中世纪皆把现实的物质世界完全否定掉，去追求那个富有幻相的"单极"，造成了绝对的二元对立。而近现代哲学的认识论中，则或从经验出发，或持唯理立场，皆暗含简单否定"另一极"的思想。

其次，三论宗哲学在否定之后，不是非此即彼，而是采取综合思维，走向一个更高的合题，走向"非有非无、亦有亦无"的中道哲学。西方哲学则是非此即彼，或者以经验囊括理性（以培根为代表的经验主义为主），或者以理性覆盖现实（以唯理主义为主），即使康德、胡塞尔等近现代大哲学家也未能幸免。康德试图用调和的方式解决此问题，然而最终仍然陷入不可知论；胡塞尔试图用加括号的"提纯"方法寻求纯粹意识，但最终也难以解决"自在"与"共在"的问题——其主体间性亦不过为问题所逼迫的无奈之举；缺乏合题、偏重分析思维模式的哲学传统是造成西方二元对立的症结之所在。康德之后的哲学家如费希特、谢林、黑格尔等人，试图化解二元对立的问题，尤其黑格尔更是用绝对精神代替康德的"超越的自我"，似乎把两极问题变成一极。然而，黑格尔的绝对精神在运作中，又逐渐失去了自身。正如方东美所言:"因为他所谓的精神作用,在意识形态一有转变时,都是要经过'辩证的历程',而且这个辩证的历程,原本是应当把它安排在时间的领域中,可是由于黑格尔体系深受亚里士多德的哲学间架之影响,因此便把时间的顺序也安排在现实世界上面。"①

再次,与此相联系,西方哲学偏向于平面思维,缺乏立体的视野,尤其缺乏平面思维的超升。较之于三论宗哲学,西方的思维模式过于强调并偏向于平面——或者停留在经验平面,或者停留在理论思维平面,殊不知,不但在经验、理论思维等各自层面可以层层超升,即便在理论与思维的合题上亦能层层超升。三论宗所倡导的"中道哲学"不是僵硬的、平面的哲学,而是认为在俗谛的中道之上存在真谛的中道,在真谛的中道之上存在更高级的中道,正如方东美以逻辑系统概述吉藏哲学时所论述的:"如果你以为第一级的文字为对象文字,那第二级的文字就是超越文字,如果你把第二级的超越文字看成对象,那么它又变成对象文字,而在上面又有超越文字。"② 如此来看,必须始终采用 n+1 层级的文字来概括下层的文字对象,极言"中道"的超升之义,强调了立体思维的重要性。假设以满足于平面的思想去理解,那么又如何能取得超越的智慧呢?"真正要解决西方哲学问题还是要靠无分别的最高智慧"③,而非具体的知识,存在的矛盾须用无限超升的"无分别的最高智慧"去化解;牟宗三先生亦有"分别说"与"非分别说"之论,与方东美的思路近乎一致。西人胡塞尔的现象学所追求的纯粹的意识固然带有超越的性质,但仍然有所偏执——偏执于理性的狂妄,有所偏执则势必陷入凝滞,故而胡塞尔的现象学最终也就只能到达所谓的纯粹本质,之后就失去了继续超升的动力。

---

① 方东美:《中国大乘佛学》,第 443 页。
② 方东美:《中国大乘佛学》,第 429 页。
③ 方东美:《中国大乘佛学》,第 327 页。

最后，比之于三论宗的"双回向"理论，西方哲学"单回向"的直线推理有失圆融。三论宗的最终目的在于人性之实践，在于将人性提升至佛性。准确地说，将人本有之佛性实现出来。由此，它提供了一套精神超升的途径，这个超升的途径，即是所谓的"上回向"。正如上文所言，这个超升的过程是"首先将思想成为二元对立，继之再将二元对立化除，成为可能和谐的层次"①，这里的二元即为真俗二谛，"和谐的层次"即为中道思想。当人在智慧上到达中道（成就佛性）后，并非停留在这个阶段，而是要"逐层回旋下降，俾圣者籍之而善巧方便，运用假名及象征符号等，诠表不可言说界，使之多少可以言说，以顺应众生根器"②——"回旋下降""顺应众生根器"意味着下回向。通过上、下回向，不但融通二元对立、揭示二谛不二之奥义，而且尤其强调了"实践"——佛家讲修持、重实践，更是把形而上的精神境界落到实处。方东美在评价三论宗的理论建树时，尤其指出因为它"二元论之硬壳，终于凿破矣！"③反观西方哲学发展史，自古希腊至胡塞尔，之所以在二元对立中兜圈子，不仅在于他们缺少上、下回向，亦在于他们缺乏"实践"而过于迷恋理性思维，而理论与实践的分离，又暗含一个新的"二元对立"（理论/实践）。

四、三论宗的理论缺陷

同西方哲学的二元对立相比，三论宗哲学固然有其优长，但若从中国大乘佛学的整体发展史而言，作为"由初级状态向高级状态转化"的三论宗，与建基于其上的天台宗、华严宗相比，它毕竟是初期的理论，其自身亦难免存在着生硬甚至是理论缺陷。

所谓的理论"生硬"表现有三：其一，三论宗哲学过于强调批判

---

① 方东美：《中国大乘佛学》，第372页。
② 方东美：《中国哲学精神及其发展》（上），孙智燊译，第209页。
③ 方东美：《中国哲学精神及其发展》（上），孙智燊译，第213页。

性和分析性,最主要的原因是三论宗以建立一套玄想哲学系统为目的。该系统虽然能做到理论自洽,但因其过于抽象、复杂而显得生硬,故而,三论宗虽作为佛学在中国的重要一派,但自诞生之初,即"门前冷落鞍马稀",除了个别的高级知识分子外,近乎无人问津。

其二,三论宗以论立世,缺乏大众基础。正如方东美先生所认为的那样,一般人们讨论佛学的问题,多从"经"谈起,三论宗固然以般若经为本,但却非常重视"论"的部分——从三论宗之命名即可看出。事实上,若要真正理解三论宗,则不仅需要深谙般若经,而且还要弄清"论",来不得一点含糊,而此非一般世人所能为。方东美在比较三论宗同西方哲学相关问题时指出:"唯一值得一提的是,三论宗到了最后势必要化成天台宗的领域中去,否则便无法传续下去,因为它本身所蕴含的理论实在是太难讲了。"① 这当然也是三论宗成为绝学的原因。

其三,就思维习惯而言,三论宗的思想虽然开启了佛学中国化的先河,但毕竟偏重分析思维,与中国固有的直观思维不甚合拍:它并没有彻底完成"化解"的工作,尤其比之于建基于其上的天台宗、华严宗哲学,则明显有不成熟之嫌,此亦为三论宗成为绝学之要因。

这种生硬或曰不成熟还源于其自身理论的缺陷。其核心缺陷可归纳为三:

缺陷之一,在于作为批评哲学的"三论宗"采取的是"直线"线路而非"曲线"进程,总体可概括为"折线模式"。方东美借助德国哲学家黑格尔的说法,把现代哲学分为两类:一种为直线进程的哲学,一种为曲线进程的哲学。他认为,三论宗哲学采取的是直线进程,无论上回向的逐步"超升",还是"下回向"的智慧落实,皆是直线进程而非曲线进程。这里的"直线"是说,三论宗的中道思想虽然在理论上避免了"二元对立",但其"双回向"的直线进程并没有将智慧的

---

① 转引自蒋国保、余秉颐:《方东美哲学思想研究》,第226页。

体、用结合起来——上回向强调智慧的作用，下回向则在于转变智慧的形式——于是，就造成了理论理解上的二元对立之嫌疑。事实上，即便在思维的进程上，三论宗也始终存在"一往直前"的无穷推进方式，譬如其采用的"n+1层级的文字来概括下层的文字对象"的思路，即是无穷推进的直线模式；比之于西方哲学的二元对立之思路，三论宗的理论固然有其圆融的一面，但在思维模式上却以折线而非曲线的方式表现出来，"四句偈"的十六义即明显有此特征。

缺陷之二，在于三论宗的回向理论缺乏支点。我们固然强调其无限超升的哲学智慧，然而同时也应该看到，三论宗还存在一个重要的缺陷，即三论宗所推崇的上、下回向"缺乏一个支撑点的本体"[①]，即到底是"谁"支撑着上、下回向。遗憾的是，三论宗并没有明确地解答这个问题——至华严宗方真正解决了此问题。方东美尝用昔日北平的杂耍的宫灯作喻，我们知道那种宫灯是一层一层可以折叠起来的，倘若直立起来，就必须依靠中间的那条线提起来，否则，宫灯就不会成为一层一层的立体的灯了。但是，如果那条线折断了，那么整个立体的灯就要垮下来。方东美的宫灯之喻原本在于论述康德哲学的脆弱性，因为康德把知识的可靠性都归结到先验自我，但是先验自我又非知识的研究对象，于是康德的哲学支柱就不可靠了。同样，该比喻也适用于三论宗，三论宗也必须靠一个支柱来支撑；三论宗不乏严谨的思维，亦有其系统的理论，然而，纵观三论宗之回向思想，无论上回向还是下回向，皆缺乏一个支撑的支点。

缺陷之三，在于三论宗的"无生论"同中道思想的矛盾。三论宗的核心思想是中道，"中道"通过对三层破、立关系的提升而达成，其内涵其实就是《中观》"八不主义"，即"不生不灭、不常不断、不一不异、不来不去"，这个理论的实质蕴含着"无生论"。只有无生，方

[①] 蒋国保、余秉颐：《方东美哲学思想研究》，第224页。

可以不生不灭，假若有生，则必然有灭。于是矛盾也就由此凸显，认识上要做到无生，则须彻底停止思想。如果停止思想，三论宗的不断超越的智慧又当如何实现？

三论宗所具有的内在矛盾被天台宗化解，"因此，天台宗的兴起，其实就是要拯救三论宗所产生的缺陷"[①]。

第二节　论天台宗

在探讨天台宗的哲学特点之前，亦须简要地对天台宗的发展轨迹及其主要理论做一梳理。这种梳理既基于天台宗的客观之进程，亦基于方东美对天台宗的理解；因为，这一则在于方东美对天台宗的洞见与天台宗的历史进程密不可分，二则在于，在触及三论宗自身理论的矛盾化解问题上，亦必然地关涉到天台宗自然的基本理论。

一、天台宗概述
（一）发展轨迹

天台宗的起源可追溯至北齐的慧文禅师。"《慧文传》还记载，慧文因读《大智度论》卷27引《大品般若经》讲一心三智的修证，受到启发"[②]；后慧文又将"一心三智"与《中观论》中的"三是偈"即"因缘所生法，我说即是空；亦为是假名，亦是中道义"结合起来，独自创立了"一心三观"的禅法，是为初祖。继其后的则是南岳慧思大师，慧思大师在继承慧文"一心三观"的基础上，以"十如是"为诸法实相，加上根据《妙法莲华经》所修习的圆顿止观法门，其理论和实践又得到了进一步的提升，是为第二祖。三祖智者大师（即智顗），乃中

---
① 方东美：《中国大乘佛学》，第44页。
② 朱封鳌：《天台宗概说》，巴蜀书社2004年版，第20页。

国天台宗的实际创始人，堪称天台宗的集大成者，他在继承一祖、二祖理论的基础上，创造性地提出了一心三观、圆融三谛、一念三千、性具善恶等理论，为天台宗的发展、传承、传播做出了巨大的贡献。之后，天台宗传人又有灌顶、湛然、梁肃等人，天台宗自初创经二百余年，始完成有机统一的思想体系。

（二）经本所依

天台宗与三论宗所宗经本不同，除了依据《大般若经》及三论宗的"四论"外，在经典上主要依《大般涅槃经》和《法华经》。

朱封鳌先生曾对天台宗的发展轨迹及相关理论进行洗练的概述，其中亦涉及天台宗所宗的经本问题："天台宗创始于陈、隋之际。它是以《妙法莲华经》为一宗所依的根本经典，以《大智度论》为其指南，以《大般涅槃经》为解释上的扶疏，以《大品般若经》为观心之本，引各种经论以增信助威，以一心三观为经，十界三千观法为纬的一大宗派。此宗的教观思想主要是智者大师在天台山创立的。依山立名，故称天台宗。"①

（三）天台宗所解决的主要问题

天台宗后起于三论宗，当然能看到三论宗的问题。对此，方东美明确指出，"天台宗的兴起，其实就是要拯救三论宗所产生的缺陷"。如上文所言，三论宗的主要缺陷在于其所标榜的、不断超升的智慧缺乏支撑点。除此外，笔者还以为，三论宗不但缺乏超升的起点，而且也缺乏一个"去"处。因此，天台宗至少要解决两个问题，一为起点问题即动力问题，一为归宿问题，诚如方东美所言，三论宗的中道思想是一个不断超升的过程，很难停下来，因为一旦停下来，就有可能陷入执着的状态而掉入俗见。此见解固然符合《大般若经》"证空"之旨意，但倘若这样一直"悬空"，智慧的超升就有可能陷入"死循环"

---

① 朱封鳌：《天台宗概说》，第1页。

状态。

同《大般若经》破"有"显"空"不同,《大般涅槃经》给出了常、乐、我、净的佛的圆满境界,或曰"常乐我净的永恒哲学"(方东美语),这使得成佛毕竟有了"去"处,而非一味的空,甚或陷入顽空。方东美在论述三论宗同天台宗的区别时,尤其指出天台宗的这种特点。他认为,天台宗不仅注重《大般若经》,也注重《华严经》,更从《华严经》的很高道理中获得启发,认为这不是一般人所能领受的。因此必须回到《法华经》中以种种方便善巧,去拯救世俗世界的一切有情众生,使他们能迅速脱离黑暗、罪恶、烦恼与痛苦,进而将他们引导到涅槃的世界上去,"因为涅槃世界是一个最后的宗教归宿"。无疑,《大般涅槃经》在理论上为三论宗"无所归依"的困顿提供了理论支撑。

另则,天台宗给出了智慧超升的动力点亦即起点问题,此根本的动力点乃是"心","心"或"心灵问题"当为三论宗的起点问题。方东美多次强调指出:"(天台宗)既然从《般若经》的立场更进到《涅槃经》的立场,以心灵为一切的枢纽,强调'心为法本',那么它便指明了'在一切事法的程序背后有一个支持它的根本体质,这个根本体质就是心灵'。"① 关于此问题,在论及天台宗的哲学思想时,我们还将注重讨论之。

二、天台宗核心哲学思想之解读

天台宗哲学的核心内容主要有一心三观、圆融三谛、一念三千及性具善恶等内容。方东美主要针对一心三观、圆融三谛及十如是进行解读,因为上述理论较三论宗有较大的推进与提升。鉴于此,我们亦将关注点聚焦于此。

---

① 方东美:《中国大乘佛学》,第506页。

（一）一心三观

"一心三观"基于三论宗的"四句偈"（"三是偈"）即"因缘所生法，我说即是空，亦为是假名，亦是中道义"的根基之上。只是，天台宗初祖慧文大师将之同"三智"即一切智、道种智、一切种智结合起来，进而领悟到三种智慧可由"一心"获得，从而解决了三论宗缺乏"体质"性的问题。慧文大师以空、假、中三谛，配合三智学说，首创"一心三观"。

所谓一心三观，是同一的心灵，可以同时表现为空观、假观和中观三种观法。同三论宗一样，空观是观一切法性本空，此乃从本质而言；假观是观一切法只是缘起假名，是从现象而言；中观是观一切法非空非假，则属于综合阶段，谓之抽象的具体。正如慧思所言："有不定有，空不定空；空有不二，名为中道。"[①] 与三论宗不同的是，这三观皆源于同一的"心灵"，皆以此心灵为根基、体质和依托，此无疑是针对三论宗的"悬空"问题而立论。

智者大师在继承慧文、慧思的基础上，更是创造性地发展了"一心三观"。他认为，每一观皆可统摄其余二观，譬如，取空观，则一切皆空；取假观、中观，亦复如是。方东美对"一心三观"进行了创造性的解读，他认为，"空观"（从假入空观）是对现实世界的提升，亦意味着人之精神的提升；"从空入假观"，则是"拯救世界的大计划"，是拿佛眼来补法眼的不足——消除万法皆空的消极倾向，把消极的精神人格变成积极的精神人格，然后再去拯救黑暗、痛苦的世界，是谓观空不空；"中道的平等观"，其意在于通过重新建立新理论（平等的理论），使超越的精神通过下回向回到这个世界，但又不沉溺于这个世界，而是通过悲智双运、定慧圆明的双重作用来完成拯救世界的伟大事业。

---

① 朱封鳌：《天台宗概说》，第40页。

经过如此之诠释，可以看出，天台宗的"一心三观"带有强烈的实践意义。其实，慧文大师的"一心三观"本来即是融实践与义理于一体，它建基于"止观双运"实践的根基之上。智者大师更开拓出"次第三观"，使之同上述的"一心三观"相容相契，更为圆满地拓展了"止观学说"理论。

"一心三观"重在探讨"心"通三观、三观互融的关系问题，"次第三观"则从实践的维度出发，针对修持的顺序立论。"次第三观"是指修习空、假、中三观时，有一个时间上的顺序，即最初修空，其次修假，最后修中——皆凸显其实践、修持之义。总体来看，"次第三观"同"一心三观"并无质的区别，前者在于逗机说法，后者则适合利根人。天台宗重视实践，故而宗门大兴。相比之下，三论宗的实践力量则远远不够，三论宗之所以沦为"绝学"，一方面固然在于它重批判、重分析的思路与国人不契，同时也在于它对实修强调得不够。

在"一心三观"的认识上，方东美尤其重视"心"的作用，为了强调"心"的统摄作用，他还提出了"三观一心"的概念，并作如是解读："对于这个真的思想范畴就叫做'三观一心'。在这地方不叫一心三观，而叫三观一心，是因观一心，见一切心及一切法；观一切法，见一切法及一切心；观菩提，见一切烦恼生死；观烦恼生死，见一切菩提涅槃；观一佛，见一切众生及诸佛；观一众生，见一切佛及一切众生。一切皆如影现，非内非外，不一不异。"[①] 方东美之所以强调"心"的作用，很大程度上基于这样的立场，即三论宗存在的"缺憾"最终为天台宗所克服。

（二）圆融三谛

同"一心三观"密切联系的理论，则是"圆融三谛"，这个工作主要由智者大师完成的。佛教称真理为"谛"，三论宗所言的二谛是指

---

① 方东美：《中国大乘佛学》，第 520 页。

真、俗二谛。俗谛,是从现象缘起角度而言,即一心三观之"假";真谛,则从本质的角度而言,即一心三观之"真"。除此之外,天台宗把"中道"提升为"中谛",并且空(真)谛、假(俗)谛和中谛互相融合,同时成立,每一谛同时统摄其他二谛,因为它们同时为一心所化的"三智"所观照,即一切智照空谛,道种智照假谛,一切种智照中谛。既然"智"从一心而出,那么"谛"亦当如此。这种即空、即假、即中的三谛互融通摄的境界,即为天台宗的"圆融三谛"理论。

"圆融三谛"的思想同三论宗的路数明显不同,虽然三论宗也试图消解真、俗二谛的对立,并创造性地提出中道义;然而,中道义本身亦是一谛,它将同真、俗二谛形成三谛并列的格局。天台宗则不然,通过一心三观、止观双运、三谛互摄之义理,彻底消弭了真、俗之谛的对立。不仅如此,圆融三谛亦包含了"一即一切,一切即一"的机体统一性奥义。基于此,方东美评论道:"在天台宗的思想里面,将已有的真谛与俗谛的二元对立,再提出一个更高的思想体系,但是更高的思想体系又容易贬值,贬成与原来的真谛与俗谛对立,所以他就要把原来二元对立的思想体系除掉,使它圆融和谐……成为我平常所说的'广大和谐性'。"① "如此一来,不论是真谛也好、俗谛也好,或者是中道哲学也好,或者是中道哲学之外,更进一步,更圆满的哲学思想体系也好,都要把它提升起来,以达到一个根本的心灵体质上面去。这种种不同的思想体系,都是从心灵的思维活动中产生出来的。"② 这里同样强调了心的作用,强调了天台宗的体质性特征。天台宗的圆融三谛还使得空、假、中的关系不再是折线式的上升,而是呈现出曲线式的进程,因为它采取的是有机互摄的思维模式:"这种机体统一性的思想体系,在它的发展领域上是由直线进程化为曲线进程,由此而表现

---

① 方东美:《中国大乘佛学》,第 470 页。
② 方东美:《中国大乘佛学》,第 467 页。

出圆满的精神道路；也可以说，天台宗综合了三论宗、华严经，而提出了另一个发展的新里程。"①

（三）"一念三千"与"十如是"

"一念三千"彰显出智者大师的独创性智慧。智者大师根据《大智度论》中的三种世间即众生世间（五阴所成一切众生，能居之正报）、国土世间（山河大地，所居之依报）、五阴世间（色受想行识，十界、五阴各有差别）与"百界千如"相耦合而有一念三千之宏伟思想。具体而言，一念三千是"十如是"与三种世界相关联而有三十种世界，十法界中每一法界又含有十法界，故有百法界，百法界同三十世界相耦合，故有一念三千之说。方东美对此进行了独到的解读，他认为，智者大师提出的"一念三千"有三重含蕴：一则"一念三千"更能彰显心之体质，因为世间一切皆系于一心；二则彰显"一切即一"的统一哲学，因为纵然世间万相森然，有十界十如等差别，但无一法不是三谛，无一法无具三千，三千世界不但统摄于三谛，且遍融遍摄，根底上是一个统一；三则一念三千尽可能地展现出了世界的存在样态，进而展现出三千种不同价值的世界样式，此可救治西学化质为量的偏执。

"十如是"语出《法华经·方便品》："佛所成就第一希有之法，惟佛与佛乃能穷尽诸法实相。所谓诸法中如是相，如是性，如是体，如是力，如是作，如是因，如是缘，如是果，如是报，如是本末究竟等。"② 为了把"十如是"同"圆融三谛"有机地结合起来，智者大师对"十如是"做了独创性的解读，其读法实则按照空、假、中的思路进行。空转，即"是相如，是性如"的读法，意为一切皆是空"如"；假转，即"如是相，如是性"的读法，表示不同相的差别；中转，即"相如是，性如是"，"如是"即表示中道义。智者大师通过三种不同的

---

① 方东美：《中国大乘佛学》，第440页。
② 赖永海主编：《佛教十三经·法华经》，中华书局2010年版，第378页。

读法来显示"空、假、中"三谛圆融之理,充分体现出其哲学体系诸环节之间的有机严谨性。

方东美在智者大师的启发下,站在中西哲学对比立场,对"十如是"进行了推进。他认为"十如是"的初转读法即"如是相、如是性"表现的是一种凌空的、普遍的、本体论哲学思想,也就是表现着以"空"为体的立法;第二种读法"是相如,是性如,是体如"则类似于西人胡塞尔的现象学,"'相'是'如如'的东西,'性'也是'如如'的东西,乃至'报'也是'如如'的东西。'如如'的道理就是指着世界任何现象都可以表现一切皆'空'的道理,这就变成基本的现象学"①。第三种读法是"相如是,性如是,力如是",属于现象学中的本质直观,以唯识的立场,即为"现量",不过这个现量不是五俱现量,而是本质现量,是"本来如此"之本质。以天台宗的说法,"'是'乃彰显真实无妄的意义,这正是离空有而即空有的中道"②。方东美对"十如是"解读的独到之处,在于他引入了现象学的理论,虽然其论寥寥数语,但却总能挠到痒处。在解读唯识学时,方先生更是将现象学与唯识论进行了深入细致的分析,研习中西哲学会通者不可错过。

三、近代西方哲学的困境及"天台宗"对西学的启迪

方东美一方面从三论宗存在的局限出发,去挖掘天台宗"一心"之特质;另一方面,方东美还以近代西方哲学为参照,以显扬天台宗哲学之优长。

如上所述,天台宗的特质在于将"一心"作为透显宇宙万相的根基,尤其用一心三观、一念三千等理论模型来试图解决"三论宗思辨严谨但缺乏动力"的问题。除此之外,方东美认为,天台宗的一心三

---

① 方东美:《中国大乘佛学》,第543页。
② 方东美:《中国大乘佛学》,第544页。

观的作用并不仅限于完善三论宗的理论缺陷，它还有救治西方近代哲学弊端之功效。

近代西方哲学主要弊端表现于何处呢？方东美认为，近代西方哲学之弊，在于忽视了心灵哲学、精神哲学的功能，使得一切趋于数量化、平面单一化，乃至最终导致价值中立之立场。

（一）哲学的"数量化"

自古希腊以降，哲学以追求形上智慧为鹄的，然而随着近代哲学的知识论转向，哲学家的注意力转移到自然界的知识领域中。近现代科学的发展取向告诉我们，若要研究自然科学，势必化能为质、化质为量，此势必将一些现象归结到数量的层面，否则就不可能对具体的知识有所掌握；但是假若完全陷入数量化的分析研究之中，陷入自然科学家的工作之中，那么哲学家的超越性又当如何体现呢？

然而，客观存在的事实却是：如果人们以西方近代的思潮来谈哲学，就其时而言，只有一个谈法，也就是透过自然科学即透过数学来谈，透过物理学来谈，透过生物学来谈，透过极大的物质资料来谈。"假设不是这样子谈，我们可以说是撇开数、量、质而乱谈。"① 问题在于，一旦把哲学划入数量化的领域，或者在哲学中引入数量方法时，哲学自身则陷入了困境，而最大的困境则是"价值中立"理论。

（二）"价值中立"说

自然科学的研究当然应采取量化模式，当然要从实证主义的立场出发。然而以量化为特征的实证主义立场不可盲目地引入哲学领域。因为若从此种实证的研究方法出发，首先被排斥掉的就是心理学。正如方东美认为的那样，从 17 世纪到 18 世纪，这个时期的学术发展尤其是哲学的建构，大致是根据心理学的立场建立起来的。然而，依照自然科学家的看法，心理学研究的只是物质的"次性"，次性本身根本

---

① 方东美：《中国大乘佛学》，第 522 页。

就是主观之物，它只是个体的感觉而已，自然属于假相，只有科学家研究的譬如广延等可以量化的东西即"初性"，才是真实的、客观的。"因此当心理学家想要解释世界时，马上被科学家一脚踢开。"①

18世纪时，由于产生了各种政治革命与学术革命的要求，因此催生了一个所谓有价值的人文世界。然而，这个人文世界的价值如何表现呢？这些价值是通过艺术、道德、哲学表现出来，具体地说，"由艺术看起来就是美，从道德看起来就是善，从哲学看起来就是真，从宗教上面看起来就是神圣的价值"②。可是这些所谓的真、善、美在自然科学家那里根本是站不住脚的，因为在自然科学家看来，以"次性"作为研究的心理学已经被打入冷宫，而所谓的真、善、美以及神圣价值乃是建立在心理学之上的第三性，是次性的次性，是主观的幻想。既如此，这个客观世界压根就没有它的地位，所以要讲价值中立。

倘若价值真的被漂白，一切唯科学马首是瞻，人之精神生命将何以附丽呢？由是，逼出了笛卡尔、莱布尼兹、康德等理性主义的应对思路。

（三）西方哲学家的应对措施

为了保持心灵哲学、精神价值等次性或第三性的有效性，防止自然科学的打击，笛卡尔采取了折中的处理办法。一方面，作为自然科学家的笛卡尔试图用数学来控制自然科学领域一切物质的质、量与能；另一方面，作为哲学家的笛卡尔又试图采取概念推演的方式来解决哲学的问题。然而，由数学控制的自然系统同由理性控制的概念系统如何和谐起来，仍是一个大问题。笛卡尔的做法是请出"万能的上帝"，把上帝作为最终的协调员来解决各种矛盾。遗憾的是，由于笛卡尔的物质世界观是机械观，而他凭借观念建立起来的思想是个心灵的机械

---

① 方东美：《中国大乘佛学》，第522页。
② 方东美：《中国大乘佛学》，第522页。

观,"等到应用这两个机械观来说明外在的自然界与内在心灵之后,他就把上帝锁到保险箱去,等到问题逼穷了,他又把上帝请出来"①。可见,笛卡尔的上帝并不能真正解决哲学问题,因为笛卡尔深受自然科学的影响,其哲学最终仍然依附于数学。

迨至莱布尼兹、康德乃至黑格尔之出现,才逐渐改变了哲学完全依附自然科学的方式,诸哲学家试图实现以哲学的思维来解决上述难题。譬如莱布尼兹的"单子说",单刀直入地把上帝这个最高层级的本体请出来,并使之统摄、协调一切单子。但是,莱布尼兹的"单子说"也存在问题,且不言其存在独断论的倾向——这几乎是任何理性主义者所无法避免的,其实"单子论"本身就存在问题。按照莱布尼兹的理论,宇宙里面有无穷个单子,亦即有无穷的世界,"在无穷的差别的世界中,如果每一个角落都要把上帝请出来,这个上帝一定要累死了"②。这表明莱布尼兹的理性走得并不彻底,所以康德就从理性出发,凭借理性去建立一个超越的自我,然后凭借其理智的范畴去驾驭感性世界。但是,康德仍然是二元论者,他没有真正把理性的精神贯彻到底。也许,黑格尔走得更远,他把整个世界看作绝对精神展开自身的正、反、合的辩证运动,并凭借理性而重建了包括艺术、道德、宗教等在内的价值体系,渐至恢复了哲学应有的领土。但毕竟好景不长,因为黑格尔之后的哲学出现了"堕落",由唯心论转变为唯物论(唯物论一向为方东美所不喜,这自然因为其与方东美的精神哲学相违背,亦是方东美的"唯心偏好"所导致)。方东美认为,唯物论遂使哲学进入"颠倒离奇"的世界,"而使得整个人类的性命领域都陷溺了,连哲学也丧失其建设能力,这可以说是史无前例的大灾难"③。方东美对唯物

---

① 方东美:《中国大乘佛学》,第 524 页。
② 方东美:《中国大乘佛学》,第 526 页。
③ 方东美:《中国大乘佛学》,第 527 页。

论的指责自有偏激一面，但其论对"庸俗的、机械论的唯物主义"来说，亦不啻一种棒喝，因为缺失心灵精神的"机械、庸俗唯物论"忽视了人的精神能动性，有可能重新把哲学拉回到17、18世纪的唯自然科学论。方东美认为西方哲学所存在的诸多问题不可能在其自身的思维框架内得到完满的解决，基于此种认识，他认为东方哲学譬如天台宗的一心三观于西方哲学颇有启迪。

（四）天台宗对西方哲学的"救治"

方东美认为，与近代西方哲学忽视心灵的倾向相反，天台宗尤其重视心的作用，他甚至给出"天台宗的'一心三观'乃是拯救颠倒离奇世界的灵丹妙药"之主张。近代西方学术的"数量化"，实则将自然界乃至人类仅仅视为被算计、缺乏创造性的"被动之物"，它完全忽视了人的理性作用。即便理性主义者康德，也因对物自体缺乏认知而未能跳出二元论的窠臼。费希特、黑格尔的"绝对自我"与"绝对精神"固然强调了理性精神的作用，但在对待"理性精神对下界"的投射理论时亦不如天台宗圆满，因为无论费希特还是黑格尔仍然保留着"唯知"的偏向（"唯知"有时也伴有幻相的产生），"知"而非"智"，知不过代表信息而已，而智则不然，它还代表这种创造性的能力。故而，自康德至黑格尔的重"知"思路虽然对主体的理性精神有所重视与强调，但仍然不能与方东美意义上的广大、和谐精神相媲美，比之于天台宗的"一心三观"（包括建基于其上的一念三千）圆融境界，更是相形见绌。

西方哲学的量化倾向及由此引起的价值中立说，以天台宗的立场来看，不过是现象界的"妄心"而已。若以佛学立场来看，岂止迷恋科学的量化是妄心，任何执着于外界之念皆不过妄心造作而已。一念三千，三千之中妄心何其多矣！譬如近代西方哲学把世界仅仅看成一个数字化的平面，武断地取消了"立体世界"的多样性，实乃是妄心自用的结果；它不但最终将使得真实、生动的立体世界"蔽而不显"，亦因此贬低了人的主体精神与创造性，将人束缚于数字的平面之中。

从天台宗一心三观的立场看，康德所谓的物自体不可知的说法亦不圆融，因为物自体最终不过是心的一种表现而已，且是妄心的一种——既然是心之呈现，又如何不能认知？又譬如，为了解决认识论与伦理学的问题，休谟把事实分为必然事实和应然事实，必然事实处理的是知识，无关价值；应然事实处理的是价值，无关于科学。此种分类自然颇有益于学术发展，因为它厘清了事实与价值的关系，自有其不朽的学术价值。但假若站在天台宗的立场，无论科学本身如何与价值不相干，但科学总是由作为主体的人进行研究，总是有心（人）的参与，而心参与之，就少不得人的理性（主观性），就必然与价值相染，哪里有价值中立的存身之地呢？倘若强谓之"纯粹之客观"，那么此种科学必然是与人绝缘之物。科学若是绝缘之物，人们又何以认识科学？

对于近代西方哲学的种种偏执，方东美认为，人们皆应借鉴天台宗的一心三观理论，应圆融三谛，而非执着其一不顾其余，不应再让妄心造作种种破灭的世界、造作种种颠倒离奇的世界，因为此不但违反宇宙发展法则，违反宇宙生生不息之精神，亦违反人的心灵。"所以我们要从各方面去努力，并以妄尽还原的旅程去观照，将妄心灭息修止，然后再从世界领域中去找出真正的精神重心。如此才能纠正过去机械式的科学见解、唯物的科学见解。"[①]

四、天台宗同中国传统哲学的契合

三论宗发展至天台宗，较圆满地解决了三论宗所存在的问题，彰显了佛教自身的发展逻辑；同时，天台宗与中国传统哲学尤其儒学具有相当的契合性，后人所谓"佛教中国化"之说，当基于此。对于上

---

① 方东美：《中国大乘佛学》，第528页。

述问题，按方东美的上述思路，大致可从三个方面阐明之。

首先，就天台宗所宗经本来看，《法华经》本身"无所说"的特点自然有助于天台宗理论自身的圆融。三论宗长于分析，以现代哲学眼光看，当属于分析哲学；天台宗亦长于分析，智者大师所著《法华玄义》即如此。天台宗虽重分析，但却未陷入分析的泥潭，总体而言，天台宗消化吸收了三论宗的诸多理论，并在此基础上创造性地提出诸如圆融三谛、一念三千、十如是等观念，可谓圆融无碍——这当然同其所宗经典《法华经》有关。牟宗三先生在判教时，甚至认为天台宗乃可称得上"圆教"。因为《法华经》的殊胜之处在于"权实问题"的处理，它属于"不说而说"的"非分别说"，不是分解的说——此与道家哲学有着某种内在的关联；"分解的说"某种程度上即为"分析的说"，极易陷入（或沉溺）于偏执之境，三论宗即典型的分解的说（重分析）。《法华经》属于般若经，它的"不说而说"无系统相，"所以不可诤辩，也因此成为圆教。……此种圆教，不再是另一交替可能的系统，它不再有特定的系统相，所以是不可诤辩的"①。方东美当然承认天台宗的圆融性，这尤其凸显在其与三论宗的比较中。言及判教，方东美则不同于牟宗三。他认为，天台宗虽然具备佛学圆融品质（同三论宗相比），且具有与中国文化契合之特征，但仍然不能称之为圆教。因为它并没有真正消除二元对立的分析思维模式，还有可能导致孤立系统的出现。真正称得上圆教的乃是华严宗，在以后的章节，我们将涉及之。

其次，天台宗"止观法门"与儒家思想具有契合性。天台止观法门，在于通过止、观而得"定""慧"。当然，"止"某种程度上即意味着定，定而必生慧——因为定非死定，而是定中有观，此观即用慧眼观，止中之观（乃避开一切偏见的观）其实就意味着一种智慧。以现

---

① 牟宗三：《中国哲学十九讲》，第282页。

象学的立场看，这种观，就是本质直观，它意味着把外在的现象及内心的成见放在括号里，让物本身显现出来。如此通过止观双运，以达到"定慧圆明"。

止观无疑源自佛教的"禅观"，此禅观并非为佛教所专有，儒家亦有类似的心性功夫，只是称谓不同而已。诚如方东美先生敏锐地指出，天台宗的止观法门同儒教有某种契合，至少表现在两个方面：一则在于止观之理与《大学》之论颇相关。《大学》所谓"知止而后定，定而后能静，静而后能安，安而后能虑，虑而后能得"，其中《大学》之定同天台止观法门之止颇相类，二者在原理上并无质的差异。二则在于止观同《大学》皆看重实践功夫。儒家《大学》中"三纲八目"之最高目的即为"止于至善"，这个止于至善绝非靠纯粹的消极之止所能完成的，亦非靠纯粹的逻辑推演达成，它是靠心性的实践功夫来完成的。"它（止）不是消极的，而是说它的目的就是要把整个的宇宙、整个的人生都升到精神上面的至善境界。这也是大学中所说的'明明德'的意思。"[①] 天台宗的止观绝非纯理论的构想，因为禅定本身就是功夫，只是这个功夫更多地在心性上着手。其实，止观法门并不局限于天台宗，法相宗乃至印度原始佛教，皆讲止观，且皆将止观作为一种实践功夫。因此，方东美认为，止观法门，在实践层面上，同儒家注重修身的功夫是一致的。

最后，天台宗"众生皆能成佛"思想同儒家"人人皆能成圣"理念相契合。印度原始佛教并不主张一切众生皆有佛性。譬如法显翻译的《大般泥洹经》卷三曾指出："如一阐提懈怠懒惰，尸卧终日，言当成佛。若成佛者，无有是处。"[②] 该经亦有"一阐提者，即请佛世尊所不能治"。在"涅槃佛性学说"后，"众生皆有佛性"的思想才为人

---

① 方东美：《中国大乘佛学》，第482页。
② 朱封鳌：《天台宗概说》，第62页。

所接受，此尤其归功于天台二祖慧思的《法华经安乐行义》。此虽是一部小书，然而却把《涅槃经》的思想给彰显出来，"它开宗明义就说一切众生皆有佛性，也就是等视一切人类、一切生命，都要把它当做神圣的人类，神圣的生命"①。及至三祖智者大师，更是发挥性具善恶的思想，取消了佛同凡夫本源上的差别，使凡夫成佛具有了充分的可能性。

很明显，"众生皆能成佛"的思想同儒家"人人皆可成为尧舜"思想具有极大的亲和性，此亦天台宗之所以能够打动中国人心灵的重要原因。

第三节 论法相宗

就现代新儒家整体而言，大多对佛学有过一定研究。不过，若论及对法相宗②的研究，特别是以唯识学为基点进行深层理论推演的，当属熊十力、方东美、牟宗三诸先生③研究最深。因为他们不但对法相唯识理论进行了深入的探讨，而且还以唯识为牵引，进行了各自理论体系的构建。

譬如，熊十力的哲学基点即是唯识——当然是被改造了的唯识，熊十力以儒家"大易"生生之易的大化流行之精神改造"唯识"，以翕辟、体用（不二）、性相（不二）等概念去构建自己的哲学体系——《新唯识论》即是代表。可以肯定地讲，若无唯识作基点，熊十力的哲学体系很难建立起来，即使建立起来，其逻辑力量亦未必如此

---

① 方东美：《中国大乘佛学》，第488页。
② 与其说研究法相宗不如说研究唯识论，因唯识论哲学意味颇浓，尤其具备现代哲学的分析特质。
③ 马一浮、梁漱溟二先生亦有关于唯识的论述，但二者旨趣不在唯识的推演上，故本书暂不论及。

坚实。

如果说熊十力乃从本体论的维度挖掘唯识以建构自己的哲学本体论的话，那么牟宗三则从认识论的角度讲唯识。他既试图借用《大乘起信论》中"一心开二门"的格局，将生灭门与现象门相对应，将真如门与所谓"智的直觉"（本体门）相对应，试图把康德所纠缠不清的现象界与物自体整合到"一心"上来，以完成其哲学视野中的"圆善论"；还试图用"心所"中"心不相应法"的格局与康德的"先天诸范畴"相类比，以此安排外在"现象"以"接引"科学，以期通过良知的"自我坎陷"为儒家开辟出科学知识的路向。牟宗三尝言，其师熊十力建立了性论，但由于西学的逻辑知识，终其一生未能建立起"量论"，牟宗三的《现象与物自身》堪称"量论"，可谓完成了乃师之遗愿。

熊、牟二人固然重视唯识，但他们乃是站在儒家心学立场做功夫，无怪乎学术界将熊先生及其弟子作为宋儒心学的复兴和开拓者！

方东美的"唯识观"则有所不同，他既不若熊十力那样以唯识为基点去建立现代新儒学，亦不若牟宗三站在"护教"之立场去贯通中国哲学与康德哲学。方东美站在更为开阔的视域上研究唯识：他既能以更为广阔的中西哲学比较视野透悟唯识，又从唯识自身的发展逻辑解读唯识，他尤其善于从法相唯识自身的逻辑演变中发现问题，并试图找出解决问题的办法——此乃方东美的殊胜之处；同时方东美善于将法相唯识的研究方法吸收到自己的研究中，毋庸置疑，方东美的哲学体系之建构吸收了法相唯识的分析法。

基于此，我们探讨方东美的唯识学，亦大致沿着两条主线推进：一条以"法相唯识论"与西学的关联为线索；一条以方东美对法相唯识的认识与评论为线索。

一、"法相唯识论"与西方哲学的关联

（一）从西学的立场看"唯识学"的时代必要性

方东美在 1969 年第五届东西方哲学家会议发表的《从宗教、哲学与哲学人性论看"人的疏离"》一文中，不点名地批评了以海德格尔为代表的西方存在主义哲学。方先生认为，现代西方存在着严重的"人的疏离"问题，这种疏离固然为存在主义所揭示，但却根植于西方的哲学根基之中。方东美认为西方哲学的危机不可能从其自身中彻底得到拯救，他甚至以为只有唯识思想可以破除近代哲学的偏执，这同海德格尔的"只有一个上帝才能拯救西方"的言论截然不同！方东美试图以东方思想"救援"西方，海德格尔则试图通过改变西方哲学的路径自我拯救。撇开拯救方式不提，人们追问的是，现代西方究竟存在着怎样的生存困境呢？

若用一句话大略概述西方的现代困境，则曰：现代西方人所面临最严重的生存危机乃是其所遭受的难以摆脱的"被控制"的命运——这种控制直接来自于科技。对于西方现代人所面临的生存困境，方东美曾给予如此描述："人类的生存都要投到种种生存的领域里面去、生存的境界去。但是这个生存的领域与生存的境界，从近代科学的领域看起来，已经发展为科学的机械主义、科学普遍的唯物论所笼罩的一种物质领域。任何人如果把生命投到那个领域去，总是要被一个大的机械物质力量所束缚，生命的存在不能超脱、无法解放。"①

众所周知，现代西方科技文明高度发达，科技固然能解决诸如衣食住行等基本生存的问题，但科技带来的问题更为严重——科技连同那种机械式的思维也可能导致海德格尔所谓的"人类连根拔起的命运"。我们知道，科技最终建立在一系列的因果逻辑关系之上，而一旦这种"机械的逻辑"占领了人类的生活世界并按照自身的轨迹在现

---

① 方东美：《中国大乘佛学》，第 559 页。

实世界运转起来，那么人类的命运也势必被此"机械的逻辑"所决定、所控制。这种必然的命运同人类追求自由的精神是格格不入的。

还须说明的是，科技的力量不仅进入物质生活，更进入政治、社会制度、精神生活等层面。自 18 世纪以来，西方政治制度、社会制度之设计皆服从所谓的理性原则——理性在现实中表现为程序化的机械原则，而作为个体的人在其中非但无任何自由可言，反而处处觉得被压抑、被限制，处处感到生命失去应有的尊严。诚如是，此种生活即便富足又有何意义可言？

更进一步讲，如果说在 18 世纪之初，西方尚有"不自由，毋宁死"的选择，在 20 世纪，人们似乎连"死"的选择都充满困惑和限制，这意味着人们即便通过"死"也不能解脱其面临的生存困境。面对如此生存之困顿，海德格尔在其哲学著作《存在与时间》中做了深入的分析，他试图通过"向死而生"的方式重新审视时间，把生命载入时间之中，以期唤醒人们的真正"存在"。

在方东美看来，海德格尔的努力是没有结果的。方东美曾对海氏的计划有过精辟的论述："所以海德格尔在那个地方尽其一切生命的可能要想产生一套大的生命计划，要把生命投到时间里面去，把生命投到历史的洪流中去。但是这时他又发现，时间也是一个大的天罗地网，它不仅仅可以支配着现在一切生命的存在，而且对于未来的一切生命的转变，也都会受到未来的时间所支配。"① 此言，把生命投入到无限的时间中，亦不能逃脱被控制的命运，因为不但时间在科技理性的安排下成为可被控制的空间领域，而且就时间本身而言，未来的时间亦非自由之物，它受制于当下乃至过去时间的安排。由于这个时间的天罗地网同佛教的"因缘流转"具有同构性——譬如，法相唯识宗中"种子"说可以说明海德格尔的思想。因缘流转理论认为，世界本身就是

---

① 方东美：《中国大乘佛学》，第 559 页。

一个天罗地网：业力熏染种子，种子储备业力且逢缘又起业，业又进一步熏染种子，于是在时间的长河里如此辗转往复，无有尽头。当然，海德格尔毕竟对佛学认识有限，故他最终也只能落入苦恼意识之图圄而不能自拔。继起的萨特在著作《存在与虚无》中同样揭示出生存的无奈、虚妄与失落，但最终不免仅仅停留于无奈的困境。

导致西方处于疏离状态的终极原因到底何在？方东美认为，西方人之所以陷入当今疏离之状态，实由西人固有的哲学思维模式所致的"二执"引起，二执即唯识宗所谓的法执和我执。以法执言，当源于西人自古希腊以来所形成的实在论哲学，这种思想虽经中世纪、文艺复兴之发展，但其核心内容没有大的变化。这种思想的根本观点是：人生所处的世界乃一客观的、真实的世界（这个客观、真实的世界在唯识学看来，即是最大的法执）。处理这个客观世界的方式，亦无非两种：一则按照外在客观的世界秩序安排人自身；一则以自身之内在理性去安排自然。但遗憾的是，这两种安排的最终结局皆屈服于"外在客观世界"：把一切交给客观世界将导致人之被动的局面自不待言，即便以人之内在理性去安排事实，亦逃脱不了自然的笼罩。因为人所谓内在的理性亦须同外在事实相适应、相协调起来，然而当人类的理性投射到科学上面或者哲学上面之后，"其结果反而把人的内心给点化而成为外在的实在领域"①。如此看来，当人的一切行动自觉不自觉地归属于客观世界之时，也意味着人被包括技术在内的客观世界所限定、所控制。即是说，在这个根深蒂固的客观世界面前，人是被限定、被控制的。故而，如果西方人仍然执着并沉溺于此客观世界——唯识所谓的"物执"之中——其实现自身救赎的目的基本上是要落空的。

除了"物执"，西方人还有强烈的"我执"，此种我执主要表现为强烈的个人主义。自古希腊以来，西方哲学还同时具有客观唯心主义

---

① 方东美：《中国大乘佛学》，第 567 页。

的传统,客观的一面其实也包含着"唯实主义"的成分,其最终将沉溺于物执而不能自拔,已如上所述。唯心则在于彰显主体的自由,主要表现为个人主义。且不言古希腊德谟克利特、伊壁鸠鲁就曾倡导过所谓的原子主义,即便文艺复兴以降,崇尚理性乃至绝对自我中心的个人主义就从没有中断过,他们打出"做新人""实现独立人格"等口号。然而,其结局却又未免陷入存在主义所描绘的"被控制的"困境。方东美对此分析道:"他虽然处处要表现他独立的人格,认为是纯洁心灵与尊严,但是他所面对的社会却是要他是绝对的奴隶,无条件的受支配。像这样的人处在这样的社会里面,可以说处处都要他丧失他的自由。""他的存在方式是要把存在投到世界上面去,立刻变作集体人里面中的一员。结果存在对他来说反而是一种灾难。可是假设他要是不存在的话,他马上就会死亡;假设他完全接受死亡的命运,那倒还可以心安理得,但是他又要求能活下去,只要把悲剧能延伸下去,因此到头来还是一场悲剧。"① 西方现代人的这种强烈的个人主义心态,乃是唯识论中的"我执",此我执必然导致西方现代人的双重悲剧命运。基于此,方东美给出自己的结论:唯识思想可以破除近代哲学的偏执。他曾明确说出这样的话:"假若海德格尔问到我的话,我一定会站在佛学的观点给他开出两个药方:第一个是法无我;另一个就是人无我。"②

　　法相唯识所谓的"法无我""人无我"意味着什么呢?所谓法无我,就是我们所面对的这个客观世界并非真实不虚,而是流转不息的因缘组合,是"幻有"之世界;所谓人无我,乃言即便我们"自己"也不过是执着于第八识见分的被污染的末那识而已,仍然是无自性的虚幻存在。既然"我"连同我所居住的"世界"都是虚幻的,又何必执着并沉溺于其中呢?故而,方东美认为唯识思想可以破除西方近代

---

① 方东美:《中国大乘佛学》,第 574 页。
② 方东美:《中国大乘佛学》,第 576 页。

哲学的偏执："所以要想医治近代存在主义的两大病根，那么，我想唯有透过法相唯识宗的佛学所说的'人无我、法无我'，这两种思想可以说是最好的药方。"① 自然，方东美的本意不是让西人"放下一切"，回归古老的东方，而是提供一种全新的思维模式，对症下药，解决存在的现实问题。

我们暂不论方先生开出的药方于西人是否有效，仅就方东美对西方哲学之流弊之细致入微的分析，就足以令人信服；至于其对中西哲学全视域的把握及所付出的人文关怀之努力，更令人钦佩不已！

（二）对唯识学与现象学的尝试性会通

方东美不仅关注现实问题，亦关注学术前沿问题（方东美探讨佛学之时正值现象学盛行）。方东美借助西方现象学的相关理论，对唯识学进行了富有创见的分析，这实则开启了现象学与唯识学比较、会通之先河。方东美以为，胡塞尔的现象学整体而言，大略分为三步，即描述的现象学、建设性的现象学以及超越的现象学；唯识亦有三过程，即法相、唯识与唯智，且此三过程彼此相应，构成比较、会通之契机。为了彰显法相唯识之意蕴，笔者拟从法相唯识的分析进程说起。

1."法相"阶段

"法相"阶段，即方东美所谓的描述现象学阶段，对应于胡塞尔的"本质还原（悬搁）"理论，乃为纯粹客观之描述。以唯识言，无论是成实论阶段的七十五法或八十四法抑或法相唯识的"百法"，主要是通过概念来描述客观世界存在的状态，而无任何"唯识"（主观、分别）的解释。若按《楞伽经》中"八识二无我，五法（名、相、分别、正智、如如）三自性"的说法，此阶段当为五法中的"名、相"客观之描述，不涉及任何主观的态度或知识。

此种"主动"屏蔽任何主观的态度，实则相当于胡塞尔的"悬

---

① 方东美，《中国大乘佛学》，第578页。

搁"。胡塞尔认为"任何知识不能再作为被给予的知识,因为它不能从任何前科学的认识领域中接受任何东西,任何认识都具有可疑性的标记"①,故而任何主观之文化甚至包括已然取得的科学成就皆应进行"悬搁","悬搁"意味着把以前的主观之物放在"括号内",使之不起作用。它要做的顶多是将客观之物(即胡塞尔所谓的"绝对被给予性")描绘出来,谓之"描述的现象学"。

2."唯识"阶段

"唯识"阶段,即方先生所谓的建设性的现象学阶段,大抵相应于胡塞尔的意向性理论。"法相"阶段是客观地描述出世界万相,"唯识"阶段则是进一步的追问阶段,是对"分别"的分析和追问:这种种现象是如何产生的?其根源何在?它因何而生?这样的追问势必逼出一套理论来,这套理论即为唯识的意识结构的分析理论,一切现象都必须安置在意识的基础上才能得以说明。按胡塞尔的理论,超越之物在"我"之外,不能作为认识世界的根本,唯有"内在之物"或"绝对被给予性"方具有明证性。并且,胡塞尔在坚持"绝对被给予性"的基础上,提出著名的意向性理论——尤其"意识构造对象"的理论即是方氏所谓的"建设性"现象学。建设新的现象学,当然涉及主体意识,但此意识在"我之内",是可以被利用的,它具有明证性之特点。当然,"我之内"的意识亦包括想象、回忆等各种意识(包括实项的、意向的等等),胡塞尔对之给予了一定的区分。但界限不甚严格,在此姑且不论。

唯识建构的理论则是通过把"描述现象学"即色法作为相分,把相分化作见分(此见分即相当于胡塞尔所谓"回到事情本身"之意识),再化作自证分(相当于胡塞尔的"先验自我"),在心智结构上安排色法——此大致可对应于胡塞尔的"意识构造对象"。当然,并非所有的"相"皆能化入心灵之中,譬如"不相应法"(如时间、空间

---

① 胡塞尔:《现象学的观念》,倪梁康译,上海译文出版社1984年版,第32页。

等）就非唯识所能化解的，此须依据"正智"加以剖析、分判。自然，唯识之分析不可走极端，否则将沉溺于无休止的分析中无法证得大智慧。对此，方东美明确指出，"在这里面所应有的限制就是不可过分的着重分析，如果过分的分析就会变成虚妄分别之后，就会把思想从精细阶段的发展到更精细的错误阶段"①，也很难超脱出来。这意味着"唯识"阶段乃是必须要超越的阶段。

3."唯智"阶段

"唯智"阶段，即方东美所谓的超越的现象学阶段，约略对应于胡塞尔的本质直观。唯识固然通过心理结构的建构给法相以合理的解释，但唯识本身并不纯粹——这里姑且不论第八识染污的问题。唯识本身就说明它仍然还停留在虚妄分别的层次上，故而，法相唯识宗必须通过"转识成智"的层次，方可达到大圆镜智的"如实慧"（如如）境地。"假设'识'没有转灭，那么你就靠不上真如。换句话说，你还在《楞伽经》所谓名、相、分别里面兜圈子，你未具足智慧，没有智慧的人如何靠上这个真如呢？"②因此，法相唯识宗必须归结到"唯智"上来。通过唯识的透彻分析后，必须返回到法相上去。这时的法相不再是虚妄视野下的法相，"而是根据彻底澄清以后的智慧。也就是把一切的错误彻底洗刷之后，然后再透过智慧的观点来了解世界里面的一切构成因素"③。按照现象学的思路，此应为超越现象学，即超越外在藩篱之制约达到"本质直观"（牟宗三先生称之为"智的直觉"）："每一种原初给予的直观都是认识的合法源泉，在直观中原初地（可说是在其机体的现实中）给予我们的东西，只应按如其被给予的那样，而且也只在它在此被给予的限度内被理解。"④如果不能达

---

① 方东美：《中国大乘佛学》，第617页。
② 方东美：《华严宗哲学》（上），第348页。
③ 方东美：《中国大乘佛学》，第590页。
④ 胡塞尔：《纯粹现象学通论》，李幼蒸译，商务印书馆1992年版，第92页。

到本质直观,那么现象学的理论就是不彻底的。由描述的现象学通过分析(构造)最后又重返现象(法相),此现象乃是本质直观的现象。本质直观同佛家所谓的真如、实相是一致的,佛法修行的目的无非是祛除染污之障碍,恢复清净之"佛眼",能本质直观到世界万象而已!

当然,胡塞尔的现象学终究与唯识相异,本质差异在于:现象学之主旨在于给予科学知识以奠基,其所用方法无非是还原到先验主体层面——即便胡塞尔提出本质直观的理论,但终究只是理论而已;唯识学本质上是修证、实践之学,其所谓的"转识成智"则是通过个体的艰苦体验而来,离开艰苦卓绝的实践功夫,逻辑严谨的"唯识学",在佛教看来,也不过戏论而已!

要之,方东美借助胡塞尔的现象学理论,对法相唯识做了中肯的分析;同时,亦借法相唯识的理论对现象学给予评判,可谓开启法相宗与现象学比较会通的第一人——我国大陆学界第一部探讨唯识与现象学的著作乃张庆熊先生1995年出版的《熊十力的新唯识论与胡塞尔的现象学》,距离方氏研究至少相差二十年。亦须说明的是,方氏关于唯识与现象学的论述不甚系统,多散落于其讲稿之中,须做一番整理功夫,方能成为一个系统,本书之论不过抛砖引玉,以期有志者为之。

二、"法相唯识论"的解读与评价

从中西会通的视野看待"法相唯识论",固然彰显了方东美的独特视角和开阔的视野;从佛学自身发展的进程审视、解读"法相唯识论"则反映了方东美对佛学经典的深刻理解与娴熟把握。

对于法相唯识的研究,方东美不同于"流俗",甚至不同于传统权威的看法。譬如,他对玄奘、窥基以降的传统唯识理论提出异议;对由日本传入的所谓"业感缘起"提出批评(他认为应为业惑缘起);对研究法相唯识所应采取的途径提出自己独特的见解;等等。此皆表明他对唯识、对佛学的研究皆做过沉潜的功夫，且有着自己的真知灼见，而非浅尝辄止。方东美关于法相唯识的主要思想散见于《中国大乘佛学》和《华严宗哲学》中（对法相宗而言，方东美认为核心问题在于对"唯智"的肯定）。若对方东美的唯识思想进行归纳和概括，可约简如下。

（一）要全面准确地认识和理解唯识

对于唯识研究之现状，方东美认为不容乐观，因为不少讲唯识的人"都只是在那里喊喊口号而已"[①]，并没有真正掌握法相唯识的精髓。在他看来，讲唯识大致可分为三种：一种是用窥基大师的名词讲"虚妄唯识"，这是一种不究竟、要不得的唯识；一种是"因缘唯识"，即根据一些概念、范畴，把每一件事物的因果安排在连续不断的流转之中；一种是"胜义唯识"，这种唯识是一种"转化干净"了的唯识，是理想的状态。但事实上，由于学者缺乏对原始材料的占有和研究，往往走向偏颇，走向"遍计执"的路子上去。三种唯识的"讲法"之所以不究竟，其最根本的原因在于他们对印度佛学缺乏总体的把握，对经典材料把握不够。由是，方东美提出自己的研究主张，他认为研究法相唯识必须重返经典、重返源头，而不可半路上杀出，那样势必讲成"斩头"的唯识、曲解的唯识甚至"虚妄"的唯识。若要真正讲好唯识，必须做到：

1. 讲唯识要从佛教经典"六经十一论"入手

讲唯识必须从"六经十一论"入手，而不是仅仅以《成唯识论》为范本，更不能以熊十力的《新唯识论》为依据。熊十力的《新唯识论》本质上是在"援佛入儒"，根本不能作为研究法相唯识的凭借；即使玄奘法师译介的《成唯识论》，亦非源头，因其不过是十大唯识论师观念的集合，故而其中未免有矛盾之处。中国慈恩派所传承的法相唯识哲学，实则把重点放在唯识方面，对"法相"有所轻视，故亦非正宗的法

[①] 方东美：《中国大乘佛学》，第 597 页。

相唯识。方东美以为，讲唯识必须回源头，不但要回到世亲、无著，而且还要回到弥勒乃至弥勒所根据的《华严经》《密严经》《如来出现功德经》《大乘阿毗达摩经》《楞伽经》《解深密经》等六部大经上面去。掌握了经的内容，然后再去研究"论"，经过这样系统的学习，方可弄通法相唯识的主要脉络，不至于陷于唯"识"的境地不能自拔。

其实，在佛教界尤其在法相唯识宗内部，他们亦赞同"六经十一论"的观念，譬如太虚法师及其弟子皆将"六经十一论"视为研究法相唯识之必读经典。方东美与时人不同之处，还在于他不但强调学术研究要下苦功夫，要重视原典，他尤其强调要从"六经十一论"中看出后世"虚妄唯识"的误区，倡导"唯智"的路向。无疑，此种主张也是部分研究宗教哲学的人士所易忽略的。

2. 讲唯识不可绕过俱舍论与成实论

人们讲大乘佛学一般不怎么理会小乘佛学的内容，此委实是要不得的"非客观"态度，甚至可以说是一种偏见。方东美认为，讲唯识绕不开俱舍论与成实论。首先，讲唯识离不开"法相"，五位百法其实很多内容是讲"相"的，法相宗的哲学是在《密严经》《楞伽经》《解深密经》里面，"这三本经可以点化成瑜伽师地论。但是这本瑜伽师地论里面所根据的是楞伽经的'无法三自性，八识二无我'这几个重要范畴，它不是天上掉下来的，若要找其根源是从原始佛教里面的一切有部，后来转变成俱舍论"[①]。因此，讲唯识必须讲法相，而讲法相则绕不开俱舍论与成实论。

其实，法相唯识理论本身乃经俱舍论与成实论逐步发展而来。俱舍论，按方东美的说法，若以近代名词来说，可称之科学的实在论。之所以如此称呼，是因为俱舍论用近乎描述现象学的方式把世界万相描述出来，并分门别类，用色、受、想、行、识把物理世界、生命世

---

① 方东美：《中国大乘佛学》，第609页。

界、心灵世界贯通起来，形成所谓的"五蕴"法——当然，七十五法亦从此立，唯识宗的百法亦源于此。由于原始印度哲学里面"人无我""法无我"思想还没有诞生，作为客观唯实主义的俱舍论，主张人我、法我皆是客观的存在，并且他们"将人、我投放于时间之流中去看它的辗转变化"。然而在这里面，一切变化的主流是在什么地方呢？方东美认为，在"识"的转变上，所以这样子一来，成实论的思想就产生了。俱舍论为客观实在主义，承认我、法俱有，而成实论则把外在世界的客观性进一步给点化掉、否定掉，将之转化为主观知识的状态，"然后才由此，从外界回到意识的内心上，把意识的内心也给化除掉，就像把本体哲学化除一样，而变成机能哲学，换句话说，变成'识'的流转作用"①。唯识论则进一步把一切归结到"识"上，不但"法无我"，而且进一步把人的偏见去掉，主张"人无我"。这样就把印度原始本体哲学化成了机能流转的"识变哲学"，即唯识学。由此可知，讲唯识学需追溯源头，不可绕开俱舍论与成实论。遗憾的是，印度的法相唯识，传到中国时，则离开法相，只讲唯识。"自清末到民初，中国不谈佛学则已，一谈佛学就是法相唯识宗；一谈法相唯识宗就抬出支那内学院来，大家随声附和，都讲唯识，唯识！唯识！几乎除了唯识以外，几乎没有正宗的佛学。"②方东美的意思是说，讲唯识当然可以，但必须从源流上讲，必须讲"正确的唯识"，这里"正确的唯识"就是既要讲法相，同时还要从法相的角度转入"唯智"的系统，因为唯识宗的最后目的在转"识"成"智"，倘若不能跳出"识"的圈子，那么，唯识真的变成"虚妄的唯识"了。

3. 讲唯识不能绕过安慧的"唯智"

方东美认为，中国对法相唯识的研究仅仅走了印度法相唯识的一

---

① 方东美：《中国大乘佛学》，第611页。
② 方东美：《华严宗哲学》（上），第348页。

半。因为就中国法相唯识的源流来看，实源自弥勒，而后无著、世亲以及十大论师，后传之戒贤，其后则是玄奘、窥基、慧沼、智周等。至于现代人（即20世纪二三十年代）所研究的唯识学则是杨仁山居士从日本辗转而来的文本，大致是中国先前传入日本的资料。而就弥勒所传法相唯识而言，实则有两条路线，除了护法、德慧、亲胜、难陀、陈那等对无著、世亲的《唯识三十颂》《唯识二十颂》的解释外，还有安慧的一路，安慧这一路乃是重"智"的一路。由于安慧的著作，在中国所传译的只有《中观释论》及《杂集论》——且《杂集论》并非其主要著作，其最重要的著作乃是注解世亲的《唯识三十颂》的梵文本，但这部书直到20世纪才被发现，并由内学院的吕澂译出。此经一出，影响颇大。譬如，欧阳竟无先生起初重视唯识，而晚年乃重视唯智，不能不说与此有关。

安慧的重智并非空穴来风，实则根据弥勒《瑜伽师地论》思想而来。因为弥勒在《瑜伽师地论》的后半部，清楚地阐明了建立阿赖耶识的双重意义。其一，在于通过阿赖耶识勾画出整个世界的运行机制，在某种程度上类同十二因缘，不过它比十二因缘更加严密：因为它借助一系列诸如八识、百法、五蕴、四分（见分、相分、自证分、证自证分）概念、范畴，给予流转不息的世界万相一定的安排，并加以强有力的解释。人间的痛苦包括烦恼障、所知障皆可在"识"中找出根由，并在时间之流中辗转——此即为"识之流转"。其二，建立"转识还灭""转依真如"的终极机制。"识"毕竟是方便说，建立"识"的目的在于引导人们改变观念，进而转识成智，这才是佛教的最终意义。所谓的"转识还灭"，即"等到转识转灭后，再把它（识）缴回来，缴到永恒的世界上面去，这就叫做转识成智、转依真如，真如即是永恒！换言之，弥勒菩萨在此地所讲的唯识试图用两套哲学来解决此终极问题；一套是有限的生灭变化哲学，也就是说生灭变化不断显现流转识；第二层再扭转过来，从时间的生灭变化过程，把它回缴，缴到永恒世界上面去，这叫建立流转还灭"①。

安慧所走的路子即为弥勒所谈的第二条路子，即唯智的路子。他不主张从见分、相分等分析的路径入手，那样将陷入"分别"中，即便用自证分、证自证分来补救亦无济于事，因为按照分析哲学的思路，层层推理、分析下去，证自证分又靠什么保证？更何况，方东美认为，按照安慧的说法，"一切意识上面的了别作用，划分为能取、所取，产生见相二分，这个见相二分的最后归宿，究竟是投到虚妄的外在法执营里面去了"②。"识"根本就是分别，而佛所谓的最高的智慧是"无分别"，由此必须"流转还灭"，把意识作用停止并转入"智"中，这个智即为"圆融统贯"的"无分别智"。应该说，如果将唯识置于佛教发展的整个链条中来看，安慧的唯智是同释迦相契合的，此亦为方东美强调唯智重要性之所在。

方东美强调研究唯识的上述做法皆为唯智做铺垫，那么，缘何方东美如此强调"讲唯识要重视唯智"呢？此可从方东美对唯识的批评中寻找端倪。

（二）对"唯识"与"唯智"的分析与评判

1. 对"唯识"存在的问题之分析

自无著、世亲至玄奘、窥基以来，所讲唯识，皆存在着一个致命的问题，即"善恶同体论"问题。按法相唯识的观点，作为种子的阿赖耶识是生死流转的根本，其具有能藏、所藏、我爱执藏的能力。人们之所以有我、法之观念，关键在于种子识（阿赖耶识）的作用，在与外缘的作用下，阿赖耶识变成第七识，第七识变成第六识，第六识再影响前五识，此为阿赖耶识缘起，亦是虚妄世界之所立。法相唯识的目的在于转识成智，即把污染、虚妄的第八识转变干净。然而，这

---

① 方东美：《华严宗哲学》（上），第354页。
② 方东美：《华严宗哲学》（上），第368页。

里首先有一个大问题,因为从《楞伽经》的观念来看,阿赖耶识是具有两种性质的"混合物",一个是如来藏,一个是藏识。以《胜鬘经》所言,如来藏乃是善因所成的清净,而藏识则是恶因所感的染污。这种善恶同源、染净同位的同体结构表明人类所处的宇宙不是单纯的宇宙。假若作为本体的阿赖耶识本来不纯净,那么这个世界又当如何变得纯净呢?又则,从人性论的角度出发,假若人天性中有恶的成分,那么成佛的力量就大大削弱了。无疑,这是一个相当棘手的问题。

方东美认为窥基大师虽然试图通过"三无性"来解决虚妄"流转识",但他以为由"依他起"而产生的"遍计执",乃是污染的"虚妄唯识",是不可靠的,必须通过"三无性"化解掉。所谓"三无性"即生无自性、相无自性及胜义无性,其中生无自性对治的是"依他起",是指一切法皆由因缘而生,并无自性;相无自性对治的是遍计执,是说一切法,皆无实我、实法之相;胜义无性则对应圆成实,是指达至人、我两空的胜义境界、真如境界,是远离了"染污"的清净世界。表面看来,窥基大师的理论并无矛盾之处,然而,若追溯弥勒建立阿赖耶识之根由,则知此种唯识仍有偏颇。因为依《瑜伽师地论》,弥勒建立了两套机制,除了流转识外还有"流转还灭"机制;如果按照窥基大师的说法,最后回到的仍然是识,尽管是干净的识,然而倘若这干净的识被"无明"重新污染后,岂不白做了功夫!方东美曾用一个例子来形象地批评窥基大师的做法。"比方说,假设雕刻师给一个伟大的人物雕像,塑完后便将之陈列在密闭干净的房间里,那么可以存放十年、二十年乃至百年,依然纯洁。但是倘若把窗子打开,那么马路边周围的灰尘就吹进来,甚至夹杂着泥浆一齐淋下来……整个都变成泥浆的雕塑品了。"① 方东美的意思是说:"窥基大师在《唯识二十论》卷上所谓'圆成实性,依他起上遍计所执空无之理,真实唯义,

---

① 方东美:《中国大乘佛学》,第627页。

即是识性'这一段可以说是游戏重复，无所取义，理应改为'真实唯智，即是识灭'。"①基于此立场，方东美认为真谛三藏反倒是抓住了问题的核心，因为真谛三藏认为，纵令一切法因缘所生，对于唯识来说，也难免会陷入虚妄。所以他甚至提出第九识"阿摩罗识"来解决问题，"阿赖耶识对治故，证阿摩罗识。阿赖耶识是无常，是为有漏法。阿摩罗识是常，是无漏法。得真如境道故，证阿摩罗识……阿摩罗识亦复不为烦恼根本，但为圣道得道者作根本，阿摩罗识作圣道依因"②。这里的阿摩罗识并非去掉污染后的阿赖耶识，而是依据正智去体认真如得到的。实质上，这种阿摩罗识是正智、真如的代名词，是智而非识。

顺便提及，对于阿摩罗识的建立，有的学者甚至提出"二重本体论"的疑问，其实不然。若从佛学自身发展的逻辑而言，问题的实质不是所谓的"二重本体论"，只是权、实问题而已。

2. 对窥基"五重唯识观"的批判

由玄奘、窥基传承而来的唯识并非不讲智，只是其所谓的转识成智难以真正落实而已。我们知道，法相唯识宗的关键在于"五重唯识观"，窥基大师在《大乘法苑义林章》中曾有详细的论述。五重唯识观即所谓的遣虚存实、舍滥留纯、摄末归本、隐劣显胜和遣相证性等。五重唯识观乃研修法相唯识之圭臬，但是，在方东美看来，五重唯识观根本不可能真正完成"转识成智"。在《华严宗哲学》的讲演中，方先生对五重唯识观逐个做了扼要的分析。

（1）遣虚存实。此乃从"三性"（遍计执、依他起、圆成实性）之角度而言，其要旨在于遣除遍计执的虚妄诸境，要求所存的须是依他而起的圆成实性。此圆成实性实质上就是第八识。可是，由于第八识即阿赖耶识是杂染根本、存有污秽的种子，故而这个遣虚存实之

---

① 方东美：《华严宗哲学》（上），第353页。
② 方东美：《华严宗哲学》（上），第352页。

"实",是要不得的"实"。

（2）舍滥留纯。其目的在于舍去虚妄的相分，留下识体、自证分，要之在于回到"识"，要舍相分，保存心体和见分。此处的问题在于，这个"识"的总根源阿赖耶识是染净同体的，那又如何保留"纯"？

（3）摄末归本。本指的是识体，是心；末则是见分、相分。"摄末归本"就是回归到心体。然而方先生则提出质疑："摄末归本就是要把流转识的后一段，溯流还原，回到第七识，第七识的根本是我执、我爱、我痴、我慢的中心，一切的贪嗔痴都集中在那（第七识）里面，然而再缘着第八识，结果便将一切贪、嗔、痴、我慢、我爱、一切坏处都回缴到第八识去收藏起来，还是变成一个杂染的根本仓库。"①

（4）隐劣显胜。胜指心王，劣就是心所，隐劣显胜之主旨在于由心所回到心王。这个"心王"是什么呢？按照法相唯识的理论，此心王应是纯净污染的心王，即真谛三藏所谓的阿摩罗识或曰如来藏。可是当第八识还没有转灭之前，又如何得到心王的第九识呢？按方东美的说法，所有的一切仍然要缴回到第八识，靠不上真如，只能靠上藏识。这样看来，这第四重唯识观也没有多大的用处。

（5）遣相证性。依法相唯识的说法，遣相就是遣染污依他的妄相，将有漏法经过熏习变成无漏法，把污染的种子转变为干净的种子。遣相证性乃唯识五观中的核心部分。然而，对于这个遣相证性，方东美同样提出不同的看法，他依然认为仅仅靠流转识的方式是无济于事的。因为即便经过清洗的种子变成干净种子，但仍然停留在"识"的境地，没有靠上真如。而靠上真如的方式莫过于"转灭"，即把流转识完全转灭。若寻其文本根据，当在《解深密经》。《解深密经》对三自性的论述很清楚：遍计执是虚妄，依他起则一半是虚妄，一半是真实，即便把一半的虚妄化掉，圆成实依然靠另一半真实的"依他起"。这里的依

---

① 方东美：《华严宗哲学》（上），第356页。

他起应该依靠什么呢？其答案不是依"识"，而是依"智"。这个"依智"须走无著、世亲、安慧的路子。

综上所述，方东美认为解决"唯识"问题的途径在于"唯智"，无论他对窥基五重唯识观的批判还是对唯识内部矛盾的揭示，皆表明此意。这当然亦是由其哲学思路和哲学视野所决定的。

三、简评

方东美对法相宗的理解，固然从上述两个层面进行，即从中西比较的角度与佛学内在发展的逻辑进程的角度，对唯识给予全面而深刻的解读。应该说，方东美对佛学的研究是有其独特之处的。这里需要补充说明的是，方东美缘何花费如此大的篇幅去探讨法相宗。方东美以为，在佛学四大主潮（三论宗、天台宗、唯识宗、华严宗）中，唯识是"直属"印度的，几乎没有受到中国文化的浸染，故而较早式微。这一点就不像三论宗，虽然三论宗表面看起来，也较早"式微"（三论宗的没落在于吉藏大师过于注重分析，此与中国人的思维方式不甚契合），但事实上，三论宗并非真正"没落"，而是被天台宗所消化、吸纳和化解。唯识宗则不然，自玄奘、窥基、慧沼以后，几成绝学。其重要原因在于，唯识宗名相繁多、分析繁琐，非一般人所能接受。相比之下，其他三宗则由于融入了中国传统思想的"基质"，因此具有较大的亲和力。20世纪初，国人之所以从日本重学唯识学，实受西学东渐的影响；西方的各种学说渐渐传至中华。然溯其根源，西学之根基在于西方哲学。西方哲学多重分析，而中国古典文化之中，唯有法相宗具备分析哲学的性质，可与西方哲学相会通。因此，国人复兴唯识学，某种程度含有应对、会通西学的因素。事实上也是如此，太虚大师、欧阳竟无先生等讲唯识时多与西学相参照，即为例证。方东美以现象学会通唯识，仍然延续了这一传统。

另则，谈及大乘佛教（三论宗、唯识宗及以后的禅宗），大陆学者多以"佛教中国化"或"中国的佛教"称呼之,如汤用彤、任继愈、汤一介诸先生皆如此。牟宗三则不以为然,他以为,天台宗、唯识宗、华严宗固然在唐代达到最高峰,但这只是中国吸收印度原有佛教而向前发展的结果。若言不同,只是与印度原有的佛教在时间上前后发展的不同,而非排列的不同。"换言之,后来在中国流行的佛教是把原有的印度佛教所蕴的推进发展出来,所以只有一个佛教,并不能说另有一个中国的佛教。"① 在这个问题上,方东美的观点同汤、任诸先生是一致的,即认同"佛教中国化"的说法,但所持的根由却不尽相同。汤、任诸先生是以中国古典文化尤其以道家文化为中介接引佛学并逐渐与道、儒摩荡,谓之"佛教的中国化"。对此理由,方东美当然是赞成的,其在《原始儒家道家哲学》中,尤其对道家接引、会通佛学有专门的论述。除此之外,方东美之所以持"佛教中国化"立场,亦与其自身所构建的哲学体系有关。因为方东美试图构建广大悉备、互摄贯通的生命哲学,其最高宗旨在于成就高尚的人格,即人格超升论。他认为儒、道两家皆持大化流行的有机哲学之立场,皆暗含"人格超升论"的观点,在大乘佛学中,三论宗、天台宗、华严宗的发展历程亦表征了从思辨人格至智慧人格的超升,这种思路同传统儒、道哲学皆有契合之处。尤其华严宗的圆融无碍理论更是开拓了中国传统哲学之视野,提升了传统哲学的思维品质。在某种程度上,我们甚至可以说,正是华严宗的圆融无碍之理论,才催生并丰富了方先生的有机生命之建立。鉴于此,方东美认为"三宗"(即三论宗、天台宗、华严宗)更契合中国文化传统,是"中国化的佛教"。

至于以思辨与分析见长的唯识学则属于印度原生态哲学,在论证方式上似乎与西学关系更为密切,但"法相(唯识)宗"毕竟是在华夏大地上成长起来的。方东美原本以西方哲学起家,又具备深厚的传

---

① 牟宗三:《中西哲学之会通十四讲》,上海古籍出版社 2007 年版,第 15 页。

统文化素养，且勇于挑战学术难题，又加之当时学界颇重视对唯识宗的研究[①]，因缘际会，促使方东美下较大功夫去研究唯识学！遗憾的是，虽然方东美对唯识学研究程度如此之深，但他向来"惜墨如金"，并没有写下专著而是将唯识的分析方法"化用"到自己的哲学体系中。世人欲了解方先生的唯识思想，须在《中国大乘佛学》《华严宗哲学》等书中挑选、"攫取"！

第四节 论华严宗

谈及中国大乘佛学的境界，方东美以为"华严宗"当为最高，因为它代表着佛教在中国发展的最高阶段——若要进行判教，华严宗亦当然地属于"圆教"。这当然与方东美所构建的机体主义哲学思想有关，亦与他对宗教的认识尤其对华严宗的推崇有关。

学界对方东美关于华严宗的研究评价甚高，《华严宗哲学》简介中有如此之评价："方东美的佛学研究是属于哲学家的工作。他晚年的华严哲学研究是在世界现代哲学的宏观视野下运用现代西方哲学的逻辑手法对华严哲学的重新诠释与发挥，代表了他晚年时期成熟的思想成果，是方东美整个思想体系的一个很重要的有机组成部分，具有不可忽视的地位。"[②]

一、对华严宗的总体认识

方东美对宗教的认识可谓别具一格！他同欧阳竟无所主张的佛法"非哲学、非宗教"观点截然不同，他认为佛法亦哲学、亦宗教，甚至

[①] 当时，无论佛学界还是文化界，多有研究唯识者，现代新儒家阵营中，熊、马、梁、牟等皆对唯识有浓厚的兴趣，并展开相应的研究。

[②] 方东美：《华严宗哲学》，台北黎明文化事业股份有限公司1981年版，第1页。

认为宗教乃是哲学发展的最高层次（这同黑格尔将哲学作为最高层次不同）——此可从其《中国哲学视野中的人》所构造的蓝图中明显看出。方东美曾对欧阳竟无之观点稍加反驳。他以为，欧阳竟无的"非哲学、非宗教"立论之缘由不过有二：一则欧阳竟无从比较宗教的视野出发，认为佛学是"自律"的，而其他宗教是"他律"的；二则欧阳竟无从比较哲学的视野出发，尤其通过德国哲学与佛法的对比，来说明佛学"非哲学"。在方东美看来，此两点立论是站不住脚的。首先，从自律与他律来厘定佛学是否为宗教未免过于外在化、表面化，根本没涉及宗教的本质，因为宗教之核心在于心灵深处的虔诚与体验。其次，哲学也绝不仅仅局限于知识论。欧阳竟无所了解的哲学仅限于自笛卡尔至康德、黑格尔这一以知识论为主的哲学，对于现代西方的其他哲学流派，并无了解。方东美明确指出，佛学亦宗教、亦哲学，不论其在印度所具有的原始形态还是传到中国以后生发出的思想形态，佛学与哲学都是密不可分的；尤其在华严宗那里，这种宗教精神和哲学智慧相互融合，且达到人类所能达到的高度："所以我们所谈的《华严经》，它所表现出来的宗教精神，是已经提升到正觉世界里面的最高的精神层次，从宗教上面看起来，是变作神奇奥妙的不可思议。但是因为这一种宗教精神及其哲学智慧是没有隔阂的……"①

基于此种认识，方东美先生认为，对于《华严经》的研究，也应该从哲学的角度探索之、接纳之，这既符合华严宗的发展史实，同时亦与《华严经》之思想意蕴相符。

首先，佛教之所以能在中国生根发芽，根底上在于前贤能以哲学的态度而非纯然宗教的态度对待之。中华民族历来是一个缺乏宗教信仰的民族，至少纯粹的宗教与中国的哲学精神不甚相符。譬如早期小乘佛教传入之初，就被称之为"淫祠"而不被重视；只有当早期的佛

---

① 方东美：《华严宗哲学》（上），第273页。

学翻译家以道家老子"格义"之方式且从哲学的角度将佛学思想进行转化后，尤其随着佛学同儒、道哲学真正在"心学"等智慧层面展开会通时，才有天台宗、华严宗、禅宗等中国化的佛学之产生。此言，中华民族之所以能接纳并发展佛教这一高度的宗教智慧，在于我们有伟大的哲学智慧和哲学心灵，亦在于中华民族乃一文化、智慧高度发达且具有高度开放、包容品质的民族。若非如此，则将会出现以下两个结果，或者具有高度智慧的佛教灌输并统治中国，或者佛教根本不能进入中国。

方东美还认为，中国佛学虽传自印度，但其中有许多内容并非印度佛学所固有的，而是掺入了中国传统思想的因素并表现出中国思想的特殊性，例如天台宗、华严宗与禅宗等。三者的特殊性，就在于它们将佛教思想与丰厚的中国哲学思想熔为一炉，并在"水乳交融"的基础上向前推进一步，此尤其在华严宗得到鲜明的体现。因此，"研究华严宗的思想，不能仅以宗教的眼光去看，要透过哲学的眼光去探究"①。

其次，就华严宗的发展史而言，确实存在以中国哲学智慧吸纳、融摄并拓展佛学的史实。考察佛学史当知，先前传入的佛教凭借自身之智慧和儒、道之智慧相互氤氲、摩荡并造就了一批佛学家、哲学家。相比而言，华严宗的诞生更多地契入了哲学的成分。在方东美看来，天台宗、三论宗诸宗派，其开山人物如慧文、真谛三藏、法忍等并非一流人物，反而是二、三流人物，凭借他们，然后才培养出二流的人物，最后才出现智𫖮、湛然、玄奘、窥基、慧沼等一流的人物。反观华严宗则不然，华严宗开山人物杜顺大师乃是第一流的人物，其开篇之作《华严五教止观》，一下子就把握了《华严经》的哲学精髓和宗教精神。

---

① 方东美：《华严宗哲学》（上），第169页。

观其要因，大约在于：一则华严宗在时间序列上出现最晚，更多地受到前人智慧之熏染，自然得先天优势。二则华严宗的创始人颇富哲学之头脑与创造精神，它既不若三论宗、法相唯识宗固守印度经论，不敢越雷池一步，亦不若天台宗过多地局限于宗教的领域，而是具有深沉的哲学头脑和理论自觉之意识。诚如方先生所言："在华严宗的大乘佛教的传承上，从杜顺起，经智俨、法藏、澄观到宗密这几个大师们，反而一下子透过很高的哲学智慧，也就是说从《华严经》的经典里面发觉出一套完整而高超的哲学思想体系，表现出高度的哲学智慧。这在中国的哲学史或佛教史的发展中，又确实是一种很难得的现象。"①

最后，《华严经》文本本身具有哲学的体系性与思辨性。《华严经》虽版本不一，有晋经六十（驮跋陀罗所译）《华严》、唐经八十（实叉难陀译）《华严》、中唐四十（般若三藏译）《华严》等，但无论哪种版本，其基本构架皆体现出其自身乃是一种广大悉备、圆融无碍的哲学体系。同天台宗、三论宗、法相宗相比，华严宗所宗持之经本有其独特之处。具体说来，天台宗所宗经典为《妙法莲华经》，其主旨——"舍权归实""并三归一"——固然鲜明，但就所述内容而言则颇似《金刚经》，乃是"不说之说"，甚至是"空洞"的、无内容的、无体系的，其哲学意味自然就淡了些；三论宗同法相唯识宗所宗主要经典分别为《大智度论》和《成唯识论》，"论"是解释"经"的文本，为诸护法菩萨所作，名相多、推理繁、长于思辨，且通篇常常围绕一个问题绕来绕去，既缺乏体系性，亦与中国固有的"观物体道"的"象思维"文化精神不甚吻合，故二者仅仅维持数十年便式微。法相唯识宗尤其如此，自玄奘大师译经起，传之数十年则式微，乃至沉寂千年之久。直到清末，居士杨仁山在日本偶见唯识之学，方发心请来，遂有唯识学的兴起——但其流行范围毕竟有限，其名相繁多、推理烦琐之故也。

---

① 方东美：《华严宗哲学》（上），第213页。

《华严经》则不然，其内容充实，体系完备，颇富哲学体系性与严谨性——佛家尝有"富贵的'华严'"之说。无论"七处九会"还是"八处十会"①，皆围绕"人格超升、佛性圆满"之主旨展开，其中既有本体论的支持，又有具体方法的落实；既有高度的宗教智慧，又不乏对真理价值的探求。譬如，《华严经》的起点是从"器世界"开始，然后逐步超升，依次进入低级的生命世界、中级的生命世界、高级的生命世界、更高级的生命世界，不同层次的世界皆有其价值之所在，但也确实存在着种种缺陷。只有在"庄严世界"里，才能真正实现理性的人格或佛性，这个庄严世界就是"正觉世间"。方东美对《华严经》的正觉世间有一个准确的概括："正觉世间，就是一个精神领域的总体，在这个精神领域里面，要把世界上面一切人的愿望、一切人的理想，都提升为最高的价值。……佛陀要使一切的宇宙万有，最后都能够归属到极高的智慧，根据其极高的智慧，来提升他存在的价值平面，完成他存在的价值目标，最后是宇宙万有分享佛性，都成了佛。"②《华严经》所开显的"正觉世间"岂非历来哲学家所追求的"理想国"？岂非黑格尔所谓"绝对精神下凡人间后历经沉溺、苏醒、回归乃最终重返绝对精神之历程"？

正因为《华严经》所蕴含的人格追求之过程、实现之模式皆体现出广大悉备的体系性、系统性，故方东美尤其推崇《华严经》，认为《华严经》远非其他经本所能比拟。

二、《华严经》主体内容之略览

与天台宗、法相唯识宗所宗经典较多不同，华严宗主要围绕《华

---

① 李通玄认为，在八十《华严》中还应有一章，在十地菩萨地后还有第十一地，叫佛地、刹地，不过三种《华严》翻译版本中均无收录，所谓的"七处九会"，实际上是"七处八会"。

② 方东美：《华严宗哲学》（上），第29页。

严经》展开。我们知道，天台宗虽以《妙法莲华经》为主，但其哲学思想主要来自《般若经》《涅槃经》；法相唯识宗所宗经典更多，世人所谓"六经十一论"即然，若认真探究起来，更加烦琐；华严宗则不然，它紧紧围绕《华严经》展开，某种程度上，笔者甚至认为，乃是《华严经》造就并催生了华严宗。因此欲研究华严宗哲学，必须着力于《华严经》文本的研读。事实上，方东美对《华严经》的研究颇为细致、系统，他晚年曾用了两个学期的时间专门讲述《华严经》，传世的两卷本《华严宗哲学》即是明证。

鉴于华严宗哲学同《华严经》有如此密切之关系，我们探讨方东美先生的华严宗哲学，亦有必要对《华严经》做一宏阔的了解。

方东美尝言："我们要讨论《华严》的宗教内容时，就必须把物质世界上面的一切存在都集合起来，领导他们来参加这一个宇宙性的宗教哲学会议。"[①]确实，就形式而言，《华严经》更像一次佛学大会，会议的召集人就是毗卢遮那佛（释迦牟尼佛的化身），他在七处共召开了九次会议以讲述其成佛之道。这样看来，《华严经》可谓一部经典大会的记录。当然华严宗哲学的内容主要体现在"七处九会"中。其中，"九会"是指九次说"法"（六十《华严》为"八会"，另有"十会"之说），七处是指佛陀说法的地点共有七处，依次是寂灭菩提道场（即释迦牟尼成佛的地方）、普光明殿、忉利天、夜摩天、兜率天、他化自在天，最后又回到普光明殿。其中普光明殿和寂灭菩提道场为人间，其他四处则在天上。

"会议"首先从召集人毗卢遮那佛发出"召集令"开始，作为世主的毗卢遮那佛借助召集宇宙间所有"有情"开会而首先给世人展现出一个无边、无量、无限的超越时空、横遍三际的法藏世界海，即"一

---

① 方东美：《华严宗哲学》（上），第27页。

真法界"①。

当毗卢遮那佛召集了有情世界的各种物质的、精神的生命以后，就开始用一种隐喻的语言——"放光"（通过精神的光明彰显出来），揭示出"一真法界"的奥秘，同时也完成了这次宇宙级的精神会议。为简便计，在此仅仅勾勒八会"放光"之主旨。

第一会，毗卢遮那佛放齿光和眉间光，在果位上昭示"一真法界"。毗卢遮那佛表征着果位上的成就，从齿间放光意味着其将"光明"当作弘法的语言（盖语言从口部发出故也），把齿光升至眉间则代表着毗卢遮那佛果位上的境界（按人体部位言，眉毛为最上层，意味着最高的境界），那个最高果位的境界，即是"一真法界"。眉毛放光，在果位上昭示成佛的实在性，是人们"起信"的关键。又则，由于果位上的境界表征着大智慧，所以最先受到感召的是号称"智慧第一"的文殊菩萨。

第二会，毗卢遮那佛在两足发轮光，强调"发心"的重要性并借此讲述"十信法门"。在本会，文殊菩萨为主脑，他以极高的智慧和实践的体验劝导一切有情众生，只有信服毗卢遮那佛的"一真法界"，这个世界方可得到拯救。其中，"两足发轮光"，象征着有情众生要脚踏实地去行动，去实践，去应付、处理或接受这个存在诸多差别的世界。在应付、处理这个世界时，必须要坚定一个正确的方向、目标和信念，否则就会走向异途甚至堕落至"三恶道"（牲畜、饿鬼、地狱）。这个信念就是深信"一真法界"，故而本会重点讲述了"十信法门"。

第三会，毗卢遮那佛两足指间放光，昭示精进、上升之路径，并讲述"十住法门"。第三会，毗卢遮那佛说法的地点发生变化，由现实世界提升到妙高峰的"忉利天"，此时因为受众已受"十信法门"熏

---

① "一真法界"肯定了世界的客观存在，这同"法相唯识宗"所谓的"万法唯识"看法明显不同。

染，其境界有所提升。"两足指间放光"，表示还要"按照足指的指向"向前升进。向前升进必须要有一个较高的境界可以寄托，这样才不至于发生动摇——如《法华经》即有"化城之喻"，以寄托众生之希望，防止其退转——因此，本会主要讲述了"十住法门"。本会的会主是法慧菩萨，其用高度的智慧引导众生、宣扬佛德，使众生常驻高妙境界而不动摇。

第四会，毗卢遮那佛两足趺放光，宣讲"十行法门"。第四会的地点是在更高的"夜摩天"中，此时毗卢遮那佛两足趺放光。足趺即足背，足背意味着行动，不同于两足间的行动，这里的行动不是一般的行动，而是有效果、有收获的行动，因为能够进入夜摩天"开会"的成员已非一般有情众生，这种行动在佛教中意味着功德。所以，本会会主是功德林菩萨，其所宣讲的"十行法门""是代表无穷修行的符号，代表无穷精神成就的功德等级，都在夜摩天的高空里表现出来，让佛陀赴往，助化赞扬，充分显现出十行法门是依据佛陀的智慧所体现"①。

第五会，毗卢遮那佛膝盖放光，意喻"十回向法门"。第五会的地点从夜摩天升至兜率天，此时毗卢遮那佛放光的部位继续发生变化，不是在足部，而是上升到了膝盖。膝盖在人体部位处于中部，既可上升至头脑，亦可下降至足底。毗卢遮那佛以膝盖放光昭示各菩萨，在修行上既要继续向上精进，成就无上菩提（上回向）；但同时不要留滞于天国也要关注底层乃至地狱的众生；要有下地狱救赎众生的信心和行动（下回向），同时亦不留滞于地狱。要之，要来去自如，上下自由，此即华严宗著名的"十回向法门"。该会会主为金刚幢菩萨，因其在精神修养上已成就金刚不朽之身，所以他不但来去自如，而且也代表了金色世界里面最光明的领域。

---

① 方东美：《华严宗哲学》（上），第217页。

第六会，毗卢遮那佛眉间放毫光，以此昭示"十地法门"。本会地点再度高升，升至更高的"他化自在天"。毗卢遮那佛放光处由膝盖提升至眉间，所谓眉间放毫光，乃是即将成佛的隐喻。由"膝盖"到"眉间"须经过"十地"艰难的修行，只有最终经过"十地"，尤其迈过"十地"的最后一站"法云地"，才能临近佛位。"十地"，事实上就是发愿救护一切众生、利益一切众生、利乐一切众生、为一切众生谋利益的"无我"精神；《十地品经》对此描述相当详细，此不赘述。该会会主是金刚藏菩萨，因其生命过程已经历了所该经历的境界，已经超越了"法云地"。

第七会，毗卢遮那佛眉口放光，并以此隐喻诸菩萨已炼成金刚不坏之身。本会地点重新回到人间的普光明殿，毗卢遮那佛眉口放光，意味着众生从凡夫历经十信、十住、十行、十回向、十地等修行过程，达到了菩萨、大菩萨，再历练为金刚不坏的菩萨，到达等觉、妙觉之后，而与佛平等。所以佛从眉口放光，以示平等之义。方东美以为，这里的平等，不是"拉下去"的平等，而是消除空间的距离、消除时间的距离，且把无边、无量、无数的众生、大菩萨聚集一起，把一切化作一真法界，使一切都变成精神上面的平等世界。由于在一真法界中，一切处于平等，彼此之间不再具有任何等级之分，所以毗卢遮那佛重新把会议地点选到人间的普光明殿。

毗卢遮那佛的七会演讲，在理论上业已圆满。但如果仅仅停留在理论上，佛陀的圆融的智慧就无法得到充分体现，于是又有了以"问答"与"实证"相结合的、极为重要的第八、九会。

第八、九会，"问答"与"实践"。第八会是从《如来出现品》开始，其内容围绕普慧菩萨提出的两百个理论问题展开（由如来化身的普贤菩萨作答），此即《离世间品》著名的"普慧云兴二百问，普贤瓶泄两千酬"。须指出的是，普贤虽然是"行愿"的卓越代表，其对普慧的回答仍旧是理论上的，未免缺乏效验，于是引出第九会"如不思议法界",及《华严经》之《入法界品》的"财童子五十三参"。善财童子本来智慧很高,当其拜见文殊菩萨后,根本智已得,但若想成就佛果,必须从行愿(指实践)开始。于是他开始了行愿的修道历程,历经一百一十余城,参拜五十三位善知识,终于获得文殊、普贤菩萨的认可。获得授记后,他在弥勒菩萨(未来的佛)处,遂见到神秘的"尼陀罗"世界显现,此既象征着善财童子的功德圆满,更意味着一真法界的达成。

通过以上简述,可知,《华严经》就宗教内容而言,确实体系严密,内容饱满,意蕴丰厚,且极富哲学智慧。譬如,从"果位上""一真法界"的显现到最后"一真法界"的真实获得,乃历经十信、十行、十住、十回向、十地及等觉、妙觉之修习,经过理论的辩驳和切实的实践,其历程中所涉及的种种理论、种种辩论、种种境界,莫不蕴含着丰沛的哲学思辨智慧与实践智慧,此亦是历代无论何种宗派高僧皆重视《华严经》的要因。

三、华严宗哲学的主要内容

如上所论,华严宗的哲学思想建立在《华严经》的基础之上,杜顺、智俨、法藏、澄观诸大师哲学思想之发挥皆始自《华严经》;其中,智俨、法藏、澄观等大师的哲学思想又几乎全部肇始于杜顺,"有唐一代,华严五大宗师,余独赏杜顺。其原创心灵,使华严形上哲学之一切真理元素充分彰显于光天化日之下,虽然,法藏澄观之踵事增华,演义深邃,且犹过之。杜顺深眼巨识,后世一切疏论,凡于以显扬《华严》经教者,皆举莫能外"[①]。方东美认为,杜顺的最大贡献在于,他在总体上抓住了《华严经》的哲学内核,尤其伴随着法界缘起说的成熟与法界三观的建立,杜顺大师为以后的各大宗师的理论创建

---

① 方东美:《中国哲学精神及其发展》(上),孙智燊译,第 293 页。

铺平了理论基础。

正是在杜顺大师的开创下，经智俨、法藏、澄观、宗密等人的发展、发挥，华严宗才真正形成一大机体主义哲学体系。其哲学内容主要包括：（1）法界缘起论；（2）法界三观；（3）十玄门；（4）六相圆融论。

（一）法界缘起论

在佛教传统中，解释宇宙发生问题的理论约略有五：第一，业惑缘起；第二，阿赖耶识缘起；第三，真如缘起；第四，法界缘起；第五，色（色界）、心（心界）六大缘起（地、水、火、风、空、识）。五大理论中，第一为小乘所宗，以无明为起源，解释世界循环不止及世界苦恼的原因；法相宗以"阿赖耶识"（种子论）为根源，以染、净为分殊解释世界；"真如缘起"实为中国和尚所创[①]，其宗本为《大乘起信论》，以"一心开二门"的理论解释万有之世界。第五种则为密宗所宗。方先生认为，上述五类缘起，第一及第五两种缘起，与华严宗关系不大，第三、第四则同开创华严宗的诸佛学家关系密切。在逻辑进程上，可以说，华严宗的"法界缘起"是"阿赖耶识缘起""真如缘起"发展的最高阶段和必然结果。何以如此呢？姑且分析如下。

在学理上，方东美认为，"阿赖耶识缘起"说，有其自身难以克服的致命弱点，就是其本身二元混杂、性质不纯。虽然世亲、法护及窥基等认为可通过后天努力"化染为净"，以彰显阿赖耶识内蕴含的净种，但此理论实则蕴含极大的困难。弥勒、无著及安慧则认为阿赖耶识乃一切烦恼染法之根本，必须凭借智慧超升之，方可得其本然清静。两派争论的要点就在于阿赖耶识所具有的"善恶二元论"之品性。基于此理论上的难题，方"逼"出《大乘起信论》的"一心开二门"，逼出"真如

[①] 牟宗三对《大乘起信论》的作者进行推断，认为该书非印度人所为，而是中国的和尚所作，见氏著《中国哲学十九讲》。

缘起"。按真如缘起说,"真如本身常、净,唯受若干环境污染,遂非净、无常"①。此理论对天台宗影响甚大,甚至华严宗发展初期,亦受此影响。但"真如说缘起"的二元论影子仍然存在,表明该理论仍然有隔阂,不究竟:假如"真如"若上帝一样躲在"世"外,干净倒是干净,但岂非陷入方东美所谓的"孤立系统"之中?顺此思路,方东美以为隋人慧远法师的学说,对华严宗的"法界缘起"之学说大有裨益。慧远的主要贡献在于依照"真如缘起"建立初步的"法界缘起",通过对"法"的五重意义的层层探讨②,而建立"法界缘起论"。其主要观点认为:"如来藏中,无量数佛法,性体一同,相资互依。"③ "是故佛性者,宇宙万法之生因。同一体性,生同性诸法,斯谓之自然生,非如异行生。多因多果,互生差别诸法,后先相续,因灭果现。"④ "此乃《维摩诘经》所谓之真也。一真之理,妙绝诸差别性。如如者,谓佛法平等;绝彼是差别,故曰无差别。"⑤ 慧远通过解读《楞伽经》《维摩诘经》《大涅槃经》等经典,认为欲享一真法界,须经历三种内在体验:一曰极深研几;二曰宣泄智慧;三曰毕竟默然。唯其如是,"方知理体遍在,渗入法性如如,是乃唯一之究竟真实,融入法界本体,万法相资护依故"⑥。慧远在理论上提出众生皆有佛性,并认为理想、现实,净染二界,统于一个真。然而若追问此一真法界从何而来,则未免又重蹈《大乘起信论》之覆辙,重返孤立系统的真如。为了修正"法界缘起论",慧远还引入了诸如真妄、体用、因果、能所、理事、净染等对立性概念(并没有解决对立的问题)。此二橛分裂之势延至多分、多极,彰显出宇宙整体结构的复杂

---

① 方东美:《中国哲学精神及其发展》(上),孙智燊译,第289页。
② 慧远认为"法"字一词,表真际本体范畴,有相真、假真、空真、体真、用真等义。
③ 慧远:《大乘义章·卷第三本》,载《卍续藏经》精装本卷九六,台北市中国佛教会1966年版,第379页。
④ 慧远:《大乘义章·卷第三本》,载《卍续藏经》精装本卷九六,第379页。
⑤ 慧远:《大乘义章·卷第三本》,载《卍续藏经》精装本卷九六,第349页。
⑥ 方东美:《中国哲学精神及其发展》(上),孙智燊译,第292页。

性。如何将此复杂之宇宙统一起来，乃是"法界缘起"理论得以完善之关键，亦为华严宗的主要理论贡献。

杜顺大师，受《华严经》之启发——尤其受"华藏世界海"与"尼陀罗网"等相关章节的影响，提出"一摄多，所摄一"，"一切皆一，一皆一切"的法性世界，此世界乃为一真法界。在此世界中，无论法、相乃至各种因缘，皆处于一种普摄交融之对称关系之中，因缘网中所产生的一切现象，俱存不碍故。是以"彼全在是，是全在彼。非仅彼是交涉，万法亦皆互摄互涵，如因陀罗网，珠珠交辉，象象互映，重重无尽，融成互摄互入之无穷系统"①。此一真法界即为法界缘起说，世界一切皆由此发生，此世界中无主、客对立，无性、相分离。其后的智俨法师又根据杜顺思想进行发挥，对诸如教理、理事、境智、行地、因果、持依、体用、人法、邪正、圣凡等具有对立性的概念，依照"圆融无碍"及"相待互涵"等原理，而一一阐明之，并开出"十玄门"之奥义。

要之，法界缘起说的主要贡献在于它修正了小乘佛学的错误，消除了大乘佛学理论中存在的对立状态，在本体界和现象界之间建起一座桥梁，把"真空"和"妙有"两层理论圆融地结合起来。此即如方东美先生评述的那样，华严宗的缘起论是统摄大小乘、综合诸种缘起而成的一个"即体即用""即用即体""即空即有""即有即空""有空无二"的圆融无碍的缘起理论。无疑，法界缘起说不经意间建构起一套系统的机体主义哲学——此正是方先生所极力赞赏并倡导的。

（二）法界三观

"法界三观"首创于杜顺，发挥于法藏、澄观与宗密。法界三观的主要内容为真空观、理事无碍观、周遍涵容观。此"三观"实则为法界缘起哲学本体论思想的进一步拓展与深入。

---

① 方东美：《中国哲学精神及其发展》（上），孙智燊译，第294页。

1. 真空观

按宗密的说法，"真空观法，于中又析为'四观'：一、会色归空观，二、明空即色观，三、空色无碍观，四、泯绝无寄观"①。四观的含义大略为："会色归空观"意指流转之色界，因无自性，故归于空，此颇似一切"事法界"最终归于"理法界"，它表现为理性的上回向，突出的是理性作用；"明空即色观"实为分析法，意指"空理"乃通过分析诸色相而来，离开色相，无有空理，此犹如《心经》所言，"空不异色，色不异空"，它体现的是理性的下回向，为菩提之体（理）其妙用向下贯注；"空色无碍观"意指空色无二，空即是色、色即是空，"观空莫非见色，无障无碍，为一味法"②，它彰显出空色关系乃契合融贯之关系，而非二元对立关系；"泯绝无寄观"意指色界诸法，其质碍，经心能起作用，精神超化、性体实有点化，泯绝涤尽，超越一切空有边见，将真空、妙有融为一体，既不执着于真空，亦不凝滞于妙有，最终镕成中道理境，而最终达成理、事圆融广大和谐。

真空观，解决的乃是性、相之关系，亦是"四无碍"（即"理无碍、事无碍、事理无碍、事事无碍"）的最初来源。

2. 理事无碍观

真空观主要处理"性相"关系，理事无碍观则处理理事关系——自然"性相"同理事亦为基本对应的关系。华严宗使用理、事两范畴与佛学中固有的真谛之空与俗谛之有两套观念相对应，以便将理想界与现实界联系起来。华严宗哲学认为，现实界的"事"属差别相，实由各自分离的孤立系统所造成，"理"则属"共相"，起联结作用。"理"非虚理，而是真如本体，性本虚寂，却遍在殊异万法（事）之中；万差诸法（事），必借理体起用，方能一一摄一归真。此即为：事

---

① 宗密：《注华严法界观门》，载王粤主编：《中国文化精华全集·哲学卷（二）》，第535页。
② 宗密：《注华严法界观门》，载王粤主编：《中国文化精华全集·哲学卷（二）》，第541页。

外无理，理外无事，即事即理。

关于理、事结合之步骤大略可作是解：孤立的事法界都是分析性的存在，我们可以根据理性将其组合起来，使这些事变成理，变成可理解的概念或范畴，然后再拿这个可理解的概念、范畴来说明千差万别的事相世界，"并且可以贯通、衔接、融通为一个整体的构造，这样子一来，就可以把宇宙上下阶层之间的隔阂解决了"[①]。由此，通过此理性之贯注，宇宙不但成为一体圆融、密切连锁的整体，而且凭借法界缘起的作用，宇宙中任何一部分同其他部分之间可以联络、贯通、衔接起来，这种贯通、联络与衔接，即为"无碍"。理事无碍观，克服了以往二元对立的缺陷，圆融地解决了理事、性相所存在的相对立关系。

3. 周遍涵容观

理事无碍，解决的是理、事间的关系，而周遍涵容观则为理事无碍观的继续和深入。如果说以上两观尤其是理事无碍观，解决了三论宗、天台宗所隐含着的二元对峙问题；那么，周遍涵容观则没有停滞于理事无碍的角度，而是认为诸法虽森罗万象，然却相融相即，它不但体现在理、事之间的交融与贯通，而且还体现在诸事相之间的辗转与交互，进而形成一个和谐、广大无碍的有机宇宙。

按方东美之见，华严所谓的无碍，有两重含义，即辗转与交互。辗转，是指在关系方面开展次第相成的次序，为一连续进程；交互，是对诸法之间非对称关系的一种扭转，使之成为一种对称关系。在此辗转交互的原则下生发出互为因缘、相互对等的关系：一切关系都是相互依待、相互关联的交互性，表现出相互平等、相互依存与交互作用，这种交互和互联机理分别被称为"相摄相如原理"和"相资互依原理"。由于上述二原理建立在法界缘起的理论基础之上，所以无论依存和交互都是整体下的依存与交互，它彰显的乃是重重无尽、一体周

[①] 方东美：《华严宗哲学》（下），中华书局2012年版，第467页。

匝、圆融无碍之旨趣，尤其解决了一与多的关系，"一入一切，一切入一；一入一，一切入一切；一摄一切，一切摄一；一摄一，一切摄一切，像这种即入即摄，或即摄即入，而又同时无碍"①。故又称之为周遍涵容原理。方东美以三原理来概括周遍涵容观，可谓义理充沛，内容丰富，且客观准确，颇有功于后学。

这样看来，杜顺所谓的周遍涵容观实质上就是澄观后来所讲的事事无碍法界，它承认从一事项出发可以容纳一切，同时也承认他事项可以于自己本位含摄一切。周遍涵容观，堪称华严宗机体思想之集中体现，澄观尤其重视之。

（三）十玄门

方东美指出，华严宗的"十玄门"有三种不同说法：其一，慧远的《华严义疏》"德相十玄"②；其二，源自华严宗诸大师的理论成果，该理论系于智俨、法藏到澄观的相续之发展，尤其经智俨、法藏之发挥并提出所谓的"业用十玄"；其三，澄观把理、事和谐关系展开为"事事无碍"和谐关系，是名"世法十玄"。虽然三种"十玄"处理的对象稍稍有别，但其哲学意蕴则是始终如一的，在性质上皆是一以贯之的机体哲学。兹将十玄门介绍如下。

（1）同时具足相应门。旨在说明"一切即一，一即一切"的道理，通过"一与一切"相通的"共时性"原理，把无限差别的世界贯通为和谐的有机世界。

（2）因陀罗网境界门。"因陀罗网境"本义为无数宝珠交相辉映所出现的无限光影，正如澄观大师在《华严疏钞》所言，"如天帝殿珠网覆上，一明珠内万象俱现，珠珠皆尔，此珠明彻，互相显影，影复现

---

① 方东美：《华严宗哲学》（下），第795页。
② 德相十玄，是将解脱德、般若德结合起来，成就法身德，完成圆满的生命人格。方东美先生在《华严宗哲学》下卷第二十七章中有详尽的论述，读者可参阅之。

影而无穷尽"。此"一"中包容、蕴含一切的"因陀罗网境"的原理，可用来比喻说明事事无碍的境界。

(3) 秘密隐显俱成门。此从缘起立场出发，由于事物互相涵摄，必然产生隐显关系。譬如，当一能摄一切时，"一"为能显，"一切"为所隐；反之，"一"为能隐，"一切"为所显。对于理、事之隐显关系，亦然。此表明，隐显同时，互为秘密，无有前后，故称为"隐显俱成门"。

(4) 微细相容安立门。此法门主要从"相即相入"的关系出发，因为一法摄一切法，一切法中的一法又摄一切法，如此直至细微不可分析部分，此为微细。又则诸法彼此各不坏相，皆能各住各位，组成一缘起法门，此为安立。一如《卢舍那佛品》所谓的"一毛孔中，无量佛刹，庄严清静……于一尘内，微细国土，一切尘等，悉于中住"那样，"微细相容安立门"所要说明的就是诸法不但相互兼容，且能齐头并显。

(5) 十世隔法异成门。此就基于时间维度而立论。如果说"同时具足门"化掉了时间，那么"十世隔法异成门"乃是重新把时间概念引入进来。在华严宗看来，每一个法除当下存在外都还有其过去、现在之状态，每一个过去和未来的法又有其过去和未来，"十世隔法异成门"之主旨就是把现在三世、过去三世、未来三世融贯起来，进而形成不可分割的整体观念。

(6) 诸藏纯杂具德门。此就修行角度立论，该理论认为，虽然具体的修行各异，但每一种修行都融进并含了其他修行。譬如，大乘佛教修般若就不能只讲智慧，而是把智慧同布施、持戒、忍辱等其他法门贯通起来，不死守一法。在《澄观》的《华严疏钞》中，此法门又被称之为"广狭自在无碍门"①，主讲"事事无碍"。事实上，一法门通

---

① 最初修改者实际上是法藏法师，因为"诸藏纯杂具德门"虽然也通"事事无碍"，但却超出了事事无碍的妙理，故法藏法师考虑对之进行修改。

融其他法门，即是无碍，"由此展开来时，那么一切缘起一切法，一法的作用力不断的发挥是没有界限的，这就是广，如果你守一法的分限而不失掉它的本位为狭；这样有限就是无限，无限也是有限，便形成'广狭自在无碍门'"①。

（7）一多相容不同门。此就宇宙万法相互摄入的关系上说，法相宗认为"一即多，多即一"，主张一多兼容无碍，但这并非构成抹煞差别世界的理由。对于这个充满差别的世界来说，人们总是从某一基点开始，虽然法相宗承认"一多彼此能相互摄入"，然并不因此失去"一"的本位，而是"一多并存"而不相违背。正是一、多等诸事项的互相交错，才形成所谓"一多历然而不混，互相融摄而无碍"的圆融境地。

（8）诸法相即自在门。此从作用立场来讲万法关系。一切诸法互摄相即，圆满自足，无穷无尽。虽圆满无尽，然又因相"即"而构成网状关系。譬如金与金色，举体相即。无穷的个体可以从丰富的关系结构里面看出它多方面的功能，此即谓诸法相即自在门。

（9）唯心回转善成门。此门原从天台宗思想转出。天台宗谓"一心三观"，其中，心无疑为枢纽，心念发动，既可造天堂，亦可造地狱。因此之故，修行者须去妄归真、熄妄归真，此为唯心回转善成门之原义。法藏大师则发展之，在新十玄门中以"主伴圆明具德门"替代之，其义为"或以自己为主，便以望他为伴；或以一法为主，一切法为伴；或以一身为主，一切身为伴，所以随举一法，便能主伴齐收"②，此亦是从修行角度立论，当更重视实践的作用。

（10）托事显法生解门。"托事显法"乃是以事显理，即言理寓于诸法之中、呈现于诸法之中，下层世界一切感觉与料，均有理的参与，

---

① 方东美：《华严宗哲学》（下），第795页。
② 方东美：《华严宗哲学》（下），第797页。

均为智慧照耀所及之境界。此乃华严所谓"一花一世界，一叶一如来"之甚深义。

方东美对"十玄门"给予了高度评价，他认为："'十玄门'可以说是华严宗里面具有最高的哲学智慧，这个很高的哲学智慧，分成十个路径去发展，才能把一切高超的理想及一切差别境界里面所涵摄的'理'，同这个'理'所印证的'事'，都囊括进去了。"[①]悉心揣摩"十玄门"的微言大义，方先生所言确为至见！

（四）六相圆融论

"六相"者，谓总、别、同、异、成、坏。

（1）总相与别相。若从哲学含义入手，总相，指系统整体，涵盖一切；别相，指构成整体的部分。譬如以狮子为喻，狮子为总相，狮子的眼耳等为别相。总相与别相，探讨的是全体与部分的关系。

（2）同相与异相。同相，乃是诸构成要素非排斥与矛盾，而是组成贯通整体，共从一缘起；异相，谓诸构成要素虽然共属一体，但各自皆能保持自我独立性。譬如眼耳鼻舌身之同共一体，是同相；狮子眼、耳等不相混淆，是异相。同相与异相探讨的是同一性与差别性的关系。

（3）成相与坏相。成相，谓真际全体之各层面，缘起集成。譬如，诸根和合而有狮子。坏相，是指诸根各立其位，不入他法者。譬如，狮子手足各具其位，不可颠倒与紊乱。成相与坏相讨论的是现实性与可能性的关系。

通过对六相的探讨，华严宗所构建的机体主义哲学更加系统、严谨，尤其在理事层面解决得更为圆融。诚如方东美所言："是六相者，或单取，或全收，皆足征统观理体之圆融一味；差别事法之圆融至极；尤其理事二界之圆融无碍。"[②]

[①] 方东美：《华严宗哲学》（下），第798页。
[②] 方东美：《中国哲学精神及其发展》（上），孙智燊译，第303页。

四、华严哲学之评价

方东美极为推崇华严宗哲学，在他看来，"四大主潮"（原始儒家学说、原始道家学说、中国大乘佛学、宋明清新儒学）之贯通处尤体现出中国文化的最高成就，方东美尝以"旁通统贯论""殊异道论""人格超升论"作为诸家哲学贯通的表现形式，然就其根本精神而言，则可归结为"广大和谐精神"。其中，华严宗"无碍哲学"之特质即为此"广大和谐精神"，它典型地彰显了中国哲学的广大和谐之道。基于此立场，方东美认为：（1）华严宗哲学典型地反映了中国文化最高精神（圆融无碍的精神）；（2）中国哲学广大和谐之道有助于拯救西方文化内在的精神危机（克服其本体论、知识论、价值论上普遍存在的二元对立观等。换言之，西方人了解华严宗无碍哲学之后，如果能以华严宗的圆融无碍观去克服"天人疏离"的心态并纠正二元对立的文化模式，就可以在克服西方宗教弊端的基础上纠正西方文化之弊病）。

在谈及华严宗的哲学贡献时，虽然方东美未做系统阐述，但若悉心体悟，当知方东美大致围绕两个层面展开：其一，就华严宗思想对佛学乃至中国哲学的影响之角度谈；其二，就华严宗思想对西方哲学所面临的思维困境所可能给予的启迪之角度谈。

（一）华严对佛学及中国哲学的贡献

就华严宗在中国佛学史尤其大乘佛学的发展顺序而言，华严宗几乎是最后出现的最为宏大的佛学宗派（其后还有禅宗的出现）。方东美以为：华严宗在吸纳佛学各派精华的同时，亦克服了以往各学派单凭自身无法解决的诸多理论困惑，而终至发展为广大和谐、圆融无碍的佛学学派。华严宗的出现，深刻地影响了中国人的心智结构，并因此而深刻影响了中国古典哲学的进程。

作为佛学发展的高峰而言，华严宗主要解决了以往三论宗、天台宗未能解决的二元对立问题，解决了唯识论所困惑的"善恶同源"的问题。具体而言，三论宗虽有中道哲学之提出，但其折线式的进程使其依然处于空、假二元对立的态势之中，尚未达到圆融境地。尤其值得说明的是，三论宗仅仅是"功用的哲学""历程的哲学"而非"体质的哲学"，即三论宗并没有阐明智慧作用之体质如何。

天台宗的一心三观哲学，在理论上有一个大的突破，因为其以心为体，阐明了智慧之体，因而它规避了三论宗的折线进程，从而走上曲线之合体。然而，天台宗仍然存在问题：譬如，它没有进一步说明心灵所以发用的体源，其方法上仍属于分析学派，而且天台宗主要以《涅槃经》与《般若经》为宗，二者存在着隐秘的矛盾。其矛盾表现在，《般若经》讲空、讲无，而《涅槃经》讲常、乐、我、净，如何将之圆融地结合起来，也是一个问题。此言，天台宗亦非圆教，依然存在二元对立的问题。

其后的法相宗，走上了更为精致的分析哲学之路，它首先将性点化为相，其次以识诠相，最后转识成智。很明显，法相宗并没有超越天台宗，其存在的问题甚至并不比三论宗少。譬如，繁多的名相、琐碎的推理，甚至使得一向以智慧著称的佛学"蜕变"成枯燥的逻辑学或知识学。另则，法相唯识中的"如来藏藏识"亦非究竟之语，因为"如来藏"为善，而"藏识"为不善，这种善与不善的二元对立亦隐秘地存在于法相宗哲学之中。此诚如方东美所言："在法相唯识里面，从弥勒、无著、世亲、护法、戒贤，一直到窥基都有一个共同困惑，因为我们要设想宇宙，就离不开我们的心灵作用。但是在我们的心灵作用里面，却存在着蕴摄的二元对立性：一方面是杂染的阿赖耶识，一方面是超越阿赖耶识的'阿摩罗识'或无垢识。因此几十部的法相唯识宗著作，都在二元对立性中兜圈子。"① 此言，法相宗依然处于二元对立之中。

迨至《大乘起信论》出现，其欲以"一心开二门"的理论解决二元对立的困惑。其言"常、乐、我、净"是"真如门"，而变动不居的

---

① 方东美：《华严宗哲学》（下），第423页。

空相（指变化）是"生灭门"，"二门"皆由"一心"所开。这个思路对于解决法相唯识中的矛盾固然有重要的启迪意义，它犹如一座桥梁，把唯识宗的如来藏与藏识（阿赖耶识）联系起来，亦把真如和现实界联系起来。然而，这座桥梁并不稳固：《大乘起信论》并不注重依持的观念，只重视"随缘"的部分。假设它注意"依持"方面的修持，它马上会靠到"真如"，但是在《大乘起信论》里面的生灭都是随缘产生的，"由于是随缘产生，故其只能容纳小乘佛学及法相唯识宗的大乘始教，因此《大乘起信论》这座桥梁还可以毁"①。

华严宗哲学的出现，标志着真正的机体统一哲学思想的成立，它不但以"一真法界"为心灵发用之体，以"一即一切，一切即一"的圆融无碍的方式克服了以往大乘分析学派（尤其是法相宗）所存在的理论缺陷，而且还成功地将中国大乘佛学由分析哲学转变为综合哲学，法界三观、十玄门、六相圆融等思想无不透露出：华严宗哲学乃是真正意义上的"广大和谐的有机思想体系"。基于这种考量，方东美认为：华严宗哲学乃中国大乘佛学精神发展之顶峰。

华严宗哲学除了克服以往各佛学学派自身存在的问题外，还深刻地影响着中国传统哲学发展之进程，宋儒以降的哲学家尤其如此。大程子尝言，出入佛老数十年，尤爱华严哲学。非独程颢如是，张载亦然，甚至理学的集大成者朱熹亦浸润华严十数载，至于陆、王则更是如此了。事实上，华严宗产生后的学者莫不受其熏陶，甚至醉心于华严宗，以近现代著名学者而言，亦复如是。梁启超、章太炎、马一浮、梁漱溟等大儒莫不浸润其中，并从中汲取智慧。譬如马一浮先生曾以华严宗与《易经》作比较，高度欣赏华严宗的圆融无碍。

华严宗之所以能对中国古典哲学产生重大的影响，就在于其本身乃是中国古典哲学与佛学相容契、提升的产物，其整体思维模式与传

---

① 方东美：《华严宗哲学》（下），第436页。

统的儒、道思想多有融合、互补之处，道家的"齐物我"、儒家的"致广大，尽精微"等理念无不将世界视为广大、和谐的世界。华严宗堪称佛学中国化的扛鼎之作，更是中国哲学与印度哲学相融合的典范。

(二)"华严哲学"对西方哲学的"救治"

事实证明，华严宗思想体系（姑且称为"华严哲学"），对中国哲学的发展可谓真正具有独特见地与崭新的贡献！除了对中国哲学具有高度的影响外，其对西方哲学亦不乏救治意义。方东美曾这样认为，"（华严哲学）是可以医治希腊人的心灵分裂症的，也可以医治近代西洋心物能所对立的分裂症"①。自然，这种救治并非实效性的，而是指在思维层面对西方的启迪。

任何一种思维模式的形成，皆受到最古老哲学思维之影响，譬如，中、印（尤其佛教哲学）哲学总体受传统的"天人合一""宇宙一体"等有机思维之影响，基于此，方有华严宗之机体哲学。现代西方之所以习惯于二元对立思维，实为其哲学传统使然——此可从西方哲学史看出。古希腊的前期哲学，即有巴门尼德的"永恒论"与赫拉克里特的"流变论"之对峙，此"对立"无法得到协调和解决；继而"希腊三圣"苏格拉底、柏拉图、亚里士多德出现，他们试图囊括上述两种哲学，但由于受二分思维模式的影响，无法在根底处解决问题，换言之，他们继承了上述两种思想，但并没有使之融合起来。如，柏拉图根据二分法，把整个宇宙划为两截，他认为宇宙中分线以上为永恒的"形上界"，即"法相世界"或"理世界"，中分线以下则为"意见界"或"变化界"，二者无甚关联，形成宇宙上下的二元对立。亚里士多德，固然为古希腊哲学集大成者，但依然顺二元对立思路而行，所不同的是，他将柏拉图的理念（永恒界）转换为形式，而将现象界转换为质料。

及至中世纪，此永恒界与现象界的隔离分别转换为天国（上帝）

---

① 方东美：《华严宗哲学》（下），第436页。

与人间的对立。本来，作为无所不能的上帝可以将天国与人间统一起来，然而，西方的上帝却在创造了人间的一切后，便撒手而去，不再过问世事，此形成中世纪宗教哲学思想的二元对立。

近代欧洲哲学不再纠结于天国与人间的对立，而是将问题转向了认识论，转向了内在心灵与外在物质的认识关系。然而，二元对立的思维模式仍然潜移默化地发生着作用，其最大的困惑仍是二元对立的问题。概而言之，即为心物的对立、心身的对立、精神与物质的对立，并因此形成两种对立的哲学流派，即唯理派和经验派。此两个哲学流派皆极力以一方（"物"或"理"）出发去囊括另一方（"理"或"物"），以便达成一元统一。遗憾的是，他们虽然付出了巨大努力，但结局则是：非但最终两派仍处于互相排斥之中，即使就同一派别内部而言，亦变得壁立森然，对立重重，始终在正、反二元对立中兜圈子，根本不可能达到对岸，更谈不上以此消融彼。后来虽有康德复出，试图像柏拉图那样做一个糅合工作，但骨子里的二元对立意识，使其所推崇的理性在处理现象界后，仍然不得不面对不可知的物自体。由此可知，二元对立之顽疾在西方是何等的根深蒂固！

现代西方哲学在认识论问题上，并没有真正走出二元对立的思维模式，他们固然规避了形而上的玄学问题，如罗素以"原子主义"为出发点，提出了一系列纯粹的逻辑推理，但二元对立思维模式依然隐秘地发生作用，最终其认识论陷入"孤立系统"。鉴于此种事实，方东美明确指出："所以我说，西洋的哲学家，多多少少都犯了某些心灵的分裂症，将宇宙的上下两种境界，给划分一道鸿沟，结果却始终联系不起来。……假设真正要解决这个问题时，那么首先就要防止 philosophical mentality（哲学的心灵），也即是他们所患的心灵分裂症。我们想要医治这种病，它的药方，在希腊哲学中很难找得到，而近代哲学中，一直要到二十世纪的初年，才开始觉得这个问题的严重性，所以不得不才找这个药方。"①

二元对立思维模式导致了西方一系列问题，譬如环境污染、能源短缺、生态失衡等人与自然的关系问题；个人之焦虑、紧张等精神、心理问题；人与人之间缺乏信任、缺乏安全感等社会问题；等等。由此可知，柏格森、怀特海等机体主义的出现乃至后现代主义之泛滥皆是不可避免的。

基于此，方东美指出，华严宗的圆融思想体系于西方哲学更有启迪意义：倘若西人把形上、形下打成一片，并积极地吸收理（本体）、事（现象）无碍、六相圆融之理论，西方哲学的发展定会大受裨益。然而，这毕竟是方东美的一厢情愿，问题在于西人能否接受这种思想。德国哲学家海德格尔认为"只有一个上帝才能拯救人类"，他明确否认外来思想的实质性影响。

但是，我们还需看到一种事实，即随着人类交往的逐渐深入，彼此思想的影响和交流亦是不可避免的。就此而言，笔者倒是赞同方东美的意见。惜乎历史走到"万物互联"的今天，中西哲学界、思想界、文化界仍然存在着隔膜、不对等乃至"敌对"的现象。譬如，西人对中国哲学思想的理解远远不如中国人对他们的理解，即是文化不对等的表现。可见，西人的"自我中心"主义仍然根深蒂固。此种偏执不仅不利于西方自身的发展，亦不利于人类的发展。今天，西方在金融、科技、军事仍处于强势地位，西方哲学思想、思维模式乃至文化样式也深刻地影响着人类的发展进程。倘若西人能博采东方哲学之精华（如华严宗的"机体"思想），改变二元对立的思维模式，则不但有助于其诸种问题的解决，而且将造福于人类。

---

① 方东美：《华严宗哲学》（下），第420页。

第六章　方东美治学方法及评价

　　通过对方东美关于儒、释、道之论述，笔者试图对其研究方法及其哲学价值进行简要评价或评估。鉴于方东美学养如此之深厚、视野如此之开阔，思想如此之宏大，使得后学难以超越，亦使得后学难以对其有一精准的评判。笔者一向认为，对某一学术的学术评判尤其学术批评理应建立在超越其人学术的基础之上，至少是处于学术能力对等的位置，否则我们就根本没有资格进行评估，假若强以为之，则或落入"无知者无畏"、自说自话之窠臼，或陷入隔靴搔痒、不知所云之境地，那无疑是要贻笑大方的。此正如现代新儒家的卓越代表牟宗三先生所指出的那样："要了解一个人至少要与其同等，同等才能超过他，越过他，也才能驾驭他。达不到他的程度就不能与他同等，就不能了解他，这样也不能越过他，驾驭他。"① 倘若对其哲学都不能理解，又有何资格去评判他人！至于谩骂，更不是学人所应有的态度。

　　方东美先生有"东方诗哲"之称，其博大、厚重的哲学思想至今仍是树立在我们面前的一道标杆，是我们学习、消化、吸收的对象——笔者以为，对绝大多数哲学从业者而言，对方东美哲学思想进行超越性"批判/批评"的时机尚未到来——虽然近几年，"创新"口号风靡，然克就人文领域尤其中国哲学这个领域而言，尚须取"保守"

---

① 牟宗三：《中西哲学之会通十四讲》，第33页。

做法（保守者，取保护、守卫及传承之义也），哪有那么多的哲学创新（原创）！

因此，就笔者目前对方东美思想所做的工作而言，亦无非通过对其哲学理路的进一步归纳和厘清，试图就方东美哲学对中国思想文化的贡献谈谈自己粗浅的看法——姑且称之为评价。

第一节　方东美治学方法再探析

在第一章，笔者多少谈到了方东美的治学方法，但毕竟只是点到为止，经过对方东美哲学的一番学习和探究后，我们对方东美哲学的研究方法自然有了更为清晰的认识。其实，近年来，随着方东美相关著作的出版与传播（中华书局于2012年底几乎出版了方东美先生的所有著作），人们对方东美的哲学思想也逐渐有了一定的认识。然而，若要透悟方东美的哲学思想，则需要对其"哲学进路"有一个清晰的认识——"哲学进路"乃是哲学家构建哲学体系的骨架及方法。

方东美一生著作并不是太多，然而方东美逝后，其弟子将其哲学讲演一并整理出版，故亦有文字数百万言。其文字虽多，但贯穿于数百万言之中的红线——哲学方法——却非常清晰，可归结为三：形而上的方法、中西对比会通的方法及价值优先的方法。

一、形而上的方法

方先生开宗明义，明确指出其研究采用形而上的方法。形而上的方法，倾向于思辨的玄学而非唯物的器论；它是从超越的精神出发，而非从现实的物质出发；它倾向于精神的超越，而非对"实有"的顺服。基于此立场，方东美从事的中国哲学研究主要就四大主潮即原始儒家、原始道家、大乘佛学以及宋明新儒家进行展开自然就顺理成章了。方东美的原始儒家研究，其实只局限于《尚书》和《周易》；原始道家则锁定老庄；大乘佛学则为三论、天台、唯识及华严四宗；新儒家主要以宋明理学为主，兼及明清诸儒。其理由在于，原始儒家经典中，只有《尚书》（尤其《洪范篇》）和《周易》带有形而上的色彩，至若《论语》《孟子》则一为格言，一为散文，不具备形上品质，自然不入方东美法眼——但此并不意味着方东美对孔孟的忽略或不敬重，而是"文本"使然。道家经典亦然。老、庄乃玄学代表，然而魏晋玄学尤其后期道教掺杂阴阳之术，故亦被方先生排除在外。佛家本来宗派颇多，但形上思想饱满者，当推"四宗"。方东美尝言，四宗皆有哲学智慧，其中以华严宗为最。至于其他宗派，则形上味道不足，如密宗有术之嫌疑，而禅宗"个人体悟性"太强，乃至发展到"言语道断，心行处灭"时，陷入神秘的"体验主义"，自然为方东美所不取。至于新儒家研究，方东美的研究重点集中于有理学之称的宋明儒，而非讲究实用的明清儒，原因在于后期明清儒陷入训诂考证之术，形下味道过于浓厚，难入方东美法眼。

对于方东美的形上路径，更有力的明证表现于其对墨家的取舍。在早期的中国哲学研究中，方东美把原始儒家、原始道家和墨家相提并论；然而到了后期，则对墨家几乎只字不提，将精力和焦点对准了四大主潮。

形上的方法学取向，贯彻方先生的整个学术研究进程之中。

二、中西对比会通的方法

中西对比的方法乃现代新儒家常用的重要研究方法，概与现代新儒家的时代背景、治学经历及心态有关。新儒家诞生于中国技不如人、学不如人的态势下，因此有志于复兴中国传统文化的学者，莫不自觉地在继承传统之学的基础上去对照、吸收西学，借以全面认识传统之优长，并取长补短，以高扬民族主体性。无疑，中西对比（会通）的方法乃不期而然地为现代新儒家的首选。

就第一、二代现代新儒家而言,将此比较方法贯穿始终者,当首推方东美先生——因为在现代新儒家中,除贺麟、冯友兰等少数大哲外,西学深厚如方东美者并不多见,甚至在现代新儒家的整体阵营中,方东美的西学功底(尤其就对西方哲学的全面性而言)亦是佼佼者。此种深厚的功底为其进行中西哲学比较与会通打下了良好的基础。事实上,从方东美的第一部著作,至其逝世前的最后一部著作,中西比较与会通的方法,皆贯穿其中。

中西比较的方法甚至已成为方东美治学的习惯和自觉意识,他对中国哲学四大主潮的研究之中,没有一处不以西方哲学为参照,而其所参照的西方哲学家又是如此之多,从古希腊的巴门尼德、赫拉克里特到现代、后现代哲学家,皆有所涉猎。正如蒋国保先生所述,"仅就数量而讲,几乎涉及除中世纪以外的西方古代、近代、现代所有重要、较重要、不那么重要的哲学家"[1]。除了著作中贯彻中西哲学比较的方法外,方东美的讲述(讲学)亦是如此,其弟子傅佩荣曾这样描述:"你若是偶然经过他的教室,在外面聆听十分钟,你会以为他在介绍西方哲学,从柏拉图到黑格尔,信手拈来如数家珍;你隔了一小时再度经过他的教室,所听到的可能是儒家与道家。但是,你若是有耐心听完三小时的课,就会知道这一切都与大乘佛学有关。"[2]

在义理的处理上,方东美可谓慧眼洞视,他善于用对比的方法一下就抓住问题要害,譬如,他认为儒家的《周易》《尚书》二系统,一为变易哲学,一为永恒哲学,而古希腊的赫拉克里特与巴门尼德亦存在一动一静的结构,二者可谓有异曲同工之妙;又如,华严宗的机体主义哲学同西人怀特海的有机哲学之会通,唯识宗同胡塞尔现象学的对比,陆象山同尼采的会通,等等,皆彰显出方东美中西比较方法运

---

[1] 蒋国保、余秉颐:《方东美哲学思想研究》,第316—317页。
[2] 傅佩荣:《回忆恩师》,http://baike.baidu.com/view/924572.htm。

用的娴熟。

中西对比、会通的哲学研究方法可谓方先生治学之密钥，亦是后人解读方东美哲学著作之要津。

三、价值优先的方法

价值优先的方法，其实是形而上方法的必然延伸。因方东美以形而上方法从事哲学研究，自然他亦将建基于形上基础之上的文化价值、精神价值作为其最高追求。考察方东美对儒、释、道的研究，当知，他每每将建基于哲学根基之上的文化理想、完美人格作为考察的重点，此乃价值优先之明显体现。在某种程度上，我们甚至可以说以（精神）价值为轴心的人格超升论乃是方东美终生孜孜以求的最高宗旨。方东美并不讳言其"唯精神论"的哲学风格，在《中国哲学对未来世界的影响》的演讲中，他不但高扬了人的精神价值的重要性，而且还用建筑图的模式勾勒出其对理想人格的憧憬，他讲道："在建筑图里面是个宝塔型，以物质世界为基础，以生命世界为上层，以心灵世界为较上层，以这三方面，把人类的躯壳、生命、心理同灵魂都做一个健康的安排。然后在这上面发挥艺术的理想，建筑艺术的境界，再培养艺术的道德，建立道德的领域，透过艺术与道德，再把生命提高到神秘的境界——宗教的领域。"① 方东美弟子傅佩荣尝对方先生的"人格超升"过程进行了大致分类，依次有九个层次，三个类别：第一类是自然人、活动人与理性人；第二类为艺术人、道德人、宗教人；第三类为高贵人、神性人、不可思议人。三类九层体现了人格的不断超升，这种人格的超升归根结底是精神上的超越和提升，此表明方东美实质上将精神价值优先的原则作为其哲学的基点。

方东美"精神价值优先"的哲学原则势必使其哲学思想带有明显

---

① 王月清、李钟梅编：《东方诗哲方东美论著辑要》，第205页。

"重文化轻物质，重精神轻物质"的价值取向，此从其对墨家、明清儒家的态度可以看出，亦可从其对马克思的态度看出。撇开政治立场不说，马克思的唯物主义立场与方东美的"人格超生论"立场是格格不入的（毋庸置疑，方东美对马克思主义哲学亦存在着误解）。方东美在《中国大乘佛学》中，多次对唯物论展开严厉的批判，这种立场也使得其对科学主义乃至科学技术采取了批判甚至排斥的态度。

价值优先的原则凸显了方东美精神哲学、文化哲学之特征，此原则或曰方法亦贯穿方先生的整个哲学体系之中。且不言其出版、发表的论著中始终凸显人格超升之原则，即便其晚年未成文的、堪与其《中国哲学之精神及其发展》合称双璧的《生命理性与文化类型：比较生命哲学导论》之大纲亦贯彻了这种哲学方法。遗憾的是，方东美未能完成此宏著，仅有大纲留世。

我们之所以探讨方先生的治学方法，不仅在于获悉一种哲学的入门途径，亦在于通过对其治学方法的探讨与厘清，来更好地理解、把握方先生的主要哲学精神，从而客观地评价之，扬弃之，乃至最终超越之。

第二节　方东美哲学的主要贡献

方东美的哲学贡献是多方面的，比如他特有的诗性语言表达及天马行空的形象思维给谨严乃至刻板的哲学带来一股清风；甚至可以说，他不但在语言风格上复活了庄子，而且在思维模式上也堪称庄子之传人——亦因此之故，国内学者尝将方东美定位于新道家，胡军先生即作如是观。同时，方东美以"双语"著述，对哲学思想的传播起到了"哲学大使"的作用：他以典雅的英文向西方介绍、传播中国古典哲学，又以文雅的中文向国人介绍西方哲学，依此消除西方人的偏见，增进国人的哲学自信。此种写作方法在第一、二代新儒家中，绝无仅有；即便在今天，亦是罕见。

方东美的外文著作得到了国际人士的褒扬，美国纽约州大教授兼哲学系主任、英国皇家科学院院士戴尔·瑞璧先生给出如此评论："对方教授浩巨的哲学辛苦，我们大家都应该深深铭感。他帮助我们了解中国哲学的独创性与伟大。其高瞻综概使中国文化的高山峻岭、大河幽谷一一朗现，尽收眼底，得未曾有。"[①] 就其对哲学自身之贡献而言，大略可做以下归纳。

其一，方东美以全方位的视角，展开中西哲学之会通，并因此为后学带来诸多可深入探讨的话题。自晚清以来，国人皆唯西学马首是瞻，西学东渐成为一股风气，在此西风劲吹的态势下，国人技不如人、政治不如人、思想不如人乃至一切不如人的民族自卑心理暴露无遗。于此情势下，一大批学人自觉地担当起文化重任，以传承国学、挺立民族主体性为鹄的。而要挺立民族主体性，势必采用对比的方法，通过中西哲学文化之比较，以凸显传统文化之优势；否则缺乏证据，易流入孤芳自赏的境地。纵观第一、二代新儒家，他们皆自觉地具有一种中西哲学文化对比意识。以"新儒家三圣"而言，他们皆以对照的方式讲解传统文化（国学），即使不懂外文的熊十力先生，亦通过相关译介材料了解西方哲学，虽然他对西方哲学多有误解之处（包括梁漱溟），但其渴望中国哲学得到承认的心情（包括其采用的哲学对比之方法）是可以理解并值得肯定的。第二代中的冯友兰、贺麟二先生皆有留洋经历：冯先生主攻新实在论，贺麟先生则是研究黑格尔的专家，他们皆学贯中西，自不待言；第三代的唐、牟、徐，尤其是唐、牟则分别以黑格尔哲学与康德哲学展开中西哲学的比较与会通；第四代的代表人物余英时、杜维明、刘述先、成中英诸先生更是精通外文，对西学有更为深刻和全面的理解，他们在中西哲学会通工作上有更大的

---

① 王月清、李钟梅编：《东方诗哲方东美论著辑要》，第531页。

优势，事实上，他们皆在各自领域做出了自己应有的贡献。

相比较而言，方东美先生所进行的中西哲学之会通，似乎更全面，更宏阔。方东美的哲学著作中提及的西方哲学家数量惊人，从古希腊到后现代，几乎皆被其"一网打尽"，方东美可谓全方位、全视域地开启了中西哲学比较、会通之先河。当然，就系统性和深入程度而言，牟宗三先生所进行的康德与中国哲学之会通更是堪称典范；但若以视野与胸怀而言，方东美所勾勒的中西文化会通之全幅画卷可谓古今无两！

读方东美的著作，往往感到火花四射，启迪良多。其中，最为人所称道者，乃是其点到为止的"问题域"，虽寥寥数语，却点到要害，既给后学以启发，亦予爱智者以崭新的任务。譬如，方东美谈到法相宗时，拿西人胡塞尔的现象学做对照；讲陆九渊心学时，拿尼采做对比；讲善财童子时，则以怀特海的哲学比喻之；谈庄子齐物论时，以西方的"民主"政治映衬之。总之，走进方东美的哲学世界，就仿佛走进哲学大观园，不，应该是哲学的"迷"（取着迷义）宫，所到之处皆能发现颇有价值且引人着迷的哲学问题。我们知道，问题，是科学发展的动力，对哲学来说亦是如此；好的哲学问题，乃是哲学得以推进与超越的前提。鉴于此，笔者以为方东美先生所留下的诸多值得研究的"关乎中西哲学会通的问题"乃是一笔宝贵的精神财富。

其二，方东美的哲学贡献还在于他以独特的视角对中国哲学进行了创造性的解读。中国古典哲学乃历代学人通过对经学、子学的重新诠释而建立起来的，所不同的是：历代的解读者累加了时代与个人因素，但其主线乃是以中解中，陆九渊言"六经皆我注脚"，道出了部分事实。自近现代以来，中国古典哲学的解释路向发生了大的变化，乃是以西解中——甚至中国哲学的主要构架也是按照西方所谓的本体论、认识论、价值论等模式建构的。翻开 20 世纪的中国哲学史，当知此言不虚。

就现代新儒家而言，他们亦大多参照西学来重新解读国学，譬如，冯友兰的《中国哲学史》根底处在于用新实在论的理念来理解中国哲学，冯友兰的哲学贡献世人皆知，自不待言。若论及对中国古典哲学解读的创造性，余以为方东美绝对是不可错过的。此自然同方东美深厚的学养、宏阔的视野有关，更与其全视域的中西对比方法有关。方东美的妙论主要体现在其对中国古典哲学的创造性解读之中。

方东美最终将中国哲学厘定为四大主潮，即原始儒家、原始道家、大乘佛学及新儒家，其原创性的解读即贯穿于四大主潮的研究之中。我们姑且沿着四大主潮顺序，概览方东美敢为天下先的创造性解读。

在对原始儒家的研究中，方东美提出一"动"（《周易》）、一"定"（《尚书》）的两大主要传统，此与古希腊的巴门尼德与赫拉克里特交相辉映，堪称先例；方东美对孔子《论语》的评判亦多直率之语，譬如，其所谓"《论语》不过是格言，缺乏形上本体之思"，亦是冒天下之大不韪，引起其他新儒家的批判（牟宗三先生就曾不点名批评之）；方东美对《周易》的研究颇具创造性，他不但用一套逻辑符号重新解释六十四卦的形成过程，而且还借用佛学"双回向"的方式重新诠释《周易》的生命精神，此皆给人以启迪；对于宋明（清）新儒家的解读，方东美亦不同于传统的程朱、陆王之划分，而是依照唯实主义、唯心主义、自然主义三分法进行剖析，其论述亦新意迭出，启人心智。

论及原始道家，方东美更是灵气飞扬，他开辟了以超本体论、绝对价值来解读大道之先河，以道体、体道、道用、道证概括老子哲学之体系，既合乎逻辑，又给人耳目一新的感觉；论及庄子，方东美则用个体化与价值原理、超越原理及自发性自由原理，并结合双回向原则，论证了自由可提升与超越至"寥天一"处，可谓深得庄子精髓！至于方东美之文笔，更是文采飞扬，颇富诗意而又逻辑缜密。

佛学领域，方东美着力亦多，大乘四宗，皆花费大量心血，颇多精辟见解。如方东美对三论宗"折线式"的思维概括,对天台宗"曲线式"评价,对华严宗"广大和谐哲学境界"的分析和评判,皆有前人未说到处,独到新颖且有根据;方东美在论述唯识宗时,强调提出的"唯智"说一途,更是匠心独运,开启唯识研究之新途。

方东美对四大主潮的总体概括,亦颇具洞见:他所勾勒的儒家的"时际人"形象、道家的"太空人"形象、佛家的"兼综时空而迭遣人"形象、新儒家的"时空兼综人"形象皆客观而准确地概括出诸家的哲学品格,可谓精辟之至!此非对中国哲学有精深研究者不能为之!当然,方东美的创造性观点颇多,笔者仅略举数则,以求管中窥豹。

其三,方东美以开放的心胸对待以往诸哲学流派,扩大了新儒学的胸襟,有利于中国哲学的发展。虽然有学者对方东美的新儒家定位有所质疑,但方东美所表现出来的对中国传统哲学的坚守与自信之品格,颇具儒者风范,这一点是毋庸置疑的。(关于方先生的归属问题,即到底是新道家还是新儒家,笔者姑且接受其弟子刘述先的看法,将方东美定位于第二代新儒家之列,见第一章所论。)

若将方东美置身于现代新儒家之列进行考量,方东美可谓开阔了现代新儒家的哲学视野。之所以如此评判方东美之贡献,主要基于两种维度:第一,相比于其他现代新儒家,方东美先生的学识更为广博,正如夫子自道:"在家学渊源上,我是个儒家;在资性气质上,我是个道家,在宗教兴趣上,我是个佛家;此外在治学训练上,我又是个西家。"① 如此广博且深厚的学术背景,怕是其他新儒家难以具备的。第二,方东美具有开阔的哲学视野,他在学术上做到了融汇百家、兼容并包,而非拘泥于一家之言。譬如,牟宗三、唐君毅、徐复观、张君劢等先生曾有"为中国文化敬告世界人士宣言"之活动,方东美并未

---

① 杨士毅:《方东美先生纪念集》,第87页。

参与甚至进行批评。其原因在于他不愿意将自身禁锢于任何一个学派，那样将对学术构成一种限制。方东美的机体主义哲学观使其相信"采取某套宇宙观时候我们不当自我封闭，而自绝于其它伟大的宇宙观及其累积所得的智能结晶之外"①。在此种学术视野下，方东美讲学统而反道统，他从不认为接受儒家中心论旨，就必须排除其他各家，就必须把佛家、道家、墨家乃至西学排除在外；相反，方东美以开阔的胸襟纳人类智慧之精华以丰沛儒家，反而更能促进儒家的发展。正如德国哲学家韩路易对方东美评价的那样，"他笃信机体主义观有一重大价值，其可贵处就在于他能够结合这些种种映衬对照的殊异观点、看法及其特有的贡献，使之一一独彰异彩，蔚然显学，而又无损其个殊特色"②。这种不执着于任何学派的开阔的学术胸襟在现代新儒家中可谓一个"异数"。

其四，方东美的有机统一之生命哲学，丰富了新儒家的思想武库，开辟了中国哲学研究的新方向。现代新儒家的哲学研究，大抵是承接宋儒而来：熊十力及其弟子牟宗三大致接着陆王心学而来；冯友兰所谓"接着宋儒讲"实则是承接程朱而来；马一浮亦大致从宋儒化出，但总体似更倾向于程朱理学；至于其他诸家，多以接续宋儒发挥而已。总体看来，现代新儒家似乎仍难以走出程朱、陆王相对立的传统。方东美则不然，他打破了理学、心学的对立传统，直奔源头。

方东美在诠释中国古典哲学的同时，也构建了自己的哲学体系——有机生命本体论体系。此哲学体系尤其重视生命意蕴及其精神的超升，始终围绕贯通宇宙生命这一轴心而展开，以渐次达至最高的精神境界。考察方东美哲学体系之建立，在于他避开支流，直取元气淋漓之原始儒家，并将原始儒家"生生之德"之精神与老庄逍遥自由

---

① 方东美：《中国哲学精神及其发展》（上），孙智燊译，"代序"第3页。
② 方东美：《中国哲学精神及其发展》（上），孙智燊译，"代序"第3页。

之品格、华严宗广大和谐之境界及现代西人柏格森、怀特海之机体哲学融会贯通，构建出截然不同于其他现代新儒家的哲学本体论；可谓为哲学界增添了一道靓丽的风景线，亦为现代新儒家走出宋儒影响而开辟了崭新的发展途径。大陆最早研究方东美哲学的学者蒋国保先生对此有十分中肯的评价："可以毫不夸张地说，如果没有方东美的理论贡献，现代新儒学的理论武库将远非现在这般充实与丰富。"[①] 笔者亦深有同感。

第三节　方东美哲学存在的问题及"困惑"

作为一代诗哲，方东美无愧于时代，有益于当代，甚至还将对未来产生重要的影响，这当然是情理之中的；同时，我们亦要知晓，任何哲学思想，无论多么伟大，亦必有其局限性，否则思想就无从发展了。站在哲学发展史的维度审视方东美哲学，当知：方东美哲学固然独具特色，但亦有其局限。

以笔者浅见，方东美哲学的局限与其哲学研究方法密切相关（当然，所谓的哲学问题也许对方东美而言并不成问题，但站在哲学发展的角度，对后人而言，则存在此问题），大致表现为以下几个方面。

其一，方东美形而上的哲学取向，使其哲学思想具备超越、高远之品质，但同时亦使其错过了那些不具备形上品质的哲学流派，进而遮蔽了中国哲学内容的丰富性。譬如先秦兵家、名家、阴阳家、法家乃至汉代黄老之学，因其形上意味不足，而未能进入方氏视野；另，魏晋玄学、隋唐儒学、道教、禅宗等或因哲学味不足，或因术的意味过浓（如道教），或因存在"言语道断""无可言说"等原因（如禅宗及魏晋玄学），被排除于研究之外，这势必使其所从事的中国哲学研究

[①] 蒋国保、余秉颐：《方东美哲学思想研究》，第336页。

带有一定片面性。

其二，方东美以近乎全视域的中西哲学比较与会通的方法开拓了中国哲学研究的新路向，但也多少存在着过度诠释或误解的可能。譬如，徐复观先生曾对此提出质疑。徐先生认为，方东美以西方哲学的方法来研究中国思想、中国哲学，非但无益于正确把握中国哲学的精神特质，反倒容易模糊对中国哲学特质的认识。出于此种考虑，徐复观曾特意问方东美弟子："方先生是否以西洋哲学来解释中国哲学？"①针对此问，蒋国保以为，此问未必不是对方东美以西方哲学的方法研究中国哲学的做法委婉地表示批评。其实，若通读方东美的著作，确实存在着这样的问题：当方东美刚提出一个中国哲学命题，还没有来得及做细致的分析，就跳跃到西方哲学的视域之中，此固然益于开启思路，但亦可能造成徐复观所质疑的问题——以西解中是否会造成对中国哲学的误解，以西解中是否偏离了中国哲学的发展轨道？

其三，方东美哲学的文化偏重与价值取向及特有的诗人气质可能会降低其哲学的思辨品质，甚至导致逻辑矛盾的出现。如上所述，方东美采取价值优先的研究方法，此未免使其哲学带有浓重的文化色彩，学者蒋国保先生就曾指出："方东美的思想体系，实质上就是以中西文化、中西哲学比较为基本内容的文化哲学的思想体系。"②持文化哲学立场，本身并无问题，问题在于方东美在论证价值（尤其是文化价值）时未免忽视了一些问题，进而导致逻辑上的矛盾。譬如，方先生一方面承认文化价值结构上应以哲学为核心，一方面又说宗教境界为文化价值之最高体现；又则，就方东美所规划的"人与世界在理想文化中的蓝图"而言，他一方面认为，物质为精神之基础——人之精神的超升须打牢基础，另一方面，又看不起物质主义，甚至反对科学。照此

---

① 许逊：《雪涕终宵哭先生》，《哲学与文化学刊》第四期第八卷。
② 蒋国保、余秉颐：《方东美哲学思想研究》，第340页。

逻辑，人之超升又如何进行？如此等等，皆未免令人困惑。

同时，由于方东美所特有的诗人气质及对诗的偏好，故其思维及行文皆不期而然地带有诗性。他认为哲学与艺术、诗歌相接，尤其诗更接近哲学——海德格尔亦有此论：伟大的哲学就是伟大的诗。因此，他认为用譬喻、象征来从事哲学探讨，非但不足为病，反而大有启发，可以提供崭新的洞见以透视万物之性。这种倾向未免使其在处理哲学问题时带有一定的跳跃性（这突出表现在以演讲为蓝本的著作中），思维的跳跃固然给人以灵感，但有时也使得哲学问题的推演缺乏逻辑的严谨与缜密，进而弱化了哲学的思辨魅力。况且，过于跳跃的思路是否考虑到学生的接受能力？

除了思维的跳跃性外，方东美的行文亦充满诗意，诗意的行文固然激发美感，但过于情感的表达亦多少抑制了哲学的思辨功能。其弟子刘述先客观评价道："只不过东美师的文字表达，一则喜欢对各种不同的哲学与文化的境界作现象学的描述，再则喜欢对各种不同的生命情调与美感发而为诗人的赞慕与咏叹，以至好些苦心经营的方法论的痕迹被掩埋而不显。"①

兼于方东美哲学的文化价值优先取向、特有的诗人气质及跳跃性思维等综合因素之影响，其对哲学的处理（包括行文）似乎更具有美学色彩，牟宗三曾对其这种"以美学处理哲学问题的方法"进行过不点名的批评。确实，若以美学的眼光看待问题，"在文化选择上势必推崇和提倡玄妙浪漫精神的文化，这样就很难在他的文化选择的价值取向下将中国文化中各种价值理想真正统一起来，于是当他不得不对一些具体的学说作出说明或评价时，也就难免不与他关于中国文化精神之总体把握相矛盾"②。

---

① 刘述先：《方东美先生哲学思想概述》，载罗义俊编著：《评新儒家》，第460页。
② 蒋国保、余秉颐：《方东美哲学思想研究》，第340页。

当然，我们也可以从另一个方面考量，即诗性哲学是方东美哲学的一大特色和贡献，或者说方东美开启了中国现代新儒家诗性哲学之先河。关于这个问题，自然见仁见智。武汉大学美学教授邹文广认为，以美学的视野研究哲学未尝不可。事实上，在中外哲学史上，此路向一直存在，庄子、尼采、桑塔雅那莫不如是。这里的问题在于，方东美的诗性哲学是否"遮蔽"（降低）了其哲学思想的思辨色彩，这仍然是一个有待深入探讨的学术问题。

除上述问题之外，方东美还留下一些学理上的困惑，譬如蒋国保所追问的关于方东美蓝图的"动力"问题——方东美勾勒出了人格超升之蓝图，但其动力源自何处？又如蒋国保对方东美的生命本体论进行质疑：方东美的生命本体论既不同于物质，又不同于精神，那么这种"第三种现象"（生命本体论）能否脱离物质与精神而独立存在？除此之外，方先生对马克思主义哲学存在诸多偏见，亦往往导致其情感大于理性。如此等等，皆值得后学重视。

但总体看来，瑕不掩瑜：无论阐扬中国古典哲学还是在中西哲学比较、会通层面，方东美的哲学贡献都是伟大的，是第一位的——世上凡是完成的东西总是不完满的，方东美哲学亦然！我们指出方东美哲学中存在的问题，并不意味着对方东美哲学的否定，更非意味着我们已"超越"了方东美。退一步讲，我们所提出的一些"问题"也许在方氏那里不是问题，而是我们的理解所致——但是无论如何，这些问题即便在当下仍然困惑着我们，也将激励着有志于研究方东美哲学的人更加圆融地领会、处理乃至最终超越方先生的哲学。

总之，方东美开辟了一条崭新的中西对比、中西会通的哲学之路，开辟了一条独特的解读中国古典哲学之路，亦开辟了一条诗性哲学的道路。笔者深信，无论方东美的思想还是其治学方法皆将作为宝贵的精神财富为后学多继承，并将对中国哲学的深入研究产生深远的影响！

附录一

道家就像"太空人"[①]

被喻为"东方诗哲"的方东美先生,善用比喻,他常常以传神的比喻将深邃、难解的哲学点化为灵动的艺术:既能准确地表达出深刻的哲学内涵,又能激发起人们对哲学的兴趣。不过,由于方东美学识广博,思维独特,又常常天马行空,纵横捭阖,"言此而及彼",亦使得其妙理未能得到充分的展开。譬如,方东美将道家喻为"太空人"就极富洞见,他以为:"道家在中国精神中,乃是太空人,无法局限在宇宙狭小的角落里,而必须超升在广大虚空中纵横驰骋,独来独往。"他曾用司空图《诗品》之"具备万物,横绝太空。荒荒油云,寥寥长风"之诗学意境来比喻道家"太空人"的品质。然而,由于方东美采用的是艺术化的诗性语言,且对之缺乏系统的分析与探究,未免使得后学"达于美而疏于理",进而导致"太空人"之妙义隐而不彰。

那么,"太空人"究竟有哪些含义呢?方东美是基于何种见解将道家定位于所谓"太空人"呢?倘若系统地研究方东美哲学,当知方东美将道家定位于"太空人"的缘由及含义皆颇为丰富,且相互关联,考究起来,其义有三。

其一,"太空人"所喻的"原始空间"。"太空人"之喻,首先来

[①] 郭继民:《道家就像"太空人"》,《光明日报》(国学) 2012 年 9 月 23 日。

自老子对时间历史的否定,这种"否定"是基于"与儒家对比立场"而论的。方东美认为就儒家思想而言,有两个主要传统,一为《尚书·洪范》,一为《周易》。前者重在继承、衔接,暗示永恒的一面;后者则重创造、开拓,重视流变的一端。要言之,儒家把人置于生生不息、连续时间的长河之中,从流溯源,由源顺流,以时间创化之过程来描绘人类生活的世界。道家不然,道家创始人老子不满春秋时代之剧变,他试图逆时间之流而上,直至时间的起点,进而超越时间,以便进入无时间存在的永恒空间之中。此恰如方东美认为的那样,"顺着时间之流而愈变愈坏,而要透过时间之幻想,将世界向高处、向外去推,推到人类无法根据时间生灭变化的事实以推测其秘密,而进入一永恒的世界"。无疑,以时空论世界,永恒的世界只能是空间的世界,因为时间是流动的,在流动的时间里安排世界只能是变动不居的世界。因此,方东美认为孔子的哲学是变易的哲学,并将儒家喻作"时际人";相对于时间而论,空间则是永恒的、不动的。依此推理,老子无穷追溯到的永恒世界只能是"空间世界"——这种空间即笔者意义上的"原始空间"。在这种原始空间里,人与万物各得其所,保持着一种固有的"朴未散"的品性,一种近乎永恒不变的品格——只有在此近乎永恒的原始空间里,人们才可以保持素朴之心,故方东美将原始道家(尤其老子哲学)称为"太空人"。

其二,"太空人"所喻的"艺术空间"。"艺术空间"源自庄子的《逍遥游》。对于老庄哲学,方东美似乎更偏爱庄子,这首先在于方东美特有的诗人气质与庄子极具浪漫的诗性品格有关,同时亦与庄子用艺术的手法化解了老子哲学中所存在的诸多"矛盾"有关(自然,这些"矛盾"在方东美看来,是由于老子过于简洁的表述方式造成的)。尤为重要的更在于庄子开拓出的"逍遥游"的境界,直接导致了方东美"太空人"的"艺术空间"。庄子《逍遥游》中所描绘的"抟扶摇而上者九万里,绝云气,负云天"之大鹏形象,乃是至人、真人、神人逍遥之境的化身，这种"寥天一"的逍遥即为无限空间的逍遥，亦是无限时间的逍遥——倘若存在时间的话。正如方东美所认为的那样，"庄子更进一步，以其诗人之慧眼，发为形上学睿见，巧运神思，将那窒息碍人之数理空间，点化之，成为画家之艺术空间，作为精神纵横驰骋、灵性自由翱翔之空灵领域，再将道之妙用，倾注其中，使一己之灵魂，昂首云天，飘然高举，致于'寥天一'处，以契合真宰"。"逍遥游"讲究"无待"，倘若被束缚于时间之流中，势必形成滞碍，何谈逍遥？即使逃逸出时间，充斥空间之域，亦未必能真正做到逍遥，因为空间中也处处充满了物，凝滞的空间对于灵动的心灵而言，亦可能构成一种滞碍。而庄子的精彩处就在于"化腐朽为神奇"，将充满限制、束缚的有限时空"点化"为诗性的"艺术空间"。只有在这种艺术空间内，才可以达到"与日月齐光，与天地为常"的圣人境界。在这种艺术空间内，一切束缚、滞碍将不复存在，一切都是灵动的、诗性的。由此可知，庄子的"逍遥游"境界首先显在"艺术空间"中，他的精彩之处就在于把老子凝固的原始空间转化为灵动的、诗意的空间。

其三，"太空人"所喻"无碍空间"。"艺术空间"比之于"原始空间"固然富有诗意与引力，然而倘若艺术空间仅仅停留于诗人所特有的想象之中，那么庄子的"逍遥游"不过是镜中花、水中月——理论再好，若无实现的途径，无异于痴人说梦。而"无碍空间"则通过对"时空的转化"为庄子"逍遥游"的实现提供了理论根据。庄子在《齐物论》中提出"逍遥游"的实现途径，即借助"坐忘"而达到的"无待"的逍遥境界，此逍遥境界在现实中须通过"齐物"来完成。方东美多次用艺术的语言提到庄子善于把时间点化为空间，然而，倘若我们撇开浪漫艺术的想象，又当如何理解"庄子时空点化"之要旨呢？换言之，时间被"点化为"空间的学理根据何在？笔者以为，康德关于时空的论述为庄子提供了强有力的证据。以康德之见，在作为先天直观的两种形式——时间和空间中，时间比空间更根本、更本源。一切空间最终要依靠时间而存在，换言之，人们的空间意识的形成取决于人的内在时间观念。时间的另一特性还在于时间本身是不受空间限制的，时间总是表现为人的"意识流"，"我可以天马行空，我可以想象到千万里之外，想到外星人，想到太阳系、银河系，但其实都是在时间中流过的这些意识，并没有真正的占据空间"①。时间和空间的这种特性无疑给庄子的"坐忘"理论提供了强有力的支持。人们平素之所以不逍遥、不自由无疑受制于空间自身的相对有限性，在某一特定空间，当一物占据了空间，则势必构成对他者的障碍而导致"自由"的限度，是谓"不逍遥"。不过，这种具体的、客观的空间本质上却又属于"伪存在"，因为它归根结底是由人的"内时间"（意识流）而形成的，倘若祛除"意识流"——这里的意识流在庄子那里即为"成心"或"机心"，那么时间将变为广阔的无限存在，进而由时间所塑造而显现的空间也就成为无限、无所凝滞的永恒空间，此种空间乃是真正自由的"无碍空间"。照此看来，庄子的"忘我""无待"实质上在于祛除"主体意识"，亦即祛除"时间"的过程。（值得一提的是，单就由"祛除时间"或"祛除自我"而取得"无限空间"的角度而言，佛家理论更为精妙。）笔者以为，这种祛除"主观之我（机心）"的主张乃是获得"无碍空间"的有效途径，亦是方东美所谓"原始道家将时间点化为空间"的主旨所在，只是由于方东美未做细节分析，很容易被读者一下子给滑过去。

通过上述对道家三种空间的分析，可知方东美对原始道家的"太空人"之喻确乎契合老庄原意，且意蕴丰富，极具启发性：它不仅有利于老庄哲学研究的深层推进，而且对于自然科学比如"科学时空观"亦不乏有益的启迪。譬如，"原始空间"类似于牛顿物理学的可逆的绝

---

① 邓晓芒：《康德哲学讲演录》，广西师范大学出版社 2006 年版，第 36 页。

对空间;"艺术空间"则让"凝固、静止的时空"动起来,类似爱因斯坦的广义时空;而"无碍空间"本质上是一种"心理空间",因为它把人的内感觉意识作为空间的渊源。不过,限于篇幅,笔者在此仅作一些简单说明和简单比附,至于蕴含其中的微妙关系则须专门探究了。

附录二

说"即"①

研究中国古代哲学史,尤须注重细节。总体而言,中国古代哲学不甚重视外在的逻辑推演,而尤重视内在生命之感悟,其所呈现的"格言式"表述,虽寥寥数语,却意蕴深厚。鉴于此,我们对此"格言式"的哲学模式亦应采取两种态度:其一,以生命的态度体悟之,不可做表面文章;其二,对"格言"须字斟句酌,切不可轻易滑过。对于生命的态度,这里姑且不谈,我们仅就字斟句酌方面,以"即"为考察对象,进行相关探讨。

客观地讲,当今哲学界对"即"字的用法,似不甚重视,至少缺乏相关的探讨。不过,有东方诗哲之称的方东美先生可谓慧眼洞识,能从别人不曾注意的细节中发现问题,并阐发其中奥妙,笔者乃顺此话题展开。

哲学中的"即"可能较早出现在佛经中,如《心经》"色不异空,空不异色;色即是空,空即是色"之论述,乃是;其后则普遍地为宋儒所运用,譬如宋儒程颢有所谓"生之谓性,性即气,气即性,生之谓也"②;程颐有所谓"中即性,或即道,或即使心,或即理"③,又有所

---

① 郭继民:《说"即"》,《光明日报》(国学) 2014年3月4日。
② 《二程遗书》。
③ 《二程遗书》。

谓"道即性""性即理""心即道""理即性"等种种之说①；邵雍的"我性即天天即我"；陆九渊、王阳明所谓的"心即理"；等等。自宋代起，"即"这个似乎无甚奥义的"系词"俨然登上中国哲学的殿堂。

那么，"即"到底做何义讲？平素人们说到"即"，乃多以"是"义解释，尤其宋明理学诸儒，大抵作如是观，果真如此么？倘若"即"为"是"，为何不用一"心"代之，又何以如此曲折，造出诸如理、气、道、太虚等种种概念？又如，《心经》所谓"心即是空，空即是心"，空、心倘若不异而同义，又何苦剖其为二，令人费解呢？

对于将"即"仅仅理解为"是"的做法，方东美给予了严厉的批评。他认为，自周濂溪以来一直到南宋新儒家，甚至连明代的若干新儒家在内，他们有一个共同的缺点，就是"逻辑上的训练基本没有，也可以说是太差了"②。宋儒缺乏逻辑训练，结果未免"即"字满天飞，"观其于主宾辞幸福之未明，连系辞功用不定，即一味笼统凑合，则其所合之处，必致合成一团混淆，无可救药矣"③。那么，"即"究竟应当作何理解呢？

由是，我们须对"即"义进行一番考究。在中国哲学史上，对"即"字进行论述的首推佛教天台宗。天台宗的判教理论认为其所代表的"心佛众生，三无差别"乃是圆教，但为了避免众生误以为"佛与众生本无差别"而可能造成"不须刻苦修持就可成佛"之流弊，特提出"六即"理论，使行者明了修证的次第。

"六即"主旨在于说明由凡夫到成佛的六个阶段，其过程为理即、名字即、观行即、相似即、分真即和究竟即。"理即"义为"即理即佛"，乃言明晓佛理，亦可修持成佛；"名字即"则言有众生闻佛名字，

---

① 《二程遗书》。
② 方东美：《新儒家哲学十八讲》，第227页。
③ 方东美：《中国哲学精神及其发展》（下），孙智燊译，第359页。

即可通达成佛;"观行即"言靠"观行"之修行乃可成佛,关于观行,《华首》云:"言说多不行,我不以言说,但心行菩提,是观行菩提",其义重在修持;"相似即"约略属于"类比"方法,修行中"由此而知彼",自断疑惑,而渐成佛;"分真即"乃从殊异的修行位置上"通达"佛性,换言之,修行的不同阶段皆与佛性相通,皆为佛性的显现;"究竟即"是智断圆满的菩提之果,乃佛位。

以笔者浅见,对于天台"六即",若进行适当调换,"即"字之义,则甚明了。其调换方式,乃是将"即"字位置提前,理解为,"即理、即名字、即观行、即相似、即分真和即究竟"。此言,"即"之含义,乃是"就着""借着"或"依靠着"之义。以此之见,天台成佛可以依靠理、名字、观行、相似、分真、究竟而成佛,甚合其意。

当然,正如天台宗所言,作为圆教的天台宗之"六即"不同于其藏、别、通之处,在于其修行的六个阶段并非截然分开而是彼此之间互相贯通、互为一体,皆为佛性所贯穿,是"即而常六,如冰水之不同;六而常即,如湿性之一体"[①]。此"贯通义"凸显"即"之另一含义,即方先生所谓的契入、互摄之义。"契入"是说"即"字之前者可进入后者(形成单向线形结构,非对称关系),"互摄"则言"即"字前后相互贯通(对称关系)。

除了上述"即"之借着、契入、互摄之义,还有西方逻辑下诸如属性、涵蕴等含义。譬如,方东美曾借西方逻辑思路,对"即"进行现代解读,他认为"即"之一字,语意暧昧多关,概而言之,约略有六:属性关系、类包关系、类分子关系、形式涵蕴关系(功能关系)、同一关系、相当关系。此六种关系中,我们平常多采取同一、相当二关系,也就是多取"即"之"是"义,成古希腊亚里士多德之"述谓词"之义,忽略了"即"的其他关系,殊不知,这恰恰造成了语义的

---

① 朱封鳌:《天台宗概说》,第131页。

混乱，尤其在中国古典哲学上，若将"即"仅仅理解为"是"，不但错过中国哲学的精微（彩）处，甚或误解中国哲学之义理。

倘若知晓"即"字的含义，那么我们就可以对中国古典哲学的命题重新进行解释了。

"即"字当然可以解释为"是"的同一、相当关系，譬如"柏拉图的老师即苏格拉底"乃是此义；"即"字亦可表示类包、属性等关系，如"眼镜蛇即毒蛇之一种""物体的惯性即物体不受外力的情况下保持匀速直线运动或静止的状态"等等。但在中国古典哲学中，"即"字更多的是涵蕴关系，"即"更应该理解为功能性符号，而非理解为"述谓词"之"是"义。

作为功能符号之"即"主要有两义：一为凭借义，一为蕴含义。倘若把"即"作为功能符号去理解，那么中国古典哲学中的问题可得以恰适的理解。

譬如，"色不异空，空不异色；色即是空，空即是色"一句，"色即是空，空即是色"乃说明现象界的空色为一种凭借关系，"空"乃凭借"色"而存，"色"亦凭借"空"而现，此言明色、空在"现象界"是有差异的：若全然为一，何必言空、色？"色不异空，空不异色"则言，在本质上色、空皆为佛性之贯通，色、空皆与佛性相"即"（涵蕴、互摄义），是无分别的。

至于宋儒关于太虚即气、性即气、气即性、性即理等论述，大多应理解为功能关系。太虚凭借气而有，气凭借太虚而生，且二者存在着互摄的关系，气涵太虚，太虚涵气，二者乃形成所谓体用不二、主客不二之有机整体之关系。倘若将"即"理解为"是"，理解为"太虚就是气"则其哲学意蕴顿失，就错过了古人的精彩处。同样，其他诸如性气、性理等大略应作此理解。当然，也有例外，譬如陆象山、王阳明所谓的"心即理"似应理解为"是"较佳，因为陆王之心学乃是与理学之相对，他们认为其主张的"心"大致对应于程朱之"理"。不过,若从功能关系上来理解,也讲得通。"即心即理",理由心显,心由理成,心外无物,理外无物,亦不失陆王之原义。

这里尤须指出的是,方东美对邵雍"我性即天天即我"的解释。平素人们读到此句,未免认为邵康节过于狂妄。然而在方东美看来,若将"即"理解为功能关系(即凭借、涵蕴)却恰恰体现了一种类似"双回向"的人格超升论。"我性即天",体现的是"上回向",此言通过"下学而上达"的功夫,人之本性可以提升至天的超越境界;"天即我"属"下回向",意为人要从高远的精神回到具体的现实,化育万物,而不会因此而鄙视人间。倘若把"即"理解为"是",自然难解其中奥义。若系统考察邵康节之著作,此种功能关系的解读,颇契合邵康节思想。

当然,方东美看重"即"的涵蕴、互摄义,还与其推崇的华严"无碍""贯通"密切关联,由于其牵涉中西哲学比较、会通等诸多关系,限于篇幅,就不展开了。

参考文献

方东美：《新儒家哲学十八讲》，台北：黎明文化事业股份有限公司，1985 年。

方东美：《中国大乘佛学》，台北：黎明文化事业股份有限公司，1983 年。

方东美：《华严宗哲学》（上、下），台北：黎明文化事业股份有限公司，1981 年。

方东美：《原始儒家道家哲学》，台北：黎明文化事业股份有限公司，1983 年。

方东美：《中国人生哲学概要》，台北：黎明文化事业股份有限公司，2005 年。

方东美：《中国人的人生观》，台北：幼狮文化事业公司，1980 年。

方东美：《中国哲学精神及其发展》（上、下），孙智燊译，北京：中华书局，2012 年。

方东美：《华严宗哲学》（上、下），北京：中华书局，2012 年。

方东美：《中国大乘佛学》（上、下），北京：中华书局，2012 年。

方东美：《新儒家哲学十八讲》，北京：中华书局，2012 年。

方东美：《原始儒家道家哲学》，北京：中华书局，2012 年。

方东美：《中国人生哲学》，北京：中华书局，2012 年。

方东美：《方东美先生演讲录》，北京：中华书局，2012 年。

方东美：《生生之德》，北京：中华书局，2012 年。

方东美：《科学哲学与人生》，北京：中华书局，2012 年。

赵继序：《周易图书质疑》，上海：商务印书馆，1936 年。

王粤主编：《中国文化精华全集·哲学卷（二）》，北京：中国国际广播出版社，1992 年。

《卍续藏经》，精装本卷九六，台北：中国佛教会，1966 年。

赖永海主编：《佛教十三经》，北京：中华书局，2010 年。

《华严经》，北京：中国社会科学出版社，2003 年。

《楞严经》，北京：中国社会科学出版社，2003 年。

《妙法莲华经》，成都：巴蜀书社，2000 年。

《维摩诘经》，北京：中华书局，2010 年。

《楞伽经注释》，长春：长春出版社，1995 年。

太虚：《法相唯识学》（上、下），北京：商务印书馆，2002 年。

元音老人：《心经抉隐》，武昌：宝通禅寺，2010 年。

朱封鳌：《天台宗概说》，成都：巴蜀书社，2004 年。

《四书五经》，北京：中华书局，2008 年。

《周易集解》：济南：齐鲁书社，2005 年。

《老子》，北京：中华书局，2018 年。

《庄子》，北京：中华书局，2016 年。

《列子》，北京：中华书局，2011 年。

郭庆藩：《庄子集释》，北京：中华书局，1961 年。

朱熹：《四书章句·集注新编朱子集成》，北京：中华书局，1983 年。

朱熹：《朱子近思录》，上海：上海古籍出版社，2000 年。

陆九渊：《象山全集》，台北：中华书局，1966 年。

王阳明：《传习录》，叶圣陶校，北京：九州出版社，2018 年。

王夫之：《庄子解》，北京：中华书局，2010 年。

黄宗羲：《宋元学案》，台北：广文书局，1971 年。

颜元、李塨：《颜李丛书》，台北：广文书局，1965 年。

章太炎：《国学概论》，上海：上海三联书店，2007 年。

牟宗三：《中西哲学之会通十四讲》，上海：上海古籍出版社，1997 年。

牟宗三：《中国哲学十九讲》，上海：上海古籍出版社，2005 年。

牟宗三：《周易哲学演讲录》，上海：华东师范大学出版社，2004 年。

牟宗三：《四因说演讲录》，上海：上海古籍出版社，1995 年。

刘述先：《论儒家哲学的三个大时代》，贵阳：贵州人民出版社，2009 年。

柏拉图：《理想国》，长春：吉林大学出版社，2007 年。

康德：《纯粹理性批判》，蓝公武译，北京：商务印书馆，1980 年。

康德：《实践理性批判》，关文运译，北京：商务印书馆，2002 年。

黑格尔：《小逻辑》，贺麟译，北京：商务印书馆，1980 年。

黑格尔：《精神现象学》（上、下），贺麟译，北京：商务印书馆，1980 年。

胡塞尔：《胡塞尔选集》，倪梁康译，上海：上海三联书店，1997 年。

胡塞尔：《笛卡尔式的沉思》，张廷国译，北京：中国城市出版社，2002 年。

胡塞尔：《现象学的观念》，倪梁康译，上海：上海译文出版社，1986 年。

海德格尔：《海德格尔选集》，孙周兴译，上海：上海三联书店，1996 年。

海德格尔：《演讲与论文集》，孙周兴译，北京：生活·读书·新知三联书店，2005 年。

金克木：《译匠天缘》，北京：大众文艺出版社，2000 年。

郭齐勇：《中国哲学智慧的探索》，北京：中华书局，2008 年。

李维武：《中国哲学史纲》，成都：巴蜀书社，1988 年。

黄克剑、钟小霖编：《方东美集》，北京：群言出版社，1993 年。

黄克剑、林少敏编：《牟宗三集》，北京：群言出版社，1993年。

黄克剑、林少敏编：《徐复观集》，北京：群言出版社，1993年。

王月清、李钟梅编：《东方诗哲方东美论著辑要》，南京：南京大学出版社，2009年。

蒋国保、余秉颐：《方东美哲学思想研究》，北京：北京大学出版社，2012年。

宛小平：《方东美与中西哲学》，合肥：安徽大学出版社，2008年。

罗义俊编著：《评新儒家》，上海：上海人民出版社，1989年。

高敏主编：《中国历代隐士》，郑州：河南人民出版社，1994年。

邓晓芒：《康德哲学讲演录》，桂林：广西师范大学出版社，2008年。

杨士毅：《方东美先生纪念集》，台北：正中书局，1982年。

后 记

呈现于读者诸君面前的文稿，系由笔者的博士后出站报告修订而来。文稿修订完毕，不由得想起写作的点点滴滴。

十一年前（2010年），予有幸拜在武汉大学郭齐勇先生门下做博士后——郭师为人、治学，世人皆知，自不待言！遗憾的是，虽忝列郭师之门，却因工作故，竟错过当面聆听、请益的机会。所幸网络发达，借助视频，方"身临其境"地领略郭师之风采，亦因此减少些许遗憾。

回想"报告"之选题，可谓一波三折！初，欲接续博士论文，进一步研究庄子；然心底处总想适当拓展一下领域，于是选题瞄准《周易》——在山大曾学易于刘大钧、林忠军诸先生，自以为有些基础，且很快拟就"周易精神现象学"大纲；然落笔之际，偶读方东美先生的著作，遂为其学贯中西且诗意盎然的哲思折服，于是将所拟提纲搁置，重新敲定写作计划。其后，历经近两年之苦耕，乃有"出站报告"问世。

写作期间，因大陆尚无方先生的著作（2012年底，中华书局方有"方东美作品系列"发行），本人所用资料，几乎全赖郭师购自台北出版的一套《方东美文集》。毫不夸张地说，若无郭师的那套文集，亦不会有出站报告之顺利完成。出站答辩时，该报告受到诸评委老师的充分肯定，并一致推选为"博士后优秀出站报告"。得知消息，未免诚惶诚恐,深知此乃诸师对鄙人之鼓励,自己距离诸师要求尚远。

出站至今,九年已逝,"报告"一直在电脑中休眠。去岁秋,偶然通过郭师联系到商务印书馆的魏雪平先生碰碰运气。幸运的是,初审通过,且魏先生为该书争取到出版资助,遂使该书出版成为可能。

回顾该文稿的写作、出版之全过程,自始至终皆离不开郭师的帮助与提携,故在拙作出版之际,谨向恩师郭齐勇先生表达真挚的谢意;向魏雪平先生付出的努力表示衷心的感谢,没有魏先生的推荐与出版资助之申请,本书也许仍旧是"沉睡"的文稿。同时,向我的哲学领路人何中华先生表达深沉的谢意,没有何先生的感召、激励与引领,也许我的学术之路早已终结。

最后我还要感谢四川思想家研究中心的杨永明主任,思想家研究中心的大力资助,为本书的顺利出版提供了有力的经费支持。

书稿合同签订之时,闻讯慈母病重,予速返故里,母亲已不能言,八日后,慈母溘然长逝……回想自己在外求学、工作凡三十年,陪伴母亲的日子何其少矣!悲恸、悔恨涌向心头,不能自已,"未报春晖伤寸草,空余血泪泣萱花"。

余尝渴求梦中与母相见,故自母归后,几乎每晚皆回忆母亲之过往,然五十余日过去,竟无一梦。"是母亲未能安顿好?还是嫌弃孩子?缘何不能梦中相会?"时至母亲辞世六十三天,终于与母会于梦中……

谨以此书献给我善良、耿直的母亲。

作者
2021 年 3 月 15 日于广州